高等职业教育旅游饭店专业课改配套教材

餐饮管理

主　编　陆　朋
副主编　沈　博　马洪霞　袁金彦

中国财富出版社

图书在版编目（CIP）数据

餐饮管理/陆朋主编．—北京：中国财富出版社，2013.5

（高等职业教育旅游饭店专业课改配套教材）

ISBN 978－7－5047－4665－8

Ⅰ.①餐…　Ⅱ.①陆…　Ⅲ.①饮食业—经济管理—高等职业教育—教材　Ⅳ.①F719.3

中国版本图书馆CIP数据核字（2013）第074409号

策划编辑　寇俊玲　　**责任印制**　方朋远

责任编辑　徐文涛　李瑞清　　**责任校对**　杨小静

出版发行　中国财富出版社（原中国物资出版社）

社　　址　北京市丰台区南四环西路188号5区20楼　　**邮政编码**　100070

电　　话　010－52227568（发行部）　010－52227588转307（总编室）

010－68589540（读者服务部）　010－52227588转305（质检部）

网　　址　http://www.cfpress.com.cn

经　　销　新华书店

印　　刷　三河市西华印务有限公司

书　　号　ISBN 978－7－5047－4665－8/F·1936

开　　本　787mm×1092mm　1/16

印　　张　16　　**版　　次**　2013年5月第1版

字　　数　379千字　　**印　　次**　2013年5月第1次印刷

印　　数　0001—3000册　　**定　　价**　36.00元

出版说明

为整体提高高等职业学校办学水平和人才培养质量，提高高等职业教育服务国家经济发展方式转变和现代产业体系建设的能力，教育部、财政部在2011年开始实施了“中央财政支持高等职业学校提升专业服务能力”项目，重点支持高等职业学校专业建设，提升高等职业教育服务经济社会能力。在此背景下，中国财富出版社组织了部分承担“中央财政支持高等职业学校提升专业服务能力”酒店管理专业项目的高等职业院校，联合全国各地的一些骨干院校，合作开发了这套“高等职业教育旅游饭店专业课改配套教材”，以促进高等职业教育的内涵建设，进一步推动高等职业教育课程改革和教材创新。

本套教材编者来自全国各地高等职业院校一线教师，均有5年以上相关课程教学经验，部分编者是“中央财政支持高等职业学校提升专业服务能力”酒店管理专业项目团队核心成员。编写过程中，我们紧紧围绕高等职业教育教学的要求，体现工学结合的课程改革思路，突出实用性、针对性。教材体系、框架设计体现了改革和创新，教材内容注重培养学生实践动手能力和可持续发展能力的基础知识。

本套教材根据承担“中央财政支持高等职业学校提升专业服务能力”酒店管理专业项目的高等职业院校最新的建设情况，提出教材编写意见，邀请来自全国各地的高等职业院校一线教师组成编写团队。中国财富出版社在各编写团队申报的基础上组织相关专家对选题申报材料进行论证，召开教材编写会评审立项。选题经过初审正式立项后，出版社依托强大的专家和专业编审力量，在教材编写体例、特色发掘等方面进行整体规划，最终形成这套结构合理、质量优良的特色化系列教材。

本套教材配有电子教学资料包。教师可以登录中国财富出版社网站（http://www.cfpress.com.cn）“下载中心”下载教学资料包，该资料包包括教学指南、电子教案、习题答案，为教师教学提供完整支持。

本套教材作为中国高等职业教育课程改革和教学创新的阶段性探索成果，一定会有不妥和疏漏之处，我们期待专家学者、高职同行和广大读者的批评指正，以便逐步完善。

前　言

《餐饮管理》是高职高专旅游管理、酒店管理等专业的一门专业核心课程，本教材在编写时，遵循以职业技能训练为中心任务、以工学结合为体系的现代化高职教育教材编写理念，走近餐饮企业，探索具有旅游管理、酒店管理专业特色的教材编写模式。

本教材坚持以能力为本位，兼顾知识教育和技能教育，根据本专业具体职业岗位的任职要求，参照相关的职业资格标准，编排教材体系与实训项目内容，从而有效地体现专业知识和岗位任务一体化。

本书的编写模式是分项目，下设任务。打乱了传统的“金字塔”知识体系，学生在动手的过程中完成理论知识的学习，实现“做中学”的高职教育教学目标。

该教材具有两大特点。特色一：以具体工作岗位为导入点编排和展开教材内容，通过分析了解岗位具体工作任务，进而学习和掌握岗位具体工作流程，完成学习任务，提升学生专业职业能力。每个模块均划分为下面三个步骤：第一步：我是谁（具体工作岗位）；第二步：做什么（岗位具体工作任务）；第三步：如何做（具体工作流程），包含能力目标和知识目标。特色二：强调教材的引导作用和实用性。本教材坚持以培养学生所必需的职业素质和职业能力为主，遵循认知规律，增强了教学内容的实用性，以强化应用为教学重点，注重实训效果。每个项目下面的任务，其构思分为五步走：计划（任务分析）—决策（应该如何完成）—实施（具体操作方法和步骤）—检查（为何这样做理论知识）—评价（总结）。

本教材由九个项目组成。包括：餐饮管理导论、餐饮组织机构与职能、餐饮原料管理、厨房生产管理、菜单的设计与制作、餐饮服务质量管理、餐饮营销管理、餐饮成本控制管理和餐饮人力资源管理。

本教材配有电子资料包。包括课时建议、课后练习答案、PPT 教案、案例分析、实训设置等，帮助教师的教学和学生的学习。

本书由河北师范大学旅游系陆朋担任主编，河北旅游职业学院旅游管理系沈博、石家庄城市职业学院工商管理系马洪霞、石家庄信息工程职业学院酒店管理学院袁金彦担任副主编。参加本书编写的撰稿人及分工如下：项目一：刘燕（河北师范大学汇华学院）；项目二：王会娟（石家庄铁路职业技术学院）；项目三：沈博（河北旅游职业学院旅游管理系）；项目四：王卫民（河北师范大学旅游系）；项目五：陆朋（河北师范大学旅游系）；项目六：盖艳秋（河北旅游职业学院酒店管理系）；项目七：马洪霞（石家庄城市职业学院工商管理系）；项目八：袁金彦（石家庄信息工程职业学院酒店管理学院）；项目九：孟晓翠（河北政法职业学院财经系）。

《餐饮管理》作为一门学科，凝聚了大量专家、学者和餐饮实践者的心血，在编写过程中，参阅了大量相关书籍、文献资料以及案例，并借鉴了其中部分内容，在此谨向编著这些著作、资料的专家、学者致以诚挚的感谢！本书是各高职院校相关专业教师倾力合作与集体智慧的结晶，但由于时间和水平所限，书中难免存有谬误与不妥之处，恳请读者提出宝贵意见，以便再版时修改完善。

编　者

2013 年 3 月

目　录

项目一　餐饮管理导论

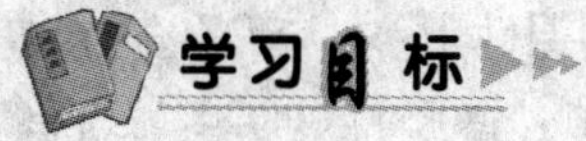

知识目标

1. 了解餐饮业发展概况；
2. 理解并掌握餐饮业的类型和经营特点；
3. 了解餐饮管理基本要求；
4. 掌握餐饮管理的任务、餐饮管理的工作内容。

能力目标

1. 能够分析餐饮企业的类型和经营特点；
2. 能够分析餐饮管理的主要环节。

任务一　餐饮概述

全聚德——皇城老字号的辉煌

世界上最有名的鸭子有两只：一只是美国迪士尼的唐老鸭，另一只是中国的全聚德烤鸭。唐老鸭象征美国式的诙谐幽默，全聚德烤鸭则代表了典型的中华美食。如今，“全聚德”早已成为北京城的标志之一，名扬海内外。

全聚德烤鸭距今已有140多年的悠久历史，其创始人杨全仁初到北京时在前门外肉市街做生鸡鸭买卖，后于同治三年（1864年）创立全聚德烤鸭店。接着他重金礼聘了一位专为宫廷做御膳挂炉烤鸭的孙姓老师傅，掌握了宫廷御膳挂炉烤鸭的全套技术。孙老师傅把原来的烤炉改为炉身高大、炉膛深广、一炉可烤十几只鸭的挂炉，可以一面烤，一面向里面续鸭。经他烤出的鸭子外形美观、丰盈饱满、颜色鲜艳、色呈枣红、皮脆肉嫩、鲜美酥香、瘦而不柴，为全聚德烤鸭赢得了“京师美馔，莫妙于鸭”的美誉。现已形成了以全聚德为代表、集全鸭席及400多道特色名菜于一体的全聚德菜系。

经过一个多世纪的风雨洗礼，全聚德生意越做越大，声名远扬，享誉海内外，曾接到过无数政要、商界名流，据说凡是到北京的外国元首，几乎没有不吃全聚德烤鸭的。

时代在发展，餐饮业只有紧跟时代步伐，创新技术才能有新的突破。全聚德烤鸭在这方面成功地表现为"智能烤鸭炉"的运用，使每一只鸭子都是一个味儿，创造了中餐标准化的奇迹。

百余年来，全聚德烤鸭赢得中外人士的一致赞誉。不过今天，尽管宾客们在全聚德各门店品尝到的烤鸭还是那么"皮酥肉嫩"，却可能并非出自传统的果木挂炉，而是全自动智能烤鸭炉的杰作，这已经是全聚德研发的第四代烤鸭炉了，时间、温度、湿度全都由电脑芯片自动控制，其烤出的鸭子口感绝对不比人工烤制的差。

"全而无缺，聚而不散，仁德至上"是周总理对全聚德金色牌匾的精辟诠释。如今，这块闪光的金匾，不仅为我们讲述着全聚德的百年沧桑，更记录了新一代全聚德人的创新故事。

任务分析

全聚德烤鸭技术的创新，说明了餐饮业是伴随着人类和科技的进步而发展起来的。餐饮业的发展受国家的历史文化、气候环境、经济发展水平、宗教信仰和传统习惯等诸多因素的制约。中外餐饮业有各自的发展历史，并互相渗透、促进和推动。

知识准备

众所周知，中国是真正的美食之乡，更有"只有中国人是用舌头吃饭"的说法，可以说，餐饮业是当之无愧的"百业之首"。从古至今，餐饮业长盛不衰，并且时至今日还在向更繁盛的方向发展。

一、餐饮业发展概况

1. 我国餐饮业发展概况

中国餐饮业历史久远，距今50万年前的北京人已开始用火烧熟食物，烹饪由此开始。早在商周时期，金属工具、原始瓷器、酿酒作坊和食盐的出现，为餐饮业的形成创造了条件。当时的人们用芦苇或其他植物编成筵，用较细的料编成席，设宴待客或聚会。这一阶段为筵席阶段，主要为奴隶主、贵族所享用。

秦汉时期是中国餐饮发展的第二阶段。由于当时农业、手工业、商业有了很大的发展，对外交往日益频繁，"丝绸之路"引进了国外食品、饮品及文化，中国餐饮业取得了长足的发展。

唐宋时期是我国餐饮史上的黄金时期之一，这一时期的烹饪技法也有长进，热菜的制作工艺进入了成熟期，传统烹饪趋于定型。谢讽的《食经》为中国烹饪、餐饮理论的研究开创了先河。随着生产力的发展，产生了小餐桌和条案。民间多用方桌，而宫廷、官府的宴会活动则用条案举行，食品放在条案上，主人在上，宾客在四周围案而坐，形成主次分明的宴会气氛。“宴会”这一名词在这一时期也正式使用。

明清时期，我国餐饮业继续发展，以豪华宫廷大宴为标志的中国烹饪达到了封建时期的最高水平，这一时期的宴会采用圆桌，餐厅呈现出新的特色，以乾隆时“千叟宴”和满汉燕翅烧烤全席最为典型。

由于中国餐饮业长期受农业经济的影响，食物的植物性成分太大，动物性食品比例太少，显得不甚合理。随着经济的发展和人民生活水平的提高，在餐饮业“营养、卫生、科学、合理”的原则的指导下，具有中国风味又符合现代科学营养标准的膳食结构正在形成。在此基础上，形成了以鲁菜、川菜、粤菜和淮扬菜为代表的中国四大菜系。现代中国餐饮业继承和发扬了民族文化，走开拓创新之路，使传统工艺更符合现代饮食的科学要求，用科学烹饪创造出科学美食。

2. 国外餐饮业发展概况

国外餐饮业起源于古代地中海沿岸的繁荣国家，基本定型于中世纪，其发展由于受诸多因素的制约，在不同的历史阶段、不同的国家各具特色。

在古埃及，早在公元前 1700 年，已有酒店存在。考古发现了同一时期或更早时期的菜单，菜单上写的基本上是面包、禽类、羊肉、烤鱼和水果等。

在古希腊，早期的酒店多设在庙宇旁边。牲畜首先被人们送到庙宇中敬奉神灵，祭祀之后把牲畜抬到酒店里举行宴会，让大家分享，并开怀畅饮。

古罗马时期，餐饮业已颇具规模。庞贝古城的考古发现表明当时客栈、餐馆和酒店十分兴盛，至今仍能分辨出有 118 家酒店或餐馆酒吧的遗址。

16 世纪中期，意大利成为欧洲文艺复兴的中心，艺术、科学的繁荣和商业经济的发展，使烹饪技术博采众长，吸收世界各地烹饪精华，形成了追求奢华、讲究排场、典雅华丽的特色，意大利因此被誉为“欧洲烹调之母”。

18 世纪中期，法国成为欧洲政治、经济和文化中心，由于其物产丰富、农牧渔业发达，餐饮业迅速发展。法国菜选料广泛，烹饪方法考究，大量使用复合调料，使菜肴味道浓郁、丰富多彩。烹饪技艺和菜肴组合比较科学，并注意保留食品的热量和营养成分，形成独具特色的法国餐饮风格。

20 世纪 60 年代，法国又提出“自由烹饪”的口号，改革传统烹饪工艺，力求更符合人们的要求。法国因此被公认为世界烹饪王国，法国菜受到人们的普遍欢迎，在世界上广为传播。

美国餐饮业形成于 18 世纪末。随着大量移民进入美洲，美洲大陆餐饮业迅速形成和发展。20 世纪初，餐饮业出现了革新性的变化，注重营养、求新、求快。

由于西方经济的高速发展，发达国家的餐饮业形成了以获取人体所需的营养为主、过分讲求营养质量的风格，其食品结构有“高热量、高蛋白、高脂肪”的特点，使许多人营养过剩，体形过胖，这已成为现代营养科学关注的焦点。

纵观中、外餐饮业的发展概况，世界餐饮业是随着人类经济活动的出现和文明程度的提高而产生和发展的。中外餐饮业在发展过程中既各自独立，又相互渗透。中餐向西餐借鉴增加蛋白质的比重，学习西餐的烹饪方法，引进了咖啡、可可、洋酒等；西餐向中餐借鉴，增加碳水化合物的比重，学习中餐的烹饪方法，吸收了中餐特有的饮料——茶。中西餐的餐具和服务程序也都在相互补充，相得益彰。中西餐相互交流、相互促进、共同发展，创造了世界餐饮业的新局面。

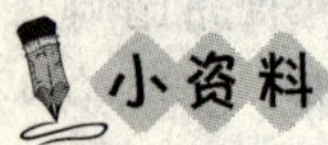

“轻食餐饮”——时尚新概念

轻食是指简单的料理，就是便餐、点心的意思，是由日本百货公司美食街规划区中传出来的一种另类饮食形式，台湾由于近年来流行日本风，开始慢慢风行起来。轻食最主要的概念就是吃七分饱，只要让肚子不饿的食物量就足够了，另外还在饮食内容注重健康概念，少油、少盐、少调味料和多一些天然素材，而这正是轻食目前盛行的原因之一。

“轻食”和简餐并不完全一样。简约而不简单，注重饮食健康，是此类餐饮的最大特点。随着生活水平的提高，饮食已成为一种追求，一种时尚。而以天然、健康为特色的“轻食主义”更是受到人们的青睐。

2008年以来，武汉的一家餐厅在汉口解放公园路、前进一路等地，连开了三家分店。店内不见富丽堂皇的大厅，餐桌少则十来张，多的也只四十张。菜肴都是家常小菜，分量不大，味也清淡，讲的就是个清新、自然。

武汉汉口的另一家餐厅也奉行“轻食主义”，这里光南瓜菜就有一二十道，如此“粗粮菜”很受顾客喜欢，用白木耳、百合和山药做的炒三白，还有芝士焗红薯等“轻食”，也让人津津乐道。

“轻食”餐厅是2007年才问世的，有的也叫时尚餐厅。其店里没有嘈杂的人群，只有简约的长桌，舒适的软椅，简单而又合口味的食物，这对烦腻了吃大餐的时尚人士来说，是一种不错的选择。

“轻食”意味着对某些美味的适度“收敛”，常被解释为餐饮店中快速、简单而又不失精致的事物。随着人们健康观念的增强，工作节奏的加快，轻食餐厅将吸引更多的顾客，让饮食不再是一种负担。

二、餐饮业类型

根据《旅游饭店星级的划分与评定》的内容，各星级饭店应有与其等级相对应的餐饮种类、设施、设备和空间；而当今饭店之外的社会餐饮更是多姿多彩，与饭店餐饮共发展。

1. 旅游饭店常见的餐饮设施及服务项目的种类

(1) 中餐厅

我国饭店大多设一至数个中餐零点餐厅提供中式菜肴，主要经营川菜、粤菜、鲁菜、淮扬菜等，装饰主题突出中式风格，使用中式家具，演奏中国民乐，服务人员穿中国民族服饰，让客人在用餐过程中体会真正的中国文化。一般提供午、晚两餐服务。

(2) 咖啡厅

为了方便客人用餐、会客和非用餐时间段的餐饮消费，三星级以上饭店都在一楼大堂附近提供简单西餐、当地风味快餐或咖啡厅。三星至五星饭店营业时间从 18 小时至 24 小时不等。咖啡厅分不同时段提供早餐、早午餐、午餐、下午茶、晚餐和宵夜。有的饭店的咖啡厅在三餐高峰期提供自助餐服务。

(3) 高级西餐厅

为了体现饭店档次、餐饮实力或满足部分高消费者的需求，四星级、五星级饭店一般设有提供法式或意大利式菜肴的高级西餐厅。法式餐厅又称为扒房（Grill Room)，布置豪华，环境优雅舒适，富有浪漫情调，背景音乐以钢琴、小提琴、萨克斯管、竖琴等西洋乐器现场演奏为主，餐桌用蜡烛或油灯照明。为了烘托餐厅气氛和体现对客人的个别照顾，部分菜肴、甜点可以当着客人面烹制、燃焰和切割。传统的扒房，要求以男性服务员为主，西装革履，具有绅士风度，注重礼节，用餐节奏缓慢。

(4) 大型多功能厅

大型多功能厅是宴会部面积最大的活动场所，功能齐全，既可以举办大型中餐宴会、西餐宴会、冷餐酒会、鸡尾酒会，还可以根据需要举办记者招待会、新闻发布会、时装展示会、学术会议等。多功能厅可以用活动墙板调节并分隔，以便同时举行不同的活动。多功能厅的活动舞台、音响灯光、视听同步翻译、会议设备等，可以为不同性质的活动提供服务。

(5) 小宴会厅

小宴会厅通常又称为包间，一般可以满足一至三桌小型中餐、西餐宴会和其他餐饮活动的需求，不受外界打扰，很受客人欢迎。每个小宴会厅都有自己的名称，装饰风格可以根据厅名而异。

(6) 特式餐厅

特式餐厅是高星级饭店为了让客人就餐有较大的选择余地，满足人们追求个性化生活、品味异域文化和满足好奇心等的需求，开设的主题鲜明、各具特色的餐厅。如啤酒坊餐厅、日本料理餐厅、韩国烧烤餐厅、泰国餐厅、海鲜餐厅、野味餐厅、夜总会餐厅和文化主题餐厅等。

小资料

硬石餐厅

硬石是英国的一个餐饮企业连锁，进入中国有很多年了，硬石以摇滚乐为主题，在店外有一个电吉他的雕塑。餐厅的吧台是一个小提琴的形状，楼梯是黑白钢琴键，进去就有音乐的氛围，摇滚乐从发起一直到今天，历代一些代表人物的生平简介，包括一些作品的光碟都有出售，包括他们用过的T恤衫、手套等，只要是和摇滚乐相关的元素，在那儿都能找得到。在就餐期间，放的音乐也是摇滚乐，而且在大厅里留出一个空间，客人可以随时到空地上跳舞，这些营造了一个摇滚世界的氛围。

（7）各种酒吧

酒吧是公众休息、聚会、品味酒水的场所。一般配备种类齐全和数量充足的酒水、各种用途不同的载杯和供应酒品必需的设备及调酒用具。饭店内常见的酒吧种类有主酒吧、酒廊、服务酒廊、宴会酒吧和客房小酒吧等其他类型的酒吧。

（8）客房送餐

客房送餐是星级饭店为了方便客人，增加饭店收入、减轻餐厅压力而提供的服务项目。住店客人通过电话或门把手早餐菜单点菜和饮料，由客房送餐服务员将食品和饮料送至客人房间，客人在房间里用餐，主要服务项目有早餐、午餐、晚餐、茶点、酒水、VIP赠品和房间酒会等。

（9）外卖服务

外卖服务，是指饭店根据客人的要求派员工到酒店外客人的驻地或指定的地点提供餐饮服务。从实地考察、策划、实施、现场督导、返回等，自始至终要求各部门通力合作，以确保任务顺利完成。

外卖服务既能满足客人的特殊要求，体现饭店的服务水准，又能为饭店创造经济效益，并将营业场所扩展到酒店外，因而越来越受到客人和酒店的欢迎和重视。

（10）其他

①卖品部。这是指饭店在咖啡厅附近设柜台、在沿街位置设卖品窗口，出售饭店自己生产的饮食产品，如各种糕点和卤菜等。

②点菜外带。这是指饭店场所以外的客人或饭店就餐客人通过电话点菜或现场点菜，由饭店负责按照客人要求“打包”，由客人将食品带离饭店享用。

③点单外送。这是指饭店以外场所的客人通过电话点菜，由饭店服务人员按照客人提供的地址将食品送至客人处的服务形式。

2. 社会餐饮种类

社会餐饮种类按服务方式和消费档次分为以下几大类。

(1) 豪华餐厅

此类餐厅装饰华丽、高雅浪漫，菜单设计制作精美考究，菜肴和服务一流，用餐价格昂贵。如提供燕鲍翅的鲍翅馆、海鲜酒楼，法式餐厅等。

(2) 餐桌服务型餐厅

此类餐厅各具特色，环境舒适卫生，装潢雅致，价格适中，餐饮服务规范化和程序化。

(3) 明档型餐厅

此类餐厅的厨房向外开放或将原料陈列在明柜里，客人可以亲自挑选原料和成品菜肴。也有的明档型餐厅在明档厨房四周设有柜台和餐椅，以便让客人边吃边欣赏厨师制作菜肴的全过程。

(4) 自助式餐厅

该类餐厅将菜品按冷菜、热菜、烧烤、汤和水果、甜品等分类布局摆放，装饰精美，大部分菜肴预制陈列或保温在食品台上，也有部分食品现场烹制，由客人自行挑选喜爱的菜品，然后回到自己的餐桌随意享用。自助餐厅餐费标准固定，有些包含软饮料，有些餐厅饮料费用另计。此类餐厅氛围轻松，服务快捷，菜肴品种繁多，客人选择余地大。

(5) 快餐厅

此类餐厅以提供中西简餐为主，如国际快餐连锁店“麦当劳”、“肯德基”，中式快餐“永和豆浆”、“马兰拉面”等。另外，还有各种形式独立经营的中西快餐店。

(6) 自动售货机

该类机器通常设在商场附近、娱乐场所、旅游景点、加油站、学校等处。通过投币，机器可以自动销售食品，如巧克力、薯片和各种饮料等。

三、餐饮经营特点

1. 餐饮生产特点

餐饮部作为饭店中唯一生产实物产品的部门，既生产有形的食物、实物产品，如各色美味佳肴，又生产无形的服务产品，如优良的进餐环境和热情周到的接待服务等。与其他产品生产相比，餐饮生产具有不同的特点。

(1) 餐饮生产属于个别定制生产，产品规格多、批量小

餐厅销售的菜肴是客人进入餐厅后，由客人个别订菜，然后将其制成产品。它与工业产品大批量、统一规格生产的产品是不同的，这给餐饮产品质量管理和统一标准带来了许多问题。

(2) 餐饮生产过程时间短

餐饮生产是现点、现做、现消费，就餐者从点菜到消费的时间相当短暂，一家生意兴隆的餐厅，只有依靠经验丰富的厨师，才能满足客人的需求。

(3) 餐饮生产量难以预测

与工业产品的生产不同，只有就餐者上门，餐厅才有生意做，而就餐者到来的时间、人数、消费要求很难准确预估，产量的随机性很强。

(4) 餐饮原料、产品容易变质

餐饮原料、餐饮产品均属于食品类，门类众多。大多数的原料是鲜活货，具有很强的时间性和季节性，处理不当极易腐烂变质，而餐饮产品也同样具有如此鲜明的特征。

(5) 餐饮生产过程的管理难度大

餐饮部的生产从产品的采购、验收、储存保管、领用、粗加工到切配、烹饪、销售服务和收款，整个过程的业务环节很多，任何一个环节出现差错都会影响产品质量，所以也就带来了管理上的困难。

2. 餐饮销售特点

(1) 餐饮销售量受餐饮经营空间大小的限制

餐饮部接待客人的人数受餐饮经营面积的大小、餐位数多少的限制，因此，必须在已确定的硬件条件下，改善就餐环境，提高服务质量，增加餐饮的销售量。

(2) 餐饮销售量受餐饮就餐时间的限制

一般人的就餐时间大致相同。进餐时间一到，餐厅宾客盈门，时间一过，席终人散，餐厅则门可罗雀。餐饮就餐时间、经营状况呈现明显的间歇性。餐饮部应在正常就餐时间之外做文章，如延长各营业点的营业时间，以提高餐饮销售量。

(3) 餐饮经营毛利率较高，资金周转较快

饭店餐饮部的综合毛利率一般都较高，以三星级饭店为例，其毛利率一般在50%左右，四、五星级饭店的餐饮毛利率更在70%左右。如果做好有关费用的管理，会有相当高的纯利润。另外，餐饮的销售收入中，相当一部分以收取现金为主，而餐饮原料中的半数以上是当天采购、当天生产并销售的，因此，资金周转也较快。

(4) 餐饮经营中固定成本占有一定比重，变动费用的比例也较大

各种餐厨设备、储存设备的投资，使得餐饮经营活动中，固定成本占有一定比重。另外，餐饮变动费用，员工的报酬，水、电、煤等燃料的消耗，餐饮原料的支出等均占有相当比重。因此，餐饮工作人员必须尽量减少原材料消耗，降低各项费用指标，以节支的方法达到增收的目的。

3. 餐饮服务特点

餐饮服务是餐饮部员工为就餐宾客提供菜肴、饮品等的全过程，餐饮服务可分为直接对客的前台服务和间接对客的后台服务。前台服务是指餐厅、宴会厅、酒吧等营业场所面对面为宾客提供的服务，后台服务则是在客人视线不能及的地方，如厨房、管事部等为生产、服务进行的工作。前台服务与后台服务相辅相成。餐饮服务大致有如下特点。

(1) 无形性

同其他任何服务一样，餐饮服务不能量化。无形的餐饮服务只能在就餐宾客购买并享用了餐饮产品后，凭生理和心理满足程度来评估其质量的优劣。

餐饮服务的无形性给餐饮部经营带来诸多困难，况且餐饮服务质量的提高是无止境的。这就需要前台、后台一起抓，服务态度、服务技能一起抓，全方位提高餐饮服务水平。

(2) 一次性

餐饮服务的一次性是指餐饮服务只能当次使用，当场享受。这同饭店的客房、客机的座位一样，如当日租不出去，或当班没满座，那么饭店的客房或航空公司所失去的收入是无法弥补的。因此，餐饮部应接待好每位宾客，在接待中注意自己的言行举止，给客人留下美好的印象，从而使宾客再次光临，使头回客成为回头客，最终使回头客成为常客。

(3) 同步性

同步性，即直接性。餐饮部的绝大多数产品的生产、销售、消费几乎是同步的，餐饮产品的生产过程，也就是就餐者的消费过程。同步性决定了餐饮部应搞好销售环境，使每位餐饮服务员上岗之后能全身心地投入到推销与服务中去，为企业售出更多的产品。

(4) 差异性

餐饮服务的差异性主要从两方面反映出来：一方面，餐饮服务员由于受到年龄、性别、受教育程度、培训程度及工作经历等不同条件的限制，他们为就餐者提供的服务肯定不尽相同；另一方面，同一名服务员在不同的场合，不同的时间和不同的情绪中，其服务方式、服务态度等也会出现一定的差异。餐饮部要制订出餐饮服务质量标准、操作程序标准，使员工的服务工作尽可能规范化、标准化，同时在管理上也要做到制度化。

餐饮业的认知过程如图 1－1 所示。

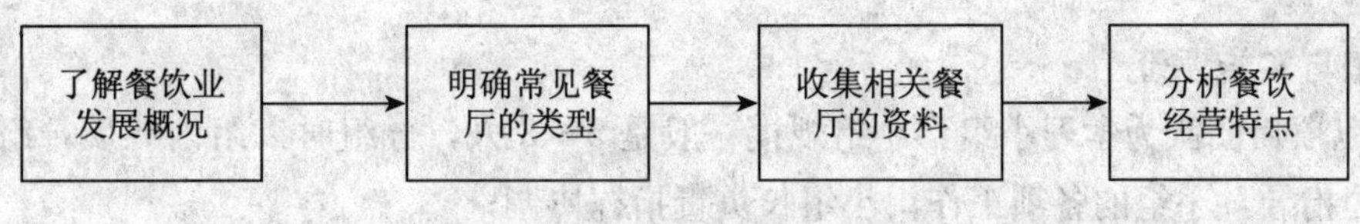

图 1－1　餐饮业的认知过程

第一步：了解餐饮业发展概况

餐饮业起始于人类文明的初期，并且伴随着人类社会的形成而发展，随着人类社会的发展而进步，它经历了由低档饮食活动向高档饮食活动，由简单、粗糙的饮食产品向复杂、讲究的饮食产品逐步发展、进步的过程，餐饮业已经超越了单纯的生理需要，不断丰富着自身的内涵，现代餐饮业正朝着设备舒适、环境优美、产品风格突出、服务质量优良的方向发展。

第二步：明确常见餐厅的类型

餐饮业经营类型十分复杂，饭店、餐馆、餐厅及各类社会餐饮等，都从事餐饮的经营。明确常见餐厅的餐饮设施、设备和空间，接待对象和服务特点。

第三步：收集相关餐厅的资料

由于餐饮业类型的复杂，所以收集资料要多方面、多渠道进行。收集各类有代表类型餐厅的资料，进行加工、整理、分类。

第四步：分析餐饮经营特点

餐饮经营的实质是吸引顾客，最大限度地满足客人需求，扩大产品销售。因此，餐饮业必须研究市场动向、市场特点、客源结构、销售方式、产品价格等，并根据市场变化及时调整产品结构、花色品种和就餐环境等，以增强企业竞争能力，广泛吸引客人，实现经营的目标。

任务总结

餐饮业伴随着人类文明的进步和城市的出现逐渐发展，各星级饭店的餐饮种类和社会餐饮多姿多彩，餐饮企业的经营在生产、销售和服务等方面具有与其他行业不同的特点。餐饮业将从餐饮主流阶段走向餐饮多元化、地方化和国际化发展。

实训项目

实训目标

1. 通过实训使学生能够了解餐饮业发展概况；
2. 培养学生掌握餐饮业的类型和经营特点。

内容与要求

选择当地有代表性的三家餐饮企业，根据自己所收集的相关资料与数据，分析其类型和经营特点。

组织与实施评价

1. 以项目团队为学习小组，小组规模一般是 5～8 人，分组时以组内异质，组间同质的原则为指导，小组的各项工作由小组长负责指挥协调；
2. 建立沟通协调机制，团队成员共同参与、协作完成任务；
3. 各项目团队根据实训内容互相进行交流、讨论，并点评；
4. 评价与总结：各项目团队提交实训报告，并根据报告进行评估。

评估指标及标准如表 1-1 所示。

表 1-1　　餐饮业类型和经营特点分析评分

被考评人			考评地点			
考评内容		考评标准	分值/分	自我评价/分	小组评议/分	实际得分/分
专业知识技能掌握	餐饮业发展概况	了解	10			
	餐饮业的类型	掌握	20			
	餐饮的经营特点	掌握	20			
	报告完成情况		10			
通用能力培养	学习态度	积极主动，不怕困难，勇于探索，态度认真	15			
	运用知识的能力	能够熟练自如地运用所学的知识进行分析	15			
	团队分工合作	能融入集体，愿意接受任务并积极完成	10			
合　计			100			

注：1. 实际得分＝自我评价×40%＋小组评价×60%。

2. 考评满分 100 分，60 分以下为不及格，60～74 分为及格，75～84 分为良好，85 分及以上为优秀。

任务二　餐饮管理的任务

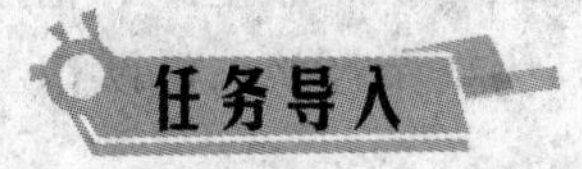

DIY 菜棚餐厅

将餐桌摆进蔬菜大棚里，让顾客自己动手，想吃啥菜就随时去摘。北京市大兴区出现的一家顾客自助（DIY）菜棚餐厅，一开张就迎来了红火的生意，每天都有近千人次前来就餐。

这家蔬菜大棚 DIY 餐厅，竹子制成的建筑古色古香，门前一派绿意盎然的景象，小桥流水、热带植物、一畦畦青翠的西芹、羽衣甘蓝、鲜嫩的紫背天葵以及娇艳的草莓、圣女果；清澈见底的池中鱼、虾游动，点缀其中，每个餐桌都与菜地、鱼池相邻。与占地 1500 平方米的生态餐厅相连的 1.3 万平方米的蔬菜采摘大棚里，种植了 30 余种特色蔬菜，每种蔬菜旁边还有文字标志，顾客可以采摘自己喜欢的蔬菜食用。

还没到午餐时间，40 套餐桌就已经坐满了人，顾客们穿梭在“田间地垄”中寻找自己想吃的蔬菜；摘下的蔬菜送到餐厅服务员手里，是炒好了上，还是洗净了涮，全由顾客自己决定。

据餐饮部张经理介绍，所有的蔬菜、畜禽全部采用安全、无公害方式生产，在源头上保证了食品的绿色新鲜，现采现吃。慕名前来的黄先生表示：“在这里可以自己动手，既有情调，又能让都市人享受了田园的乐趣。”

DIY 餐厅的负责人介绍，当初把餐厅开进蔬菜大棚的主要想法，就是为了满足人们回归自然、融入自然的需要，吸引更多追求新鲜感的人来这里休闲放松，真实地接近自然。

任务分析

现在的年轻人比较有自助精神，性格也独立活泼开朗，“我的地盘”尚且“我做主”，更何况是“我的饮食”呢？他们喜欢自己也来掺和一把，自己当自己的主厨，酸甜苦辣咸和生熟老嫩均由自己一手掌握。所以，一些餐饮企业为了满足客人追求新鲜的心理，以“自助”为主打，推出这种自助式餐饮方式，提供有针对性的优质服务，从而更加圆满地完成餐饮管理的任务。

知识准备

一、餐饮管理的任务

餐饮管理的任务是以市场开发和客源组织为基础，以经营计划为指导，利用餐饮设备、场所和食品原材料，发扬传统特色和民族美德，科学合理地组织餐饮产品生产和销售，满足国内外客人日益增长的、多层次的物质和文化生活需要，为繁荣经济、活跃市场、促进旅游业和国民经济的发展服务。具体包括：

1. 搞好餐饮经营市场定位

根据企业市场环境和内部条件，认真做好市场调查，选准目标市场和客源对象，搞好市场定位，并据此确定餐厅的经营风味、花色品种、经营方针、经营策略、产品价格，保证市场定位始终适应目标市场的需求变化。

2. 合理确定餐饮管理目标

根据市场定位和经营策略、经营措施，在市场调查与分析的基础上，认真做好市场预测，合理确定预算目标，编制餐饮管理经营计划，确定企业和各餐厅收入、成本、费用、利润目标。

3. 做好食品原材料采供管理

根据计划目标和业务需要，做好原材料及物品采购业务、库房管理、领料发料等工作，保证生产需要。

4. 搞好厨房产品生产组织

根据不同餐厅的经营风味，合理安排生产流程，继承和发展烹调艺术，搞好厨房生产过程的组织，保证产品质量。

5. 做好餐厅销售服务组织工作

根据不同餐厅性质、风味提供优良就餐环境，合理安排服务程序，做好餐厅服务过程的组织，确保提供高质量、高效率的服务，满足客人物质和精神享受需要，扩大销售，增加收入。

6. 做好餐饮成本核算和控制

制订标准成本和消耗定额，做好逐日、逐月的成本核算，加强成本控制，做好成本考核和成本分析，降低劳动消耗，以获得良好的经济效益。

二、餐饮管理的基本要求

1. 掌握客源，以销定产

餐饮管理过程就是客人的消费过程。它是就地销售、就地服务。它所生产的产品容易腐坏变质，色香味形都具有紧迫的时间观念。由于生产过程短，随产随销，因此，必须坚持掌握客源，以销定产。它要求管理人员必须根据市场环境、历史资料、当地气候、天气变化等情况，做好预测分析。掌握每天、每餐次就餐客人的数量及其对花色品种和产品质量的要求，并据此安排食品原材料供应和生产过程的组织，以防止产销脱节，影响客人消费需求和业务活动的正常开展。

2. 注重食品卫生，确保客人安全

餐饮经营过程中，客人流动性较大，餐饮管理过程又是一种社会化劳动过程。因此，餐饮卫生好坏，直接关系到客人的身心健康。如果发生食物中毒和疾病传染，不仅造成重大经济损失，而且严重影响企业声誉和旅游事业的发展。因此，餐饮管理必须十分重视食品卫生，确保客人安全。它要求管理人员必须严格执行《中华人民共和国食品卫生法》。从食品原材料的采购、验收、储藏、发料到加工、切配、烹制和销售都要建立一套严格的卫生管理制度。库房、厨房要坚持消毒，冷荤食品、重要宴会要坚持化验，做到层层负责、层层检查、层层把关，以确保餐饮产品新鲜可口、清洁卫生。

3. 正确掌握毛利，维护供求双方利益

餐饮经营的毛利率高低，直接影响企业经济效益和消费者的利益。餐饮毛利率分综合毛利率和分类毛利率两种。不同产品的毛利率高低是不相同的。正确掌握毛利、维护供求双方利益，要区别不同情况，坚持因地、因店、因花色品种和因接待对象制宜。它要求管理人员要正确执行餐饮价格政策，区别不同情况，制订毛利率标准。分类毛利率要有高有低，综合毛利率要有控制幅度，既要发挥市场调节的作用，又要维护供求双方的利益。既要扩大销售，又要在降低成本上下工夫。要定期检查毛利率结果，并根据市场供求关系作必要的调整。

4. 适应多种需求，提供优质服务

餐饮市场范围广泛，客人消费层次复杂多变，既有生理需要，又有精神享受需要。宴会服务更以享受成分为主。因此，餐饮管理必须适应客人多种需求，提供优质服务。它要求管理人员必须根据客人的身份、地位、饮食爱好、消费特点和支付能力，研究不同类型客人的消费需求和心理，有针对性地提供优质服务。在产品安排上坚持品种多样，档次合理。在产品质量上突出风味特点，注重色、香、味、形。在服务质量上坚持一视同仁，做到热情、礼貌、耐心、细致、周到，以满足客人多层次的物质和文化生活需要，提供优质服务。

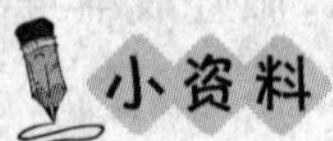

小蓝鲸——“餐饮改革”的神话

伴随着改革开放的第一声号角，武汉小蓝鲸创始人刘国梁与许多第一代创业者，被推向改革开放的前沿阵地。小蓝鲸不断创新，先后发起几场“餐饮革命”，推动着餐饮行业的发展。

23 年的风雨，大浪淘沙。刘国梁从开小餐馆开始。当年的“小南京”从 7 张半台子起步，现已发展了 21 家连锁店，2007 年营业额 2.1 亿元，连续四年居湖北省餐饮龙头，累计纳税已超过一亿元。回望小蓝鲸，最值得回味的就是几次“革命”。

厨房革命：让上菜时间减少半小时

1983 年，刘国梁从黄陂乡下来到汉口，接手经营“小南京”餐馆时，一人身兼数职：采购、切菜、配菜，还要掌勺。因为做得一手好菜，顾客越来越多。刘国梁忙得四脚朝天，但上菜速度依然很慢。当时刘国梁受流水作业的启发，请来一帮亲友上阵，让他们各管一道工序，自己只负责炒菜，上菜速度提高一倍以上。1992 年，位于建设大道武汉电视台对面的“小南京”扩建，刘国梁进一步改造厨房生产工艺流程，对厨师进行更细的分工。5 分钟左右就能上菜，“小南京”一时名噪三镇，日营业额达几万元。“小南京”上菜极快！这引发同行高度关注，许多厨师慕名取经。为了打造自己的品牌特色，1997 年“小南京”更名“小蓝鲸”。

经营革命：把“产—供—销”改为“销—供—产”

20 世纪 80 年代中后期，“顾客就是上帝”的理念进入中国。刘国梁颠覆“产—供—销”这种僵硬的经营模式，改为“销—供—产”。小蓝鲸从顾客方入手，首先研究什么是受顾客欢迎的“好菜”。其次抓好供应，小蓝鲸炒什么菜，如何定价，都由“销”来决定。

小蓝鲸在两件事上下工夫。一是市场调查。在开新店、推新菜前，做深入的市场调查，作为决策依据。小蓝鲸成立武汉首家“菜肴研究所”，不断地推出新品。二是，研究同行，从市场竞争中找生存缝隙，跳出同质化竞争怪圈，走差异化、专业化发展之路。

通过大量的调查论证，制定了“差异化连锁，错位经营，办特色店”的经营策略，提出新的连锁模型：在小蓝鲸连锁文化不变的前提下，根据各个城市、各个地域的消费特点。在武汉市内店实施差异牌，一店一格；在省内其他地市打“武汉牌”，做武汉知名酒店的特色精品菜；在省外实施“湖北牌”，把全省各地市州的菜搬到省外，体现湖北风味；事实证明，这条路子走对了，小蓝鲸经济效益逐年攀升。

营养革命：奉献美味又营养的中餐

2007年1月，在全国众多专家的严格审核下，小蓝鲸美食广场被评为“全国首家营养餐厅”，担负为全国营养餐厅制定标准的任务。营养餐厅将引领中餐走出“高油、高糖、高盐”的传统误区，提倡吃出健康来，发起一场全新的中餐“营养健康”革命。

刘国梁始终不忘将社会责任统一到企业经营中去，“把餐饮业当事业做”、“吃出健康来”，是小蓝鲸人多年的追求。为此，小蓝鲸做了大量的健康科普工作。2004年以来，刘国梁先后受邀在武汉市委党校、华中科技大学、清华大学EMBA课程班等单位，进行20余次营养健康知识讲授。

“为了您的健康，请使用双筷双勺”、“为了您的健康，我店免费为您做一次营养健康配餐指导”……这些服务用语无论是耳熟能详的还是新鲜有趣的，都凝结了一代小蓝鲸人为“吃出健康来”的理想付出的汗水与智慧。为了把营养健康型餐饮企业的理念落到实处，刘国梁要求企业严把原料和烹饪环节质量关。

2006年8月至10月小蓝鲸厨务部分别制作了图文并茂、富有健康营养特色的主菜单三套、养生食谱一套、季节菜单一套，其中收录了小蓝鲸创导的健康五级台阶、中国居民膳食平衡要素、各式特色菜肴的营养分析点评、酒水饮料饮用的营养与禁忌。此外，小蓝鲸还推出特殊人群的饮食养生以及各式营养套餐，为特殊消费者提供个性化健康服务。

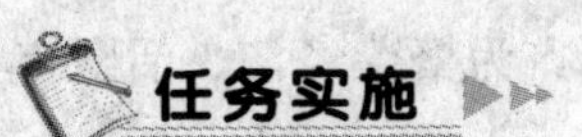

任务实施

餐饮管理的主要环节如图1－2所示。

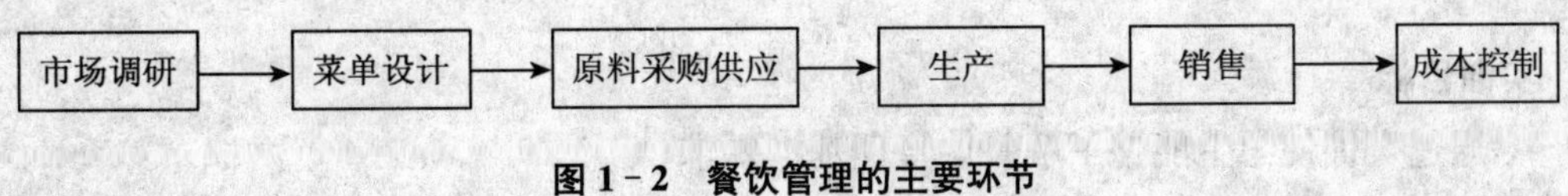

图1－2　餐饮管理的主要环节

餐饮管理的任务是以市场开发和客源组织为基础，以经营计划为指导，利用餐饮设备、场所和食品原材料，发扬传统特色和民族美德，科学合理地组织餐饮产品生产和销售。

第一步：市场调研

开展餐饮管理，必须明确自己的市场领域、顾客类型、客人的支付能力、客人要求的就餐环境及产品风味、花色品种和产品价格等，这是首要条件。

第二步：菜单设计

菜单是餐饮经营和管理人员向客人推出的菜点目录。菜单要适合餐饮企业管理人员推销某些菜品的需要，并对整个餐饮经营管理过程进行计划和控制。

第三步：原料采购供应

食品原材料采购供应是餐饮业务管理的首要环节。采购供应管理的好坏，直接影响厨房生产、产品质量、成本消耗和经济效益。

第四步：生产

餐饮产品生产管理是餐饮业务管理的中心环节之一，其管理过程涉及生产任务的确定、生产流程安排、原料加工组织、炉灶制作和生产管理协调等各个方面。餐饮产品生产管理的好坏直接决定产品质量和风味特点，影响客源多少、成本消耗和经济效益。

第五步：销售

餐饮产品销售是在厨房生产的基础上进行的。其管理过程涉及餐厅环境布置、人员调配、程序安排、产品推销和经济效益的最终实现，是满足客人需求的直接体现和提供优质服务的关键环节。

第六步：成本控制

餐饮管理成本控制是以目标成本为基础，对日常管理中发生的各项成本所进行的计算、检查、监督和指导，使其成本开支在满足业务活动需要的前提下，不超过事先规定的标准或预算。

任务总结

餐饮管理的任务是以市场开发和客源组织为基础，以经营计划为指导，利用餐饮设备、场所和食品原材料，发扬传统特色和民族美德，科学合理地组织餐饮产品生产和销售，满足国内外客人日益增长的、多层次的物质和文化生活需要，为繁荣经济、活跃市场、促进旅游业和国民经济的发展服务。

实训项目

实训目标

1. 通过实训使学生能够了解餐饮管理基本要求；

2. 培养学生掌握餐饮管理的任务。

内容与要求

选择当地一家代表性的餐饮企业，根据自己所收集的相关资料与数据，分析其餐饮管理任务实施情况。

组织与实施评价

1. 以项目团队为学习小组，小组规模一般是5～8人，分组时以组内异质，组间同质的原则为指导，小组的各项工作由小组长负责指挥协调；

2. 建立沟通协调机制，团队成员共同参与、协作完成任务；

3. 各项目团队根据实训内容互相进行交流、讨论，并点评；

4. 评价与总结：各项目团队提交实训报告，并根据报告进行评估。

评估指标及标准如表 1－2 所示。

表 1－2　　餐饮管理任务实施评分

被考评人			考评地点			
考评内容		考评标准	分值/分	自我评价/分	小组评议/分	实际得分/分
专业知识技能掌握	餐饮管理的基本要求	了解	20			
	餐饮管理的任务	掌握	30			
	报告完成情况		10			
通用能力培养	学习态度	积极主动，不怕困难，勇于探索，态度认真	15			
	运用知识的能力	能够熟练自如地运用所学的知识进行分析	15			
	团队分工合作	能融入集体，愿意接受任务并积极完成	10			
合　计			100			

注：1. 实际得分＝自我评价×40%＋小组评价×60%。

2. 考评满分 100 分，60 分以下为不及格，60～74 分为及格，75～84 分为良好，85 分及以上为优秀。

任务三　餐饮管理内容

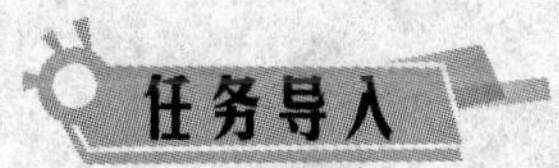

任务导入

净雅，传统产业的新声之路

源自山东的鲁菜，一直被誉为中国八大菜系之首。伴随着川、粤、淮扬等菜系迅猛上升，鲁菜一度显出一蹶不振的颓势。这种颓势于 21 世纪初才得以扭转。其中最受关注的突破，就是净雅的崛起。

净雅食品集团有限公司，前身是1988年诞生于威海的一家牛肉包子铺。经过20年的艰苦创业，目前已发展为跨地域、跨行业经营的大型餐饮企业集团，成为山东餐饮业第一品牌。净雅的成功，首先是立足于充分发挥鲁菜精华的一种坚定信念和执著追求，然后开始以创新发展为核心，重造鲁菜新优势的探索，并最终形成了具有海洋文化特色的“中式海洋餐饮”。

这种“中式海洋餐饮”坚持了鲁菜传统烹饪技法原材料的基础，并进一步发挥其精益求精的鲜明特点。比如对原材料新鲜度的要求，净雅取材全部源于山东丰富而优良的产品，海鲜全部是来自威海的活海鲜，蔬菜则基本选用寿光无公害、无土栽培蔬菜。在加工过程中，则精细得更近乎苛求，凉拌茼蒿，只选顶尖四个嫩叶，萝卜丝炒虾皮的萝卜必须用潍坊萝卜，炒大头菜只选中间的几瓣。同时，面向餐饮习惯的转变，围绕口味清淡和营养健康的特点，对菜品进行了全面创新，使得符合现代餐饮的消费需求。

最为顾客津津乐道的是，净雅的“感动服务”给人的温馨感觉。曾经一位顾客去净雅用餐，点菜时提醒服务员席上一位朋友不能吃海鲜，席间还聊起这位朋友的血酸有点偏高，没想到过了不久，服务员端来一碗清炖蛋清，还有两页复印资料，提醒这位朋友在饮食上注意哪些食物。如此用心地为顾客服务，怎么能不让顾客发自内心地赞美。“抓住顾客最根本的需求、给顾客全新的服务体验”。这是净雅多年总结出的一条经验。

净雅还会细心倾听顾客的心声，在行业内率先实行“最高人均消费”标准，人均消费不高于550元，如果超出这个额度，各酒店负责人将被处罚，经过专业训练的服务员会以适当的方式帮助顾客消费限制在某一标准以内。虽然消费量有所下降，但是净雅相信，这种服务模式和管理模式，将会带来长期的回报。

任务分析

净雅以精美的菜品、体贴的服务、高雅的消费环境、创造出了全新的餐饮经营管理模式，正是凭借这种“创意海洋、体验服务”的价值，在不断取得经济效益的同时，也取得了社会效益。只有科学的管理，才是优秀品质的保证。所以餐饮管理人员应该按照管理工作的基本程序和内容，保障餐厅业务正常进行。

知识准备

餐饮管理主要是指管理人员为开展业务经营活动而实施的工作。

一、餐饮管理的社会责任

餐饮管理的社会责任具体表现在三个方面：

1. 繁荣经济，活跃市场

餐饮管理所需要的设备、食品原材料、燃料动力、各种生活用品等，都来源于国民经济的其他各部门，因此就要正确处理餐饮业同国民经济其他各部门的关系，即要采取记价、记账、结算等等价交换的原则。同时餐饮管理所创造的产品可以满足国内外旅游者和国内居民的社会生活需要，直接反映社会消费的繁荣程度。这本身就能促进国民经济相关行业的发展，起到繁荣经济、活跃市场的效果。

2. 增加社会积累，促进经济发展

餐饮管理从社会取得各种生产资料，经营过程中又将食品原材料、燃料动力、生活用品和劳动力等生产要素组织起来，创造出精美的食品，为客人提供社会生活服务，同时要遵循价值规律。由于加入了职工劳动，创造出新的价值，必然创造利润。利润形成后，通过工商税、所得税、城市维护建设税、房产税等形式上缴国家和地方政府。同时又创造了大量的外汇收入，能够为社会增加积累，这也是餐饮管理社会责任的一种重要表现形式，同样能够促进国民经济的发展。

3. 提供社会生活服务，满足职工就业需求，促进自身繁荣

餐饮管理的最终目的是利用自己的设备和产品，为客人提供社会生活服务。在这一过程中，不仅为社会提供了就业机会，而且通过创造收入，增加利润，可以满足企业内部职工的劳动需要、物质需要，同时促进自身的繁荣和发展。这本身也是对社会的贡献和社会责任的一种表现形式。

二、餐饮管理的工作内容

餐饮管理是指管理人员为开展业务经营活动而实施的工作。它形成了管理工作的基本程序和日常事务。概括起来，餐饮管理主要包括五个方面。

1. 分析经营环境，设定管理目标

餐饮管理是在一定的客观外界条件下进行的。只有认真分析经营环境，才能结合企业内部实际，发现自己的长处和不足。分析经营环境重点是大力开展市场调查，掌握市场动向、特点和发展趋势，了解客人需求变化，掌握市场竞争状况，同时掌握国家方针政策和对餐饮经营的有关法规和规定等。然后对这些调查资料进行认真分析，并和企业自身条件结合起来，最终达到确定经营方针、选择经营策略、确定经营风味以及筹划餐饮产品产、供、销活动的目的。

设定管理目标是分析经营环境的继续和深入。餐饮管理的目标按时间划分有长期目标、中期目标、短期目标；按内容划分有市场目标、销售目标、质量目标和效益目标；按层次划分有企业目标、部门目标、基层目标等。设定管理目标要坚持以提高经济效益为中心，以企业目标和部门目标为主，整体与局部相结合。

2. 发挥规划功能，合理分配资源

规划和目标是相辅相成的。管理目标一经确定，就要根据目标管理的要求做好统一规划，以保证餐饮经营各部门、各环节的协调发展。餐饮管理发挥规划功能的重点是做好三方面的工作：一是人力规划。要根据企业等级规格、接待能力、管理任务不同，对采购、储藏、厨房生产和餐厅服务的管理人员、厨师人员和服务人员做好统一安排。二是服务项目规划。要根据客人需求，对餐厅类型、服务内容销售方式等做好统一规划，以满足客人

多层次的消费需求。三是业务活动规划。要对市场开发、客源组织、食品原材料供应以及厨房生产和餐厅、宴会服务等各项业务管理工作做好统一安排，形成互相联系、互相衔接的管理体系，保持全局一盘棋。

合理分配资源是发挥规划功能的自然结果。餐饮管理的资源主要是人、财、物三个方面。人力资源分配要以管理目标和任务为基础，根据定额、定员来确定；财务资源分配以资金为主，要确定采购成本、生产成本、各种费用消耗、资金占用、资金周转等指标；物资资源分配是资金分配的转化形式，要确定库房定额、产品消耗定额。同时，要搞好综合平衡，合理安排各部门、各环节的各种资源分配的比例结构，最终达到物资流、资金流、信息流畅通，为完成餐饮管理目标提供资源保证。

3. 督导次级经理，组织业务经营

餐饮管理目标一经确定，在合理分配资源的基础上，就要根据管理目标和任务，逐级督导，检查各级人员的工作，以保证管理目标和计划任务的顺利完成。督导次级管理人员要坚持垂直领导的原则，逐级进行，以控制计划进度，纠正偏差。同时要将定性管理和定量分析结合起来。凡属服务质量、服务态度等方面的问题，要深入实际去督导和检查；凡属收入、成本、费用、库存量、周转量等方面的问题，要运用财务信息反馈去督导和检查，以便和实际结果比较，发现各级、各部门的问题，有针对性地提出改进措施。

组织业务经营和督导次级管理人员是同时进行的。其重点是督导各级管理人员去做好客源组织、采购储藏业务组织、厨房生产组织和餐厅服务组织等各项管理工作，它是一个复杂的过程，管理人员要深入实际，制定管理制度，安排工作流程，充分发挥现场管理的作用。同时，要加强管理沟通，搞好内部协调，保证餐饮管理各项业务经营活动的顺利开展。

4. 协调内部关系，创造团结的气氛

餐饮管理内部关系十分复杂，常常在资源分配、任务确定、人事交往、工作安排、利益分配等各方面产生矛盾和摩擦。只有正确处理好这些关系，才能使各级管理人员和职工心情舒畅，形成向心力和凝聚力，发挥餐饮管理的集体效应。协调内部关系，要理顺餐饮管理体制，明确规定各级管理人员的职权和领导隶属关系，管理过程中发生矛盾或摩擦，要坚持逐级协调的原则，尽量避免越级指挥和协调。

协调内部关系的目的是创造团体气氛。它是企业管理中广大干部职工精神面貌的外在表现。团体气氛来源于职工对企业、对集体的热爱和关心，根源于对企业的前途和对事业的执著追求。它又可以形成强大的物质力量，引导职工奋发向上，做好餐饮生产经营和接待服务工作，提高服务质量和经济效益。

5. 控制工作进展，检查完成结果

控制工作进展是保证餐饮管理各部门、各环节的工作朝着既定目标和计划任务顺利进行的重要条件。在餐饮业务管理过程中，客源数量、营业收入、成本消耗、经济效益等各项指标是通过逐日、逐月、逐季开展业务经营活动来完成的。控制工作进展就要建立原始记录制度，逐日、逐月、逐季做好统计分析，采用信息报表，及时发现问题，纠正偏差，

保证管理任务的顺利完成。

检查完成结果和控制工作进展是一个问题的两个方面。一般来说，检查和控制是同时进行的。在餐饮管理中，各项管理任务都要通过检查来确定各级管理工作的好坏，检查完成结果要以计划目标为标准，利用信息反馈资料，将完成结果和计划标准进行比较。同时，要建立奖罚制度，根据各级、各部门完成任务的好坏，奖优罚劣，鼓励先进，这样才能调动干部职工的积极性，保证各项任务的顺利完成。

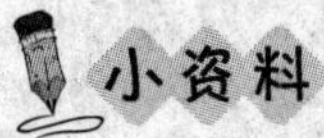

小资料

上海餐饮业推广“六T实务”规范餐饮业现场管理

“六T实务”是上海饮食行业协会结合中国餐饮业实际和国家卫生部颁布的法规而制订的餐饮业现场管理规范。“六T实务”规范已获得国家商务部批准作为全国餐饮行业标准立项，并列入商务部“十一五”标准发展规划重点项目，在全国餐饮行业推广。

“六T实务”即“六个天天要做到”：天天处理、天天整合、天天清扫、天天规范、天天检查，天天改进。

1. 天天处理

判断出完成工作必需的物品并把它与非必需物品分开，将必需品的数量降低到最低程度并把它放在一个方便的地方，进行分层管理。

马上要用的，暂时不用的，先把它区别开。一时用不着的，甚至长期不用的要区分对待；将必需品按高、中、低用量分层存放与管理；对可有可无的物品，不管是谁买的，无论有多昂贵，都应坚决处理掉，绝不能手软。清理非必需品时必须把握好的是看物品现在有没有使用价值，应注意使用价值不是原来的购买价值；天天处理时对私人物品应减至最低并集中存放；天天处理时要贯彻精简效能的原则，采用简单的方法。

天天处理的步骤是：①现场检查；②区分必需和非必需品；③清理非必需品；④非必需品的处理——抛掉或者回仓。

2. 天天整合

将必需的物品放置于任何人都能立即取得的状态，即寻找的时间为零，工作场所一目了然，消除找寻物品时间，提高效率。物品储存和取用管理办法，先要决定物品的名和家，目的是用最短时间可以提取和放好物品，即在30秒内可取出及放回文件和物品。实施步骤是：分析现状、物品归类、储存方法、切实执行。

天天整合的要领：①物品存放要做到有名有家。②每个分区位置都要有布置总表或总平面图，要有负责人标签，包括负责人照片、姓名、休假日代理负责人。将经常使用物品放于工作地点的最近处。③文件、物料、工具等要用合适容器或方式存放。④天天整合的目的是“30秒内可取出及放回文件和物品”。

3. 天天清扫

整个组织所有成员一起来完成，每个人都有自己应该清洁的地方和范围。

天天清扫的要领：①各级领导以身作则；②制订清洁责任区划分总表；③清扫那些较少注意到的隐蔽地方，杜绝污染源；④使清洁和检查容易。

4. 天天规范

采用透明度、视觉管理、看板管理等公开透明、一目了然的现场管理方法，使企业的各项现场管理要求实现规范化和持续化，提高办事效率。必须先实行前三项：即天天处理、天天整合、天天清扫。

天天规范的要领：①将前三 T 实施的成果制度化、规范化。要建立经常性的培训制度、经常性的激励制度和经常性的奖惩制度；②要全面推行颜色和视觉管理；③要增加管理的透明度；④要把安全的目标纳入天天规范的重点之一，要扩大到企业管理各项目标的规范化。

5. 天天检查

养成制订和遵守规章制度的习惯。

天天检查的要领：①要有保证能持久推动前四 T 的组织架构；②企业中每一位员工都要有个人应该履行的职责；③编写和遵守员工（六 T 实务）手册；④要定期进行《餐饮业现场管理（六 T 实务）》审核。

6. 天天改进

并不是一旦达标就万事大吉，而是一个螺旋向上不断改进不断上升的过程。企业不能认为完成了前五 T 就可以结束了，要知道企业的内外环境在变化，尤其是餐饮行业不是生产某种标准产品，原材料在变化、消费者口味在变化、烹制工艺在变化，经营方式也在变化，因此必须天天改进。

天天改进的要领：企业领导人不能满足第一轮达标后就停下来，办企业就要一直保持下去，只有一轮一轮提出新目标，使餐饮业现场管理（六 T 实务）不断追求卓越，才能既巩固前一轮的成果，又能使企业现场管理不断提升。

餐饮管理的工作要领如图 1 - 3 所示。

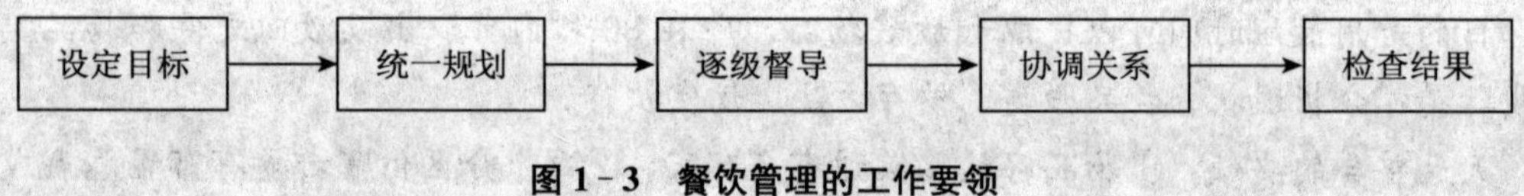

图 1 - 3　餐饮管理的工作要领

餐饮管理是指管理人员为开展业务经营活动而实施的工作。它形成了管理工作的基本程序和日常事务。概括起来，餐饮管理工作要领主要包括五个方面。

第一步：设定目标

以调查资料为依据，通过预测分析，首先设定战略目标，然后形成市场、销售、质量、效益等具体管理目标，并通过管理目标的层层分解，转化成收入、成本、费用、利润等经济指标，落实到企业、部门、基层主管等各级管理部门和人员。这样，将各级管理人员和广大职工的注意力引导到餐饮管理目标上来，向着共同的目标奋斗。

第二步：统一规划

餐饮管理发挥规划功能的重点是做好三方面的工作：一是人力规划。主要是对餐厅服务的管理人员、厨师人员和服务人员做好统一安排。二是服务项目规划。对餐厅类型、服务内容销售方式等做好统一规划。三是业务活动规划。对市场开发、客源组织、食品原材料供应以及厨房生产和餐厅、宴会服务等各项业务管理工作做好统一安排。

第三步：逐级督导

督导各级管理人员去做好各项管理工作，加强管理沟通，搞好内部协调，保证餐饮管理各项业务经营活动的顺利开展。

第四步：协调关系

创造团结的气氛，为完成共同管理目标而奋斗，使他们心情舒畅地在各自的工作岗位上，以主人翁的姿态从事接待服务工作，人人关心企业经营，人人关心服务质量，人人关心经济效益由此形成团体气氛。

第五步：检查结果

在餐饮管理中，各项管理任务都要通过检查来确定各级管理工作的好坏，同时，要建立奖罚制度，根据各级、各部门完成任务的好坏，奖优罚劣，鼓励先进，这样才能调动干部职工的积极性，保证各项任务的顺利完成。

任务总结

餐饮管理的主要工作内容为分析经营环境，设定管理目标；发挥规划功能，合理分配资源；督导次级管理人员，组织业务经营；协调内部关系，创造团结的气氛；控制工作进展，检查完成结果，保证餐厅业务正常进行。

实训项目

实训目标

1. 通过实训使学生能够了解餐饮管理的社会责任；

2. 培养学生掌握餐饮管理的工作内容。

内容与要求

选择当地一家代表性的餐饮企业，根据自己所收集的相关资料与数据，分析其餐饮管理的工作内容。

组织与实施评价

1. 以项目团队为学习小组，小组规模一般是5～8人，分组时以组内异质，组间同质的原则为指导，小组的各项工作由小组长负责指挥协调；

2. 建立沟通协调机制，团队成员共同参与、协作完成任务；

3. 各项目团队根据实训内容互相进行交流、讨论，并点评；

4. 评价与总结：各项目团队提交实训报告，并根据报告进行评估。

评估指标及标准如表1-3所示。

表1-3　　餐饮管理工作内容分析评分

被考评人			考评地点			
考评内容		考评标准	分值/分	自我评价/分	小组评议/分	实际得分/分
专业知识技能掌握	餐饮管理的社会责任	了解	20			
	餐饮管理的工作内容	掌握	30			
	报告完成情况		10			
通用能力培养	学习态度	积极主动，不怕困难，勇于探索，态度认真	15			
	运用知识的能力	能够熟练自如地运用所学的知识进行分析	15			
	团队分工合作	能融入集体，愿意接受任务并积极完成	10			
合　计			100			

注：1. 实际得分=自我评价×40%+小组评价×60%。

2. 考评满分100分，60分以下为不及格，60～74分为及格，75～84分为良好，85分及以上为优秀。

一、填空题

1. 早在商周时期，金属工具、原始瓷器、酿酒作坊和的________出现，为餐饮业的形成创造了条件。

2. ________引进了国外食品、饮品及文化，中国餐饮业取得了长足的发展。

3. 谢讽的________为中国烹饪、餐饮理论的研究开创了先河。

4. 20世纪60年代，法国提出的________口号，改革传统烹饪工艺，力求更符合人们的要求。

5. 法式餐厅又称为________，布置豪华，环境优雅舒适，富有浪漫情调，背景音乐以钢琴、小提琴、萨克斯管、竖琴等西洋乐器现场演奏为主，餐桌用蜡烛或油灯照明。

6. 饭店内常见的酒吧种类有________、________、________、________和客房小酒吧等其他类型的酒吧。

7. 客房送餐主要服务项目有________、________、________、________、________、________和房间酒会等。

二、选择题

1. 明清时期，我国餐饮业继续发展，以________为标志的中国烹饪达到了封建时期的最高水平。

A. 满汉全席　　B. 千叟宴

C. 豪华宫廷大宴　　D. 清宫菜

2. ________被誉为“欧洲烹调之母”。

A. 美国　　B. 意大利　　C. 法国　　D. 古罗马

3. ________一般提供午、晚两餐服务。

A. 中餐厅　　B. 西餐厅　　C. 酒吧　　D. 宴会厅

4. 为了方便客人用餐、会客和非用餐时间段的餐饮消费，三星至五星饭店的________营业时间从 18 小时至 24 小时不等。

A. 西餐厅　　B. 酒吧　　C. 咖啡厅　　D. 酒廊

5. ________各具特色，环境舒适卫生，装潢雅致，价格适中，餐饮服务规范化和程序化。

A. 豪华餐厅　　B. 餐桌服务型餐厅

C. 明档型餐厅　　D. 自助式餐厅

6. ________被公认为世界烹饪王国，菜肴受到人们的普遍欢迎，在世界上广为传播。

A. 美国　　B. 意大利　　C. 法国　　D. 希腊

三、简答题

1. 简述餐饮生产特点。

2. 简述餐饮销售特点。

3. 简述餐饮服务特点。

4. 简述餐饮管理的任务。

5. 简述餐饮管理的工作内容。

项目二　餐饮组织机构与职能

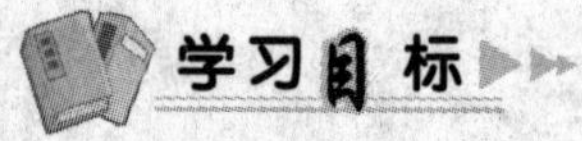

知识目标

1. 了解、熟悉餐饮组织机构基本构架；
2. 掌握餐饮部人员配备和编制的方法；
3. 掌握餐饮服务人员的基本道德素养；
4. 掌握餐饮各部门工作人员岗位职责。

能力目标

1. 能够合理配置餐饮部各部门人员，对工作任务进行合理分工；
2. 能够根据实际工作情况，进行定岗定员，制定具体的岗位职责。

任务一　餐饮人员与组织

Burger King 的管理职责与员工工作安排

Burger King（汉堡王）是美国最成功的快餐连锁企业之一。

一般来说，100个餐位再加上一个驶入式外卖窗口是 Burger King 比较“标准”的规模。如此规模的分店一般有管理人员6名，即1名经理和5名副经理。任何时候店里都会有他们6人中的某一位在值班。在营业高峰，可能会有多个经理在场，余下的2人到3人专门处理运作瓶颈。5个副经理每周工作5天，轮流驻店值班。

分店中每个经理的首要职责是：按照公司的指导方针，保证在清洁的环境里，用优质的产品迅速地为顾客服务。他们要教育新员工、指导分配工作、检查质量、处理瓶颈、为员工树立榜样。除了这些责任以外，还有其他工作——订购原料、接收货物、检查并张贴行为标准（诸如从进门到出门时间和事务处理时间）、检查一天工作的准备情况，特别是高峰时期的准备情况、制订兼职员工的工作安排表等。快餐店的5名副经理中，有3名主

管订货、安排时间和早餐服务。

快餐店雇用45名员工。员工一般每周工作5～6天，35～40小时。员工都需经过助理经理的严格挑选。员工们按照工作的小时数领取报酬，超过40小时后付给加班费。员工每天的工作时间安排都不同。安排整周事务的工作安排表通常提前一周公布。时间表是为了反映员工在工作时间和数量上的表现。大多数工作安排每天都会被调整，其主要原因是鼓励员工们交叉培训，这样做的目的是增加运作的弹性。时间表也有可能因为其他意外问题而被迫打乱。交叉培训所产生的另外一个良好效果是使员工能够互相理解对方所遇到的暂时性困难。

为了满足时间安排所需的弹性，快餐店使用兼职劳动力，安排他们在不同时间上下班。例如有的员工在下午高峰时期的前15分钟来上班。员工们每次工作最少3～4小时。员工离店的时间由经理决定。如果生意清淡，经理会让一些员工提前下班；如果生意兴隆，员工们就会被要求在预定时间以后下班。最好的员工一般都安排在星期五和星期六的高峰时间工作。

运作主管和订餐员主管负责培训新员工。培训的岗位主要有7个（三明治操作台、特殊三明治操作台、油炸工作台、蒸煮汽锅、收款台、驶入式销售窗口和清洁员）。

任务分析

餐饮组织机构是针对企业餐饮经营管理目标，有意识的协调经营活动的组织群体。餐饮经营组织以专业化分工为基础，由下属各职能部门和各专业人员组成，管理人员和技术人员有不同的责任和权利。组织机构和人员编制是企业管理的前提和基础，它直接影响和决定现代企业管理的成败和经济效益的高低。

知识准备

餐饮部的组织结构与职能是餐饮企业经营管理活动的基础，组织结构不科学，势必会削弱餐饮企业在市场中的竞争力，甚至导致餐饮企业分崩离析。为了保证饭店或餐厅的顺利运转，必须以某种方式将一定规模的有意参与其活动的人群有效地组织起来，并进行科学分工，使各个部门和岗位的工作人员各司其职，以实现组织的共同目标。

一、餐饮组织机构的设置

餐饮部的组织机构，因饭店规模的大小和餐饮部本身的职能的不同而形式各异。饭店餐饮部大多采用四级管理编制：餐厅经理、餐厅主管、餐厅领班和服务员。在内部关系上采用垂直领导、横向协调的方法，使餐饮部成为一个有机的整体。

1. 餐饮组织机构

组织机构就是为完成经营管理任务而结成集体力量，在人群分工和职能分化的基础上，运用不同职位的权力和职责来协调人们的举动，发挥集体优势的一种组织形式。餐饮部设立组织机构是确定餐饮部内各部门、各成员之间的相互关系，更好地组织员工完成群体性活动。

餐饮组织机构是为筹划和组织餐饮产品的供产销活动满足客人消费需求，获得良好经济效益的一种专业性业务管理机构。它是一般组织机构在餐饮管理中的具体运用。组织机构主要包括职位、职权、责任、关系和形式五个要点。

2. 餐饮组织机构的设置依据

一家餐饮企业的组织结构设置，除了考虑该酒店所拥有的餐厅类型数量、餐厅接待能力的大小、餐饮经营的专业化程度及餐饮经营市场环境等方面外，主要考虑其管理跨度与组织层次的关系。

(1) 管理跨度（Span of Control）

所谓管理跨度，是指一名上级领导直接而有效地领导下属的可能人数。对于任何一家饭店或餐厅的领导者来说，由于受知识、经验、时间、精力、条件等各方面的限制，能够有效地、直接地领导下级的人数总是有限的，超过了一定的限度，就会降低管理的效率。管理学的学者已经发现了这个数字。在高层领导中，管理跨度通常为 4～8 人；在机构的低层领导中，这个数字为 8～15 人。由于餐饮业大多数属于中小型企业，因此管理跨度一般为 5～12 人。但对于某一具体的饭店或餐厅来说，管理跨度的宽窄还应考虑以下因素，如表 2-1 所示。

表 2-1　管理跨度与管理效率的关系

考虑因素	程度	管理跨度	管理效率
下属人员的培训	越好	越宽	越高
	越差	越窄	越低
授权的明确程度	越明确	越宽	越高
	越模糊	越窄	越低
工作的标准化程度	越高	越宽	越高
	越低	越窄	越低
信息沟通技术	越高	越宽	越高
	越低	越窄	越低

①下属人员的培训。下属人员培训得越好，必要的上下级关系的影响就越小。训练有素的饭店员工会严格按照饭店的各种制度和要求自觉履行职责，不需要上级管理人员花太多的时间进行指导与控制。上级只要进行常规检查和例外事件的处理就行了。

②授权的明确程度。如果管理人员明确地授权给一个训练有素的下属去完成一项十分明确的任务，下级就能把事情做好，基本上不需要上级花什么时间和精力。如果对下属的授权不明确，即使下属能力很强，也会给饭店的领导增加很多的工作。下级要么是“种了

别人的地，荒了自己的田”，要么是事无巨细，一律请示上级决定，自己不承担任何责任。

③工作的标准化程度。组织管理的一个很重要的内容就是工作标准问题。如果饭店员工不知道某项工作应做到什么程度，不知道什么是做得好，什么是做得差，一切要由上级经理来进行评判与指导，势必会增加上级经理的工作量，从而使管理跨度变窄。

④信息沟通技术。如果每一项计划、指示、命令或指导都必须通过个人接触进行沟通，并且每一项组织变革或人事问题都必须口头处理，那么，管理人员的时间负担显然是会加重的。如果管理人员具备一种能够清晰地传达计划和指示的能力，也可以扩大管理跨度。作为一个下级人员，他高兴的一件事情就是有一位能够很好表达自己意思的上级。管理人员随意的、无拘束的风格可以平易近人地取悦于下级，但如果这种无拘束变成混乱和浪费时间时，其后果将会极大地缩小管理的有效跨度，且往往降低员工士气。

(2) 组织层次（Level of Organization）

组织层次是与管理跨度密切相关的。大型餐饮企业有数百名员工，大型饭店也有上千名员工，面对如此之多的人，企业的总经理不可能对每一位员工进行直接指挥和管理，这就要设置不同的管理层次，实行分级负责管理。组织层次就是指直线行政指挥系统分级管理的各个层次。可见，组织层次和管理跨度是成反比关系的。

餐饮系统经营组织在发展过程中，因为管理跨度和组织层次的关系，也出现了横向和纵向的发展，其发展过程即是该经营组织发展完善的过程。即出现了餐饮组织纵横向发展图。如图 2-1、图 2-2 所示。

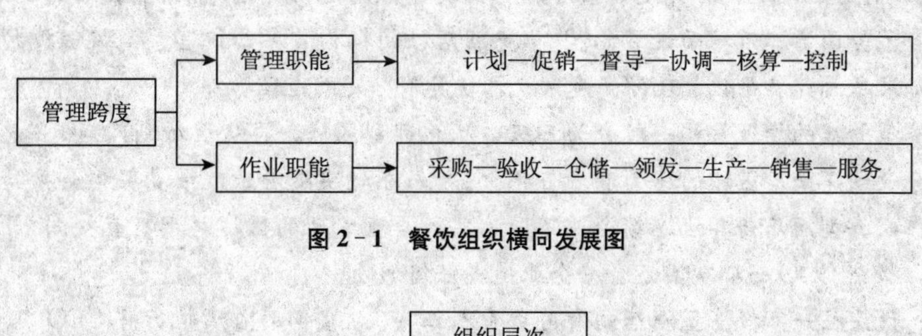

图 2-1　餐饮组织横向发展图

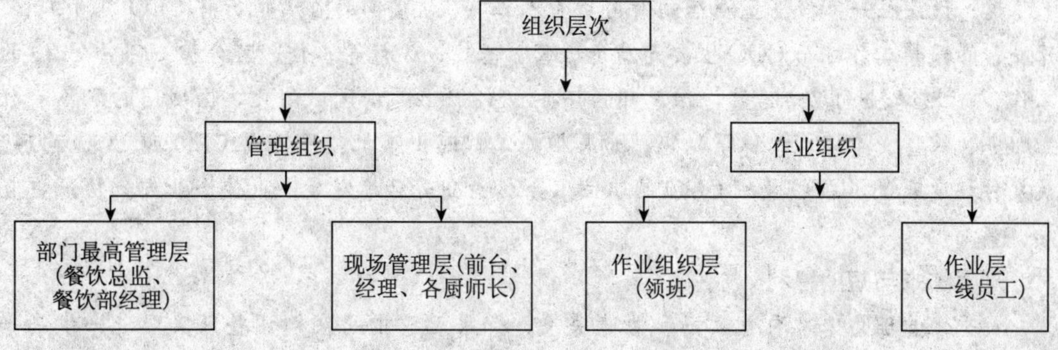

图 2-2　餐饮组织纵向发展图

目前，很多饭店和餐厅都推崇“扁平式”组织结构，也就是说，管理跨度变大，组织层次减少。其组织结构图呈扁平状。

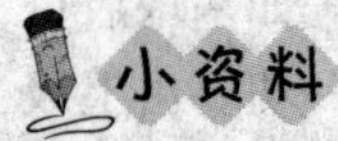
小资料

7天、汉庭COO相继辞职

经济型酒店扩张考验扁平化管理

继7天连锁酒店宣布该集团首席运营官张韧因个人发展需要不再担任公司首席运营官COO一职后，汉庭集团也于11月25日生效了一则人事变动，该公司首席运营官苏畅由于“个人原因”辞职。

一个月内，两大经济型连锁酒店集团COO离职，这或许是一种巧合。但巧合背后让人关注的是，7天酒店此后取消了首席运营官职务；而汉庭集团也表示，近期不打算填补这个缺位，但还无取消这一职位的计划。双方给出的理由相当一致：“为创造一个更加有效的扁平化管理架构。”

COO职位的尴尬

相同的时间、相同的职务、相同的结果，甚至理由也大同小异，但两大经济型酒店却不约而同，这不能不让外界产生联想。

“到目前为止，还没有听说如家可能会出现类似的变动，这可以说明，此次人事变动不是来自于美国资本市场而设置的。”华美酒店顾问机构首席知识官、高级经济师赵焕焱表示，如果从构建扁平化管理的角度来说，还具有一定的道理。

经济型酒店的管理架构一般分为三级，从总部到区域，再从区域到门店。“总部一般把任务分散到下面，区域的压力和责任很大。”而在赵焕焱看来，很多架构是按传统设置来建，但经济型酒店与其他连锁企业不同，实行垂直管理的区域总部有直接向CEO报告的渠道，撤销COO一职确实不会给企业造成任何影响。

这一说法被一家经济型酒店的有关负责人证实。“我们的首席执行官CEO负责工程、开发、管理等工作，而COO主要是肩负运营、基建、设计等工作，可分担一部分CEO的工作。”上述人士向记者透露，但总部的任务90%以上是由区域消化，区域同时配备有独立财务、销售、市场、工程等职能，如果相关工作超出审批范围可与CEO和COO沟通。就某种程度来说，CEO兼顾COO的职位不会影响公司后续发展，也使企业内部协调更直接、扁平化。

规模扩张与短期赢利

扁平化管理意味着沟通顺畅和快速决策，如果无意中的架构调整可实现进一步扁平化，无疑对今年正大规模扩张的经济型酒店而言利大于弊。

如家收购莫泰后，7天连锁继续收购华天之星，如今“如家＋莫泰”酒店规模已超过1300家，而7天酒店也于今年7月完成“百城千店”计划的布局。据有关数据显示，中国

经济型酒店门店数增至5870家，如家、7天、汉庭等主要经济型酒店集团的市场份额从2009年的23%增长到40%。经济型酒店的扩张出现跨越式发展。

北二外中国闲暇经济研究中心主任魏翔表示，近期中国经济增长依然强劲，并存在价格和收入螺旋上升的趋势，同时，城市化的纵深化进程正在加速，这使得中小城市的消费能力在近期提升很快，经济型酒店在大城市的定价策略可以平行推进到中小城市，而且客源充实。中小城市存在经济型酒店进行规模化的大量成本空间。因此，长期以来，中国经济最先面临的重大问题就是增速放缓，消费力回缩，经济型酒店的成本优势大于质量优势，通过纵深空间的规模化深挖规模经济、累积未来低成本的能力，是不二的战略选择。

规模扩张依然迫切。但在此同时，上市公司每季度的财报披露带来的压力也在增长。"目前经济型连锁酒店多在进行跨地域品牌输出，经济型酒店价格较低，成本投入在短期内或难完全体现，这直接影响公司的短期收益"，赵焕焱表示。如家、7天两家集团又实施了并购，企业重组整合的成本继续增加，赢利压力进一步加剧。扁平化管理可以缩短管理层决策周期和下达执行，提高办事效率，这对降低企业成本来说也受益匪浅。

3. 餐饮组织机构的设置原则

组织管理学家巴克斯克先生指出：领导的职责就在于成功地设计一种组织，并委派最恰当的人选，然后致力于按照组织原则促使大家去达到目标。

（1）精简与效率相统一的原则

配备的人员数量与所承担的任务相适应，机构内部分工粗细得当，职责明确，每人有足够的工作量，工作效率高，应变能力强。

（2）专业化和自动调节相结合的原则

组织机构大小同企业等级规模相适应，内部专业分工程度同生产接待能力相协调，业务水平和业务能力同工作任务相适应，管理人员能够在不断变化的环境中主动处理问题，组织结构本身具有自动调节的功能。

（3）权利和责任相适应的原则

组织机构的等级层次合理，各级管理人员的责任明确，权利大小能够保证所承担任务的顺利完成，责权分配不影响各级管理人员之间的协调配合。

4. 餐饮组织机构设置的一般模式

饭店或餐厅的内部组织结构，因饭店规模的大小和各餐饮部门本身职能的不同而形式各异。从组织结构设计上看，也没有绝对统一的标准模式。各餐饮企业应根据自身的特殊情况和经营任务，来设计组织结构。目的是保证该组织目标的实现。

根据饭店规模的大小，通常划分为大型、中型和小型饭店。饭店的规模通常是按客房数量来划分的。目前国际上划分的标准是：客房在600间以上的为大型饭店，客房在300～600间的为中型饭店。客房在300间以下的为小型饭店。

（1）大型饭店的餐饮组织结构

大型饭店餐厅数量较多，一般在5～8个以上，有的甚至多达几十个餐厅。中西餐、宴会、酒吧、客房送餐等各类餐厅业务齐全，厨房与各种类型的餐厅配套，结构复杂，层次多，内部分工十分细致。大型饭店的餐饮组织结构如图 2-3 所示。

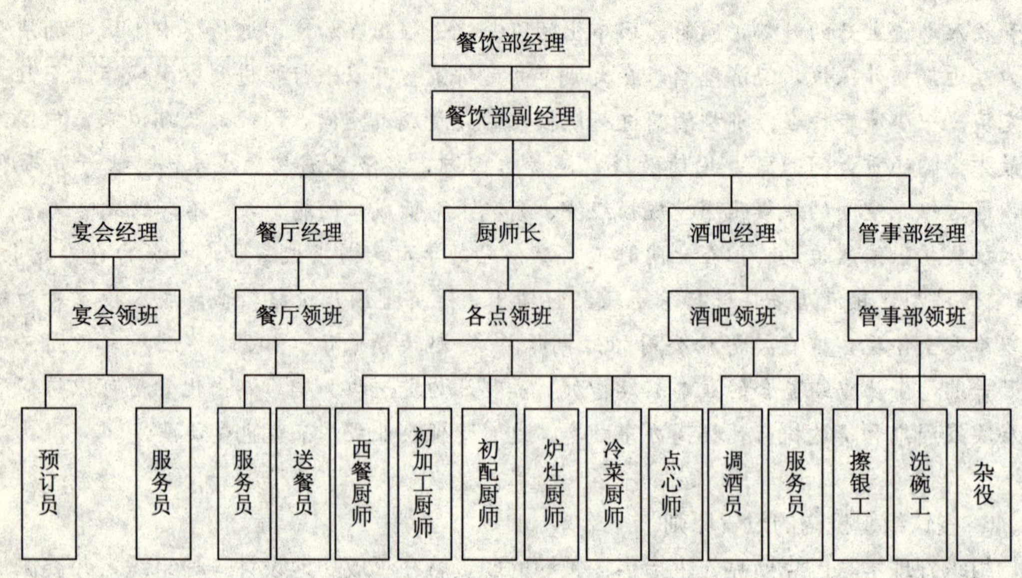

图 2-3　大型饭店的餐饮组织结构

（2）中型饭店的餐饮组织结构

中型饭店餐饮部一般采用四级管理体制，但分工比较细致，功能也较全面。其组织结构可参考图 2-4 所示。

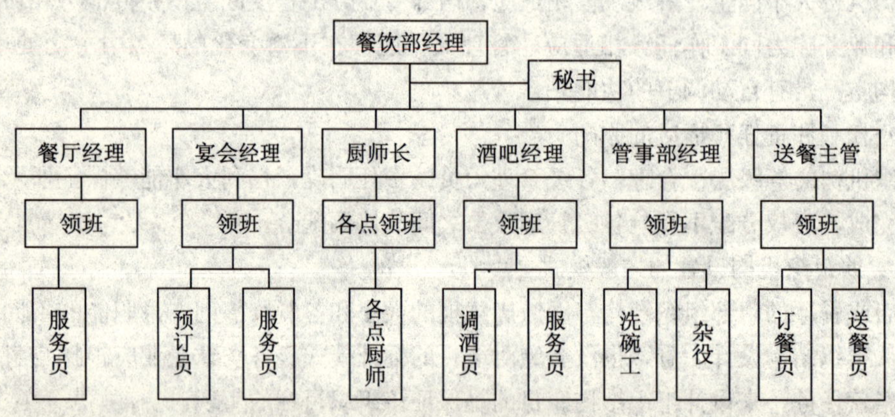

图 2-4　中型饭店的餐饮组织结构

（3）小型饭店的餐饮组织结构

小型饭店由于餐厅数量少，类型单一。其餐饮组织模式比较简单，分工也不宜过细。小型饭店的餐饮组织结构可参考图 2-5。

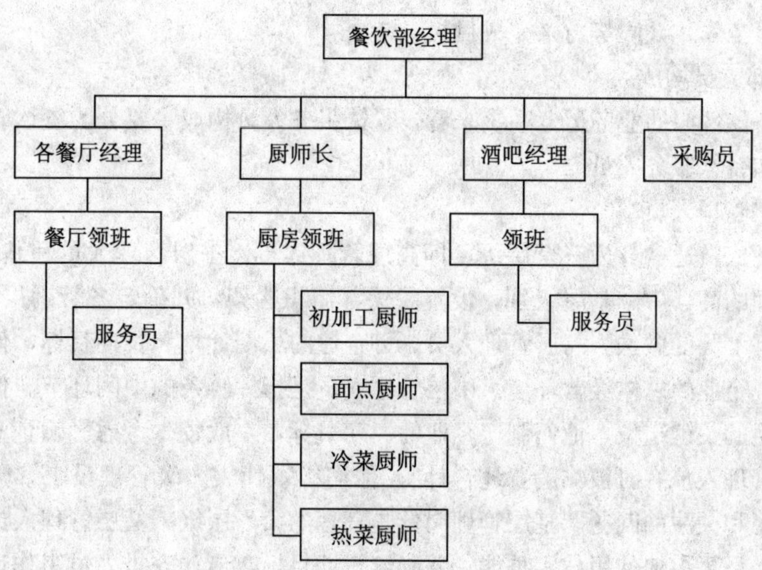

图 2-5　小型饭店的餐饮组织结构

(4) 独立经营餐厅的组织结构

独立经营的餐厅在组织结构上与饭店餐饮部系统有很大区别。这类餐厅有非常健全的机构和功能，构成了餐饮业的中坚力量。一些高档涉外餐厅在其豪华程度和服务质量上与四星、五星级的大饭店相比毫不逊色。由于这类餐厅在企业规模、档次高低、接待能力等方面差异较大，因此其组织结构也有较大的差异。典型的独立餐厅组织模式可参考图 2-6。

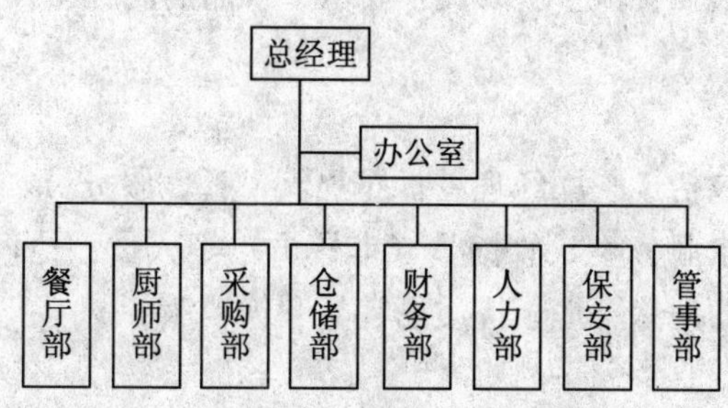

图 2-6　典型的独立餐厅组织

二、餐饮部人员管理

餐饮部是饭店的一个重要部门，是饭店经营中的重要经济支柱之一，餐饮活动在商旅客人众多的活动中占据着的绝对不可忽视的作用。对饭店来说，离开了餐饮就等于失去了饭店经营和服务的重要手段，搞好餐饮服务是饭店抓住客人的关键。

餐饮服务，指通过即时制作加工、商业销售和服务性劳动等，向消费者提供食品和消费场所及设施的服务活动。那么，为了实现餐饮服务的目标，餐饮企业就要招录多方面人员来从事这项工作，共同努力来完成目标。

1. 餐饮部人员构成

从整个餐饮部门的业务运营系统来看，餐饮服务人员构成主要分为餐饮管理人员、餐饮生产人员和餐饮服务人员。

（1）餐饮管理人员

餐饮管理人员通常分为三个层级，即高层管理人员、中层管理人员和基层管理人员。如何设置管理的高、中、基层级别，设置餐饮部组织构架，并确定各管理层的基本职责，不同的企业有不同的做法。高层管理人员制订企业的长期计划和长期目标，他们比其他管理人员更重视企业的总体经营环境。中层管理人员是指挥链条的中间环节。他们处于组织中上下级沟通的关键岗位，他们制定企业的短期目标，一般较少考虑影响企业环境的重大问题。低层管理人员有时被喻为“缝合针”。他们必须代表上级管理员工，同时向上级传达员工的愿望和关注的问题。基层管理岗位是管理的第一层级。基层管理人员通常比其他层级的管理人员更多地使用技术技能，并制定短期目标，诸如安排人员工作班次计划，协助员工做好几乎每餐都会出现的“高峰”时段的工作。

一名具有良好的知识和技能，并且渴望在担负更多责任的岗位上工作的员工经常有机会成为基层管理人员。员工渴望能够得到一个复杂而又有兴趣的工作岗位，但复杂的工作岗位无疑不是每个人都能胜任的。

（2）餐饮生产人员

餐饮生产人员主要包括：总厨、厨师、助理厨师、餐具服务助手、管事员、仓库验收报关员、面点师等人员。不管餐饮部门经营的类型与规模如何，固定的基本食品生产任务全部由这部分员工来完成。餐饮生产人员主要从事食品的制作工作，平时接触顾客的机会相对较少。

（3）餐饮服务人员

餐饮服务人员主要包括：餐厅经理、餐厅领班、餐厅服务员、服务助手、引领员、调酒师、酒吧服务员、酒水服务生、收银员（审核员）等人员。他们负责招呼、接待宾客，并为顾客提供干净舒适的用餐环境、优质的食品和饮料服务。

2. 餐饮部人员编制

人员编制主要是确定企业及各部门、各工种需要的科学合理的定员或定编人数。

（1）确定人员编制的依据

确定人员编制的主要依据有：餐饮企业规模和管理体制；餐厅档次高低和接待能力大小；市场供求关系和座位利用率高低；餐饮技术设备状况和员工技术熟练程度；餐饮经营的季节性和随机波动程度；餐饮工作班次安排和出勤率高低。

（2）定员编制方法

餐饮部人员编制分为餐饮管理人员编制、厨房生产人员编制和餐厅服务人员编制。具体编制方法如下：

①岗职人数编制法。根据组织机构设计，在分析企业规模、管理层次、各级管理工作

的工作量大小的基础上来确定岗位设置，然后根据工作需要按岗定人，确定岗职人数。

岗职人数定员法主要适用于餐饮企业管理人员的编制：餐饮总监、餐饮部经理、行政总厨、各厨房厨师长、各餐厅经理、宴会部、酒水部、预订部经理及其副职人员。这种人员定编的岗职人数一经确定，原则上就要保持稳定，不得随意增加。

②设备定额编制法。设备定额又称看管定额，是指在正常生产或经营活动中，平均一台设备需要几个人来使用操作或平均一个员工能够看管或操作几台设备。

看管定额定员法适用于炒菜厨房的人员编制；用人包括厨师、加工人员；劳动定额为基础，重点考虑上灶厨师；其他加工人员作为厨师的助手。看管定额法的计算公式为：

核定看管定额的计算公式为：

$$X=\frac{Q}{A+B}$$

式中：X——看管炉灶定额数；

Q——测定炉灶台数；

A——测定上灶厨师数；

B——厨师服务的其他人员数。

核定人员编制的计算公式为：

$$N=\frac{QF}{Xf}\frac{7}{5}$$

式中：N——定员人数；

Q——厨房炉灶台数；

F——计划劳动班次；

f——计划出勤率；

X——看管炉灶定额数。

③上岗人数定员法。上岗人数是指在餐饮业务经营活动正常开展的情况下，一个岗位一天所需要的上岗人数。在所核定的部门每日上岗人数确定后，就可以根据公休时间、轮休时间和出勤率等因素确定某一岗位定员人数了。上岗人数定员法的计算公式为：

$$n=\frac{Dh7}{5}$$

式中：n——定员人数；

D——每班上岗人数；

h——每天班次数。

④接待人次定员法。接待人次定员法是根据餐厅岗位设置和接待人次，在核定人均接待人次的基础上来确定人员编制。核定接待人次的计算公式为：

$$P=\frac{Q}{A+B}$$

式中：P——接待人次；

Q——测定客人数；

A——桌面服务员数；

B——其他服务员数。

例 1 某五星级酒店中餐厅炒菜厨房设有炉灶 12 台，经测定，每位上灶厨师负责 1 台炉灶，厨房每班同时需用加工厨师 4 人、杂工 2 人，每周工作 5 天，每天 2 个班次，计划出勤率 98%，请核定厨房共需要多少员工，如果将劳动班次由 2 个调整为 1.5 个，问可节省多少劳力？

解：厨房看管定额＝12/（12＋4＋2）＝0.67（台/人）

厨房定员数＝（12×2）/（0.67×98%）×7/5＝52（人）

调整班次需（12×1.5）/（0.67×98%）×7/5＝39（人）

52－39＝13（人），即节省 13 人的劳力。

例 2 某五星级酒店西餐厅设有座位 280 个，餐厅桌面服务员每人负责 20 位客人的餐桌服务，传菜员每人每天 60 位客人传菜工作量，餐厅柜台处酒水员 2 人，收款员 2 人，迎宾领位各 2 人。计划出勤率 98%，每周工作 5 天，每天 2 班制。请完成以下分析。

问题 1 经预测餐厅上座率旺季 98.6%，平季 85.2%，淡季 72.4%，请为餐厅编制一份不同季节的餐厅人员需求表。

表 2－2　不同季节的餐厅人员需求表

	旺季 98.6%	平季 85.2%	淡季 72.4%
客人数/班	276	239	203
桌面/班	13.8	11.95	10.15
传菜/班	4.6	3.98	3.38
柜台/班	4	4	4
迎宾领位/班	4	4	4
合计/班	26.4	23.93	21.53
2 班人数	52.8	47.86	43.06
餐厅定员	75.43	68.37	61.51
进位	76	69	62

问题 2 餐厅上月实际上座率 92.4%，在编桌面服务员用了 38 人，传菜员用了 18 人，问他们每人实际接待了多少客人，是否完成了桌面人员 20 客/人・天，传菜员 60 客/人・天的劳动定额。

解：上月每班客人数＝280×92.4%＝259（人）

上月桌面和传菜员每班实际上岗人数

桌面上岗＝（38×98%/2）×5/7＝13.3（人）

传菜员上岗＝（18×98%/2）×5/7＝6.3（人）

即上月实际接待客人数为

桌面：259/13.3＝20（客）（刚好完成定额，合理）

传菜：259/6.3＝42（客）（传菜过多，未能完成劳动定额）

问题3　下周餐厅进入黄金周，根据预订趋势分析，餐厅上座率为152.6%，估计因预订不到的空座率为3.4%，问按劳动标准餐厅共需用多少人？（旺季到来，周六周日不休息）

解：黄金周客人数＝280×（152.6%－3.4%）＝418（人）

桌面和传菜日上岗人数＝（418/20＋418/60）×2＝28（人）

黄金周日上岗总人数＝28＋8＝36（人）

3. 员工配备程序

（1）每日营业量分析

表2－3　某大厦餐厅晚餐客人人数统计　单位：人次

日期	星期一	星期二	星期三	星期四	星期五	星期六	星期日
5.3—5.9	114	143	128	159	198	235	189
5.10—5.16	90	128	138	167	180	250	199
5.17—5.23	112	157	150	148	178	239	200
5.24—6.1	105	114	108	150	190	200	195
6.2—6.8	145	120	130	110	149	199	162
中位数	112	128	130	150	180	235	195

（2）各时段营业量分析

表2－4　某餐厅就餐时段客人预测表

	经营钟点	客人数/人
早餐	07:00—08:00	90
	08:00—09:00	80
午餐	11:00—12:00	40
	12:00—13:00	80
	13:00—14:00	70
晚餐	18:00—19:00	65
	19:00—20:00	125
	20:00—21:00	80

(3) 确定劳动定额

劳动定额是指各工种的职工在一定服务时间内应提供的服务或应生产的产品的数量。

如某饭店餐厅服务员的点菜劳动定额为：

餐厅：早　餐　　30～40 客人/每餐

　　　午晚餐　　25～30 客人/每餐

　　　咖啡厅　　15～20 客人/每餐

如某饭店厨师和洗碗工的劳动定额为：

	厨师	洗碗工
早　餐	50～60 客人/每餐	100～120 客人/每餐
午、晚餐	30～40 客人/每餐	80～90 客人/每餐

表 2-5　　某餐厅职工配备数（晚餐）

劳动定额 \ 星期	一	二	三	四	五	六	日
预测人数/人	112	128	130	150	180	235	195
餐厅服务员需要数（20～30 客人/员工）	4	5	5	6	6	7	6
需要数（20～30 客人/员工）	2	2	2	2	2	3	3
需要数（20～30 客人/员工）	3	3	3	4	4	5	4

4. 班次安排

常见的几种餐厅服务班次安排：

早点班：05：00—09：30

早班：06：30—14：30

中班：10：00—18：30

日班：14：30—22：30

正常班：08：00—17：30

半日班：四小时

两头班：06：30—10：30　18：30—22：30（大跳）

　　　　10：30—14：30　18：30—22：30（小跳）

5. 餐饮部人员素质要求

从事餐饮业无论是做厨师还是餐厅服务员，都要有强烈的服务意识、端正的服务态度；有热情、开朗、乐观的心理品质；有民族自尊心和民族自豪感；能严格遵守职业纪律；能自觉抵制精神污染和金钱的腐蚀。这里主要从狭义角度讲，餐饮服务人员所必须具备的素质。这些素养和品质是提升服务质量的基础，也是酒店良好口碑的根本。酒店餐饮从业人员的基本职业素质分为：餐饮从业人员的思想素质、餐饮从业人员的业务素质、餐饮从业人员的身体素质和餐饮从业人员的心理素质四个方面。如图 2-7 所示。

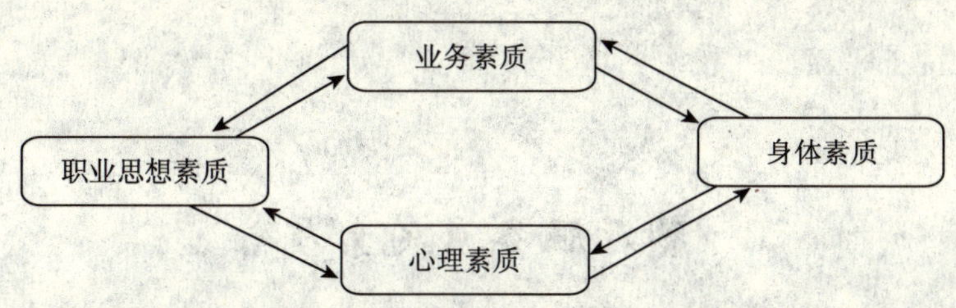

图 2-7　餐饮从业人员的职业素质基本结构

(1) 餐饮服务人员的思想素质

良好的思想素质是做好服务工作的基础。要树立牢固的专业思想意识，敬业爱岗；培养高尚的职业道德；要有良好的纪律修养。

(2) 餐饮服务人员的业务素质

良好的业务素质是做好服务工作的关键。要熟练掌握专业操作技能，如托盘、斟酒、折花、摆台、上菜分菜等；讲究各种服务礼节，如问候礼、称呼礼、迎送礼、操作礼、仪表礼等；具有良好的文化素质，一是广博的知识，餐饮服务人员要掌握的知识有：烹饪知识、商品知识、食品营养卫生知识、文学史地方面的知识、音乐知识、民俗和法律知识等等；二是语言运用知识，讲标准普通话、会使用敬语、礼貌用语等；三是人际交往知识，在与客人的交往中必须坚持"客人至上"、"得理也要让三分"的原则，要求机智灵活，应变能力强。

(3) 服务人员的身体素质

良好的身体素质是做好服务工作的保证。

①健康的体格。服务人员劳动强度大、时间集中而且"日行百里不出门"、站立、行走、托盘等等都要一定的腰力、腿力和臂力。

②端庄的仪表。服务人员仪表端庄大方、和蔼可亲、会给客人留下美好的印象。

第一，统一工装，下班不得穿回家，上班不宜配戴项链等饰品、内衣常洗勤换。

第二，仪容、仪表方面，头发整齐不乱，常修指甲，女士要化淡妆，注意养成良好的个人卫生习惯。

第三，仪态举止方面，服务态度要热情周到、细致、耐心、笑容可掬，举止、谈吐文雅大方。

(4) 服务人员的心理素质

一名优秀的服务员具有良好的心理素质，能给人以态度热情、亲切的感觉。

①积极、乐观、善于交往，懂得控制情绪。餐饮工作环境极具挑战性，工作任务不断变化且积极性易遭挫折，应具有乐观开朗的个性。

②态度热情得体、有亲和力，尊重客人。餐饮服务员应具有亲和力以及热忱、真诚的

服务态度，时时把“请”、“谢谢”等敬语挂在嘴边，面带微笑。

③工作认真负责，积极沟通。全身心投入、具有敏锐的观察力，及时满足客人。

小资料

餐厅服务员的素质

地点：某宾馆餐厅

导引小姐引导几个客人从门口过来。几个客人簇拥着一位爱挑剔的老太太。

服务员为她斟上红茶，她却生硬地说：“谁关照过你，你怎么知道我要红茶，告诉你，我喜欢喝绿茶。”

服务员不易为人察觉地一愣，客气而又礼貌地说：“这是餐厅特意为您准备的，餐前喝红茶消食开胃，尤其适合老年人，如果您喜欢绿茶，我马上单独为您送来。”

老夫人脸色缓解下来，矜持地点点头，顺手接过菜单，开始点菜。

“喂，水晶虾仁怎么这么贵?”老夫人斜着眼看着服务员，“有些什么特点吗?”服务员面带着微笑，平静的、胸有成地解释道：“我们进的虾仁都有严格的规定，一斤120粒，水晶虾仁有四个特点，亮度高，透明度强，脆度大，弹性足，其实我们这道菜利润并不高，主要是用来为饭店创牌子的，水晶虾这道菜是我们酒店的招牌产品。”

“有什么蔬菜啊?”老夫人又说了，“现在蔬菜太老了，我不要。”服务小姐马上顺水推舟：“对，现在的蔬菜是咬不动，不过我们餐厅今天有炸得很软的油焖茄子，菜单上没有，是今天的时新菜，您运气正好，尝一尝吧?”服务小姐和颜悦色地说。

“你很会讲话啊。”老夫人动心了。

“请问喝什么饮料?”服务小姐问道。老夫人犹豫不决地露出沉思状。“我们这里有椰汁、粒粒橙、芒果汁、可口可乐……”老夫人打断服务员的话：“来几罐粒粒橙吧。”

案例分析：

服务员在客人点菜时，将菜的形象，特点用生动的语言加以形容，使客人对此产生好感，从而引起食欲，达到销售目的。

餐饮服务员，应兼有推销员的职责，既要让客人满意称心，又要给餐厅创造尽可能多的利润，只有这样，才是称职的服务员。

“你要什么饮料?”客人可以要或不要，或沉默考虑。第二种是选择问句，“有椰汁、粒粒橙、芒果汁、可口可乐……”客人一般会选其中一项。对那种犹豫不决，或不曾有防备的客人效果极佳。在推销的工作中，语言的引导十分重要，用什么样的话，才能引起顾客的消费欲望，这是培训工作中不可忽视的重要内容。

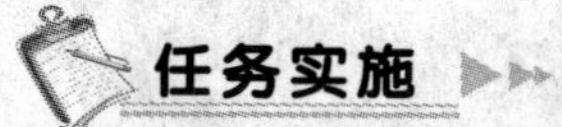

任务实施

餐饮部人员配备的程序如图 2－8 所示。

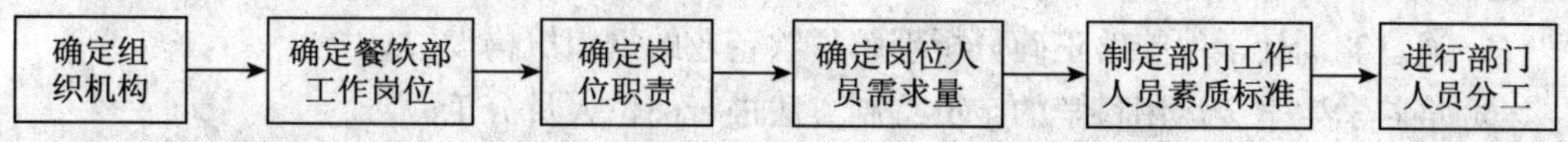

图 2－8　餐饮部人员配备的程序

餐饮组织机构设置是一项非常复杂的工作，只有用科学的程序指导，细分工作才能有条不紊地进行。一般情况下，餐饮部人员配备的程序分为以下六个步骤：

第一步：确定组织机构

餐饮组织机构是针对餐饮企业经营管理目标，根据组织机构设置的依据和原则，结合餐饮企业的规模对餐饮组织机构进行合理设置。

第二步：确定餐饮部工作岗位

在确定组织机构的前提下，餐饮企业结合本企业的业务范围，考虑该酒店所拥有的餐厅类型数量、餐厅接待能力的大小、餐饮经营的专业化程度以及餐饮经营市场环境及企业管理跨度与组织层次的关系，根据工作任务的需要确立餐饮部的工作岗位名称。

第三步：确定岗位职责

确定岗位职责，就是给出制定岗位职责说明书，通俗的说就是明确在一个工作岗位上的人应当做哪些事，承担哪些责任。餐饮部根据组织设置的岗位工种来确定岗位职责范围。

第四步：确定岗位人员需求量

在分析企业规模、管理层次、各级管理工作的工作量大小的基础上来确定岗位设置，然后根据工作需要按岗定人，进而确定岗职人数。也可以根据餐饮业务经营活动的正常开展情况，来确定一个岗位一天所需要的上岗人数。

第五步：制定部门工作人员素质标准

良好的素养和品质是提升服务质量的基础，也是酒店良好口碑的根本。将酒店餐饮从业人员的基本职业素质标准界定为思想素质、业务素质、身体素质和心理素质四个方面。

第六步：进行部门人员分工

根据员工个人素质并结合培训考核结果，按照岗位所需，恰当分配人员。

任务总结

餐饮部组织机构的构架是因饭店规模的大小和餐饮部本身的职能的不同而形式各异。结合餐饮四级管理编制，并引入了组织层次和管理跨度的关系理念尽可能地使餐饮部采用众多酒店推崇的“扁平化”组织结构。对全体餐饮服务人员进行了合理的人员配置，具体定员编制的方法有以下四种：岗职人数编制法、设备定额编制法、上岗人数定员法和接待人次定员法，并用这四种定员编制方法进行科学的岗位人员匹配。

实训项目

实训目标

1. 通过实训使学生能够正确分析理解餐饮企业的组织机构设置；

2. 培养学生学会运用科学的定员编制方法进行岗位人员分工。

内容与要求

选择某餐饮企业作为研究对象，根据自己所收集的相关资料与数据，分析其是以何种定员编制方法来进行餐饮服务人员用量核算的。

组织与实施评价

1. 以项目团队为学习小组，小组规模一般是 5～8 人，分组时以组内异质，组间同质的原则为指导，小组的各项工作由小组长负责指挥协调；

2. 建立沟通协调机制，团队成员共同参与、协作完成任务；

3. 各项目团队根据实训内容互相进行交流、讨论，并点评；

4. 评价与总结：各项目团队提交实训报告，并根据报告进行评估。

评估指标及标准如表 2－6 所示。

表 2－6　　餐饮部人员组织结构设计评分

被考评人			考评地点			
考评内容		考评标准	分值/分	自我评价/分	小组评议/分	实际得分/分
专业知识技能掌握	餐饮组织结构设置的依据	理解	10			
	餐饮组织结构设置的原则	掌握	20			
	定员编制方法	掌握	20			
	报告完成情况		10			
通用能力培养	学习态度	积极主动，不怕困难，勇于探索，态度认真	15			
	运用知识的能力	能够熟练自如地运用所学的知识进行分析	15			
	团队分工合作	能融入集体，愿意接受任务并积极完成	10			
合　计			100			

注：1. 实际得分＝自我评价×40%＋小组评价×60%。

2. 考评满分 100 分，60 分以下为不及格，60～74 分为及格，75～84 分为良好，85 分及以上为优秀。

任务二 餐饮岗位职责

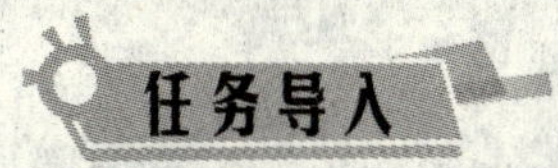

餐饮管理"怪圈"

有一晚生意很忙，一名女服务员过来对他说，"没人收拾桌子。""别担心，"他说道，然后开始收拾桌子。另一名服务员过来对他说："厨房里饭菜上得太慢了。""别着急，"他说，"我去后面帮他们做菜。"在他帮厨的时候，又有一名女服务员过来说："已经没有洗干净的盘子来摆台了。""别担心，我去洗盘子。"他说道。正当他在洗盘子的时候，又有一名女服务员过来说："没有人收拾桌子。"就这样周而复始——桌子、饭菜、碗碟、桌子、饭菜……就在这当口，业主走了进来，问道："你这是干什么呢?""我正在洗盘子，收拾桌子，做饭菜。今晚回家之前，我还得把垃圾倒了。"经理自豪地说。"你瞧瞧成什么样了!"业主喊道，"我雇你是来管理的，不是来收拾桌子、刷盘子、做饭菜的!"

从现状来看，这位餐厅经理在工作当中起的作用仅仅是这些角色而已。作为一个餐厅的一家之主，他应该起到一个宏观的作用，如果缺人，那么马上可以协调其他部门或者通知人事部，现在人手不够，应该根据实际情况补充人手了。当然他还可以睁大他的眼睛去观察和分析：是服务人员的激情低落还是效率不高？是不是现有的培训工作没有做起来？各岗位的配合情况怎么样？真正的优秀的经理人是那种能洞察身边的信息而马上能调整好现状的人。

任务分析

餐饮工作能否顺利开展，主要依赖于餐饮服务机构设置是否合理。作为餐饮管理人员应全面负责餐厅计划、组织、协调等工作，只有做到知人善任，合理有效地进行分工，才能有效的督导、调动所属人员的工作积极性。完成各项经营指标任务。

知识准备

酒店餐饮部是构成酒店的一个重要部门，是酒店经济收入的主要来源，它与客房部和综合服务设施作为酒店利润三大主要来源。餐饮部是整个酒店员工人数最多的一个部门，其所管辖的区域也是客流量较大的一个地方。因此，餐饮部必须科学地划分组织结构，划出各职能部门，明确各部门任务并确定岗位职责，这样才能使餐饮部各岗位人员更加努力的做好自己的分内工作，竭尽全力提供给客人最优质的服务。

一、餐饮部各部门的主要任务

按餐饮组织机构横向的管理跨度分为以下及各职能部门，其各职能部门的主要任务分别如下。

1. 采保部

负责餐饮部生产原料的采购与保管工作，采购都是餐饮部的物资供应部门，它根据实际需要以最有利的采购价格按时、保质、保量地为餐饮部组织和采购所需的物品，特别是食品原料和酒类饮料等，然后将采购进来的原料送入仓库，分库妥善保管，随时补充餐饮部的消耗，保障餐饮部的正常营业。采购部要随时掌握市场信息，对餐饮部所需物品的价格做出定期的调查和分析，并要有多家供应商的报价，从而以最有利的价格购进优质的物品。采购部还要负责监督物品的采购、验收、库存、领用等制度的制定和执行，并进行餐饮成本控制和仓库存货控制。

保管就是负责这些原料包括入库存放的可储存物品和直接进入厨房加工成菜肴的鲜活品的储藏和保管。

2. 厨房部

厨房部是饭店的主要生产部门，负责整个饭店所有的中式、西式菜点的准备与烹制，其目标是烹制出各种美味可口的菜点来满足不同宾客的需求。它还要负责厨师的培训、菜点的创新、食品原料采购计划的制订及餐饮成本控制等工作。

3. 管事部

管事部负责打扫厨房、餐厅、酒吧等处的清洁卫生及所有餐具、器皿的洗涤、消毒、存放、保管和控制。将餐饮部所需换洗的布单及时送交洗涤部门（洗衣房）并支援各餐饮部门的临时需求，还要负责培训和提高清洁工的业务技术。有些饭店将厨房以外的地面清洁工作交管事部负责。

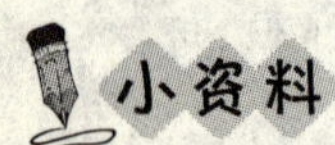

管事部工作流程

管事部现有人员11名，主管1名，带领班1名和洗碗工9名，分四个班次工作，工作流程如下。

A班　06:40—15:10　3名员工

提前十分钟到岗，2名员工负责清洗M层的餐具，1名负责清洗饼房的用具以及整个厨房，包括走道的地面卫生，高峰时，到洗碗间帮忙，直至收餐，收餐之后，1名员工到餐厅做布菲炉的卫生。10:30—11:30轮流吃饭。11:30根据营业情况合理安排员工的工作（西餐厅忙的情况下，3 名员工完成 M 层的洗碗间以及厨房卫生工作，三楼忙的情况下，人员随时听从调配）。中午收餐之后，1 名员工到西餐厅做布菲炉的卫生。

B 班　14：30—23：00　3 名员工

提前十分钟到岗，与 A 班的交接，共同完成 A 班的收尾工作，大约 3 点钟，开始清洗 M 层的厨房、洗碗间以及走道的地沟，此工作大约一个半小时完成。同时，要检查布菲炉的卫生，布菲炉加热水，为开餐做准备，16：30—17：30 轮流吃饭。17：30 根据营业情况合理安排员工的工作，人员随时听从调配。M 层与三楼，清洗营业餐具和厨具。

C 班　19：00—03：00　1 名员工

提前十分钟到岗，到三楼洗碗间与中班人员一起清洗洗碗间的餐具和厨具，正常情况下，22：00 之前完成厨房所有的卫生，然后到洗碗间与中班交接，23：00 除了清洗营业餐具外，每天清洗 2 个布菲炉、厨房所有餐车和卡丝炉的卫生。

D 班　09：30—18：30　1 名员工

提前十分钟到岗，到三楼洗碗间清洗备餐厨具以及洗碗间的卫生，中午清洗营业餐具，15：00 左右清洗 3 楼厨房地沟以及地面卫生，整理餐具（此班属于机动班，根据营业情况，随时变动，改为跳班）。

4. 各营业部

饭店餐饮部的各营业部门是餐饮部直接对客服务部门，包括各类餐厅、宴会厅、酒吧等。这些部门的服务水平高低和经营管理状况的好坏，最终关系到餐饮产品能否变为商品出售。

二、餐饮部各岗位的主要职责

按餐饮组织机构纵向的管理层次逐级分为以下各岗位，其岗位职责分别如下。

1. 餐厅经理

（1）管理层级关系

直接上级：餐饮部经理

直接下级：餐厅主管

（2）职务简述

协助餐饮部经理做好各项餐饮工作，做好员工的培训工作。

（3）岗位职责

①掌握餐厅内的设施设备的使用情况，监督及管理餐厅内部日常工作。

②发挥模范作用，对自己严格要求，对下属进行严格督导和训练，认真执行各项规章制度和服务规范，操作规程、保质、保量地完成各项接待服务工作。

③认真组织餐厅员工进行业务培训，提高服务技能和业务水平，熟悉菜牌、酒水牌，熟记每天供应品种，了解当日 VIP 客人的接待情况。

④抓好员工纪律，服务态度，了解员工思想情绪，操作技术和思想作风，定期对下属

进行绩效评估。

⑤召开班前班后会议，落实每天工作计划，随时保持餐厅整洁。

⑥参加餐饮部例会及各种重要的业务协调会，与厨房建立良好的沟通关系，互相协作、配合，保证餐饮部工作顺利进行。

⑦热情待客，态度谦和，与客人建立良好的关系，定期收集、征求客人意见，听取客人对食品和服务的意见及时反馈给上级，及时调整相应对策，以便为客人提供满意的服务及菜品。

⑧及时检查餐厅设备的状况，做好维护保养工作，确保餐厅安全和防火工作。监督每次盘点及物品的保管。

⑨鼓励下属大力推销产品。

⑩作好下属员工的考勤排休工作，严格把关，不徇私情。

2. 餐厅主管

(1) 管理层级关系

直接上级：餐厅经理

直接下级：餐厅领班

(2) 职务简述

执行餐厅正常营运管理，根据管理作业标准办法，落实顾客满意工作持续成长。负责餐厅的营运勤务作业，有效的、妥善的管理相关勤务作业及餐厅维修事宜，维持餐厅环境、设施设备功能及营运器皿、备品处于完善完备状态。

(3) 岗位职责

①负责餐厅的日常管理工作，并与厨房保持密切联系，确保餐厅的服务质量，直接对餐厅经理负责。

②出席每周的业务会，汇报本餐厅工作，向员工传达会议精神。

③检查工作。每日检查设备、家具、餐具的摆设及其完好情况；检查服务用品及清洁卫生，检查库存物资；检查员工仪容仪表。

④主持每日餐前会，安排当天的服务工作。

⑤从厨房了解当天出菜的情况，布置重点推销菜式。

⑥签领食物、材料。

⑦妥善处理客人投诉和质询。

⑧做好员工考勤工作、评估工作。

⑨做好餐厅的财产管理工作。

3. 餐厅领班

(1) 管理层级关系

直接上级：餐厅主管

直接下级：餐厅服务员及传菜员

(2) 职务简述

明确工作内容，确保服务质量。

(3) 岗位职责

①负责本班员工的考勤、考绩，检查员工的日常行为规范，在规定的职责范围内有权对本组员工进行批评、表扬，奖励和处罚。

②根据每天的工作和接待任务安排员工的工作，组织本班服务人员为客人提供高效率、高质量的就餐服务。

③处理本班中发生的问题和客人的投诉，处理不了的要及时向主管或经理报告。处理顾客轻微性投诉。

④能熟练地掌握宴会、酒会、零点等的服务规程。

⑤熟悉和掌握本餐厅经营的菜、点心的价格，熟悉和掌握酒水的产地、特点和价格。

⑥检查员工的仪容仪表是否符合要求。

⑦检查工作人员的餐前准备工作是否完善，开餐中的一切用品是否准备妥当。

⑧对重要的宴会和客人，领班要亲自接待和服务。

⑨经常同主管和后台厨师保持工作联系，听取客人对服务和餐饮质量的意见和建议，自身解决不了的问题要及时请示上报。

⑩做好员工思想工作，处理本班中发生的问题，开好班前会和班后小结会。

4. 餐厅服务员

(1) 管理层级关系

直接上级：餐厅领班

(2) 职务简述

负责向就餐客人提供高质量服务。

(3) 岗位职责

①熟悉服务规程，严格按照服务规程为客人服务。

②按照领班的安排，充分发挥自己的特长，积极主动工作，为客人提供最佳的服务。

③有良好的服务意识，行动敏捷灵活，服务热情周到。

④熟悉菜点品种、价格及特点。熟悉酒水、饮料的品种、产地、度数、价格及特点，业务熟、推销意识好。

⑤爱护设施设备和餐饮用具，严格按照操作要求作业，粗心大意造成财产损失者，照价赔偿。

⑥按操作程序做好餐厅卫生和环境卫生，餐饮用具未经消毒的和破损的不能给客人使用。

⑦帮助客人结算账目。

⑧注意迎送客人。

5. 厨师长

(1) 管理层级关系

直接上级：餐饮部经理或副经理

直接下属：加工厨房领班、面点厨房领班、冷菜间领班、热菜厨房领班

(2) 职务简述

承担起餐饮部经理赋予的厨房的工作职责；同时也要负责员工岗上培训；协助餐饮部副经理完成所有与厨房相关的工作；全权负责起厨房的运作。

(3) 岗位职责

①根据经营需要开出各种菜单，负责合理调配劳动力并以身作则，带领厨房员工完成各种接待任务。

②熟悉掌握各类菜肴的制作技术，严格要求员工按照技术规范，精心制作各种菜肴，并确保菜肴的质量。

③尊重客人意见，注意听取餐厅服务员来自各部门的反映，不断改进工作，提高菜品质量。

④努力掌握各类客人的就餐习惯和特点，有针对性地变化菜肴口味，以适应客人的需要。

⑤组织厨房各部门的技术力量研究，开发出自己餐厅的特色菜品。

⑥组织厨房员工积极参加业务培训，开展技术交流，不断提高员工的业务技能。

⑦贯彻食品卫生“五四制”，认真搞好食品卫生、环境卫生和员工个人卫生管理。

⑧贯彻厨房炉灶消防制度，认真搞好厨房消防管理。

⑨搞好原材料的充分利用，杜绝浪费，节约用水、电、气、油等，降低成本，提高经营毛利。

⑩关心团结全组员工，充分调动大家的积极性，认真做好厨房员工的考勤。

6. 加工厨房领班

(1) 管理层级关系

直接上级：厨师长

直接下级：初加工厨师

(2) 职务简述

既是管理者，也是工作中的主力。全面负责中、西加工厨房的组织管理工作，保证及时向各烹调厨房提供所需的、按规格加工生产的各类烹饪原料。

(3) 岗位职责

①根据生产需要负责安排初加工和切配各岗位的工作，保证加工原料的供给。

②根据客情在厨师长指导下及时请购各类原料，协助把好原料进货的质量、数量关。

③具体负责安排指导本组员工按规格标准进行各项加工和切配以及原料的综合利用。

④熟悉原料性能、掌握原料库存、合理安排生产、准确控制成本充分利用原料。

⑤负责本组员工技术考核，带领督促员工按操作规程进行操作。

⑥负责本组员工仪表仪容及个人卫生。检查本组工作场地的卫生及各种设备、器具的管理和清洁保养。

⑦协助厨师长制定或修改切配工作程序及规范要求。

⑧对本组员工做好传帮带工作。随时根据员工技术情况进行岗上培训和业务指导。

⑨把好质量关、确保各种菜品的切配质量和数量。

⑩完成厨师长交派的其他工作。

7. 面点厨房领班

(1) 管理层级关系

直接上级：厨师长

直接下级：面点师

(2) 职务简述

既是管理者，也是工作中的主力。保质保量地完成面点制作任务。

(3) 岗位职责

①按照厨师长下达的工作指令，组织员工认真完成各式点心和主食制作任务。

②组织面点师按照标准食谱进行制作，确保成品的数量和质量。

③负责工作区域的卫生及安全工作，检查和督促员工搞好冰箱、食品柜、展柜等卫生工作。

④负责面点新品种的开发及研制。

⑤负责面点厨房内设备的使用和保养。

⑥负责本组员工仪表仪容及个人卫生。

⑦负责对本组员工进行考核、培训。

⑧控制好加工成本，剩余的原料要妥善保存，避免浪费。

8. 冷菜间领班

(1) 管理层级关系

直接上级：厨师长

直接下级：冷菜厨师

(2) 职务简述

是厨师的管理人，既是管理者，也是工作中的主力。带领并指导厨师对冷菜进行加工制作。

(3) 岗位职责

①根据酒店毛利率要求，按照标准菜谱进行原料配比，拟定新菜品和时令菜品推出方案。

②计划并安排领用当日各种原料和调料，严把原料质量关。

③负责对本部门员工进行培训和考核。

④根据厨师长安排，组织制作各种冷菜，并对整个加工过程进行检查，严把菜品质量关。

⑤负责本岗位各种设施、设备、用具的安全使用和保养。

⑥检查员工的仪容仪表、工作区域卫生，严格遵守卫生法规。

⑦完成厨师长交给的其他工作。

9. 热菜厨房领班

(1) 管理层级关系

直接上级：厨师长

直接下级：热菜厨师、厨工

(2) 职务简述

既是管理者，也是工作中的主力。负责管理热厨的正常运作、热类莱式出品制作、成本控制、人员管理等。

(3) 岗位职责

①带领本组员工及时按规格烹制各类菜肴，做到出品质量稳定，风味纯正，前后有序。

②负责调制热菜的调味汁、芡汁，确保菜肴口味统一，督促备齐餐具及时安排员工做好开餐前的准备工作。

③带领员工按规格烹调与切配密切合作，保证生产有序，出品优质及时。

④负责检查菜肴烹制出品的质量，检查摆盘效果，及时纠正，妥善处理出品质量方面存在的问题。

⑤督导本组员工节约能源，合理使用调料，降低成本，杜绝浪费。

⑥负责本组员工排班，安排本组员工值班、轮休，负责本组员工工作表现的考核和评估。

⑦检查员工的仪容仪表及个人和包干区卫生，督导员工做好收尾工作。

⑧督导属下按规程操作生产，对油锅、蒸汽等加热设备进行有效的控制，确保生产安全。

⑨检查督导员工对炉灶设备及用具的维护和保养，对需修理或添补的设备和用具提出建议。

⑩完成厨师长交派的其他工作。

10. 送餐员

(1) 管理层级关系

直接上级：领班

(2) 职务简述

负责住店客人房内用膳的预订工作，保证及时、高效地满足客人房内需要。

(3) 岗位职责

①服从领班安排，按照工作程序及标准，做好送餐前的各项准备工作。

②送餐至宾客指定地点，为宾客提供标准、优质服务。

③宾客用餐完后，收回服务餐车及各种餐具送至洗碗间。

④做好工作区域的清洁卫生。

⑤当班结束时，与下一班做好交接工作，上一班未尽事宜要当面交代清楚，有利于继续完成。

11. 洗碗工

(1) 管理层级关系

直接上级：领班

(2) 职务简述

清洗、消毒、分类保管酒店的餐具和用具。

(3) 岗位职责

①遵守规章制度，按时完成工作任务。

②每日餐具必须做到清洗完以后方可下班。

③餐具随时做到轻拿轻放，清洗完以后摆放整齐。

④餐具必须严格做到：一清、二洗、三消毒的工作程序。

⑤做到节约用水，做到人走关水、关电等。

⑥经常保持个人卫生，做到干净、整洁，勤换衣服。

⑦工作结束负责地面清洁卫生。

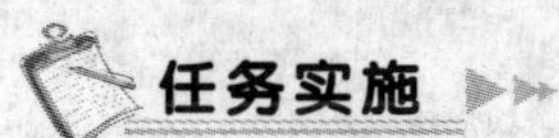

制定岗位职责标准的程序如图 2-9 所示。

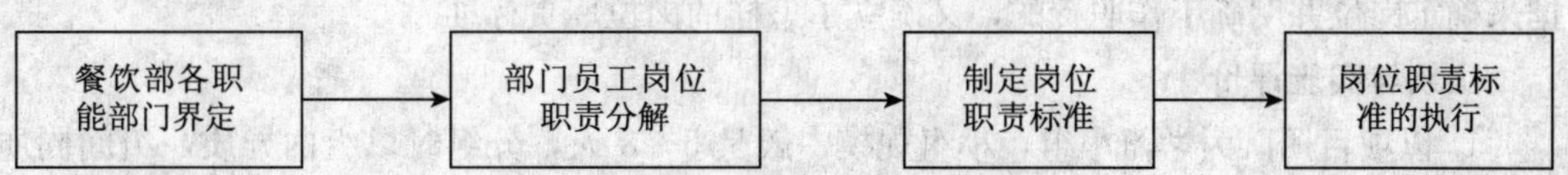

图 2-9 制定岗位职责标准的程序

企业的总体战略、年度计划、部门职能、部门绩效都要依赖岗位职责来实现，岗位职责标准也是培训员工的核心教材，更是上级监督检查下级工作的主要依据，所以只有用科学的程序指导，餐饮企业各部门工作才能有条不紊地顺利开展。一般情况下，制定岗位工作标准的程序分为以下四个步骤。

第一步：餐饮部各职能部门界定

依据餐饮企业规模和餐饮组织机构横向的管理跨度，确定餐饮企业的各职能部门以及各部门的工作任务。

第二步：部门员工岗位职责分解

基于组织战略的高度，以流程为依托，对岗位职责进行分解，或者从工作要素出发，通过对基础性工作活动进行归纳进而形成工作任务的方法来对岗位职责进行分解，最终确立了各岗位工种。

第三步：制定岗位职责标准

岗位职责标准：什么岗位应该做什么事？按照什么流程或依据什么制度做？什么时间做？做到什么标准？做每件事的权责是什么？如果未做到应承担什么责任？过程由应谁来监督？具体什么素质的员工才能做到本岗位所要求的绩效呢？

第四步：岗位职责标准的执行

根据工作职责结合员工素质要求进行员工培训，通过高素质的员工来维护、优化和进一步改善岗位职责标准。

任务总结

餐饮企业依据其业务活动主线：采购—验收—仓储—领发—生产—销售—服务，结合餐饮组织机构横向的管理跨度将其分为主要的四个功能模块：采保部、厨房部、管事部和各营业部。并在此基础上合理设置岗位并编制了岗位职责标准。

实训项目

实训目标

1. 通过实训使学生能够正确理解各部门工作职责；

2. 培养学生学会制定餐饮岗位职责标准并能严格执行标准。

内容与要求

选择某餐饮企业作为研究对象，根据自己所收集的相关资料与数据，分析其是以何依据来确定岗位并明确工作职责的，又确立了怎样的岗位职责标准。

组织与实施评价

1. 以项目团队为学习小组，小组规模一般是 5～8 人，分组时以组内异质，组间同质的原则为指导，小组的各项工作由小组长负责指挥协调；

2. 建立沟通协调机制，团队成员共同参与、协作完成任务；

3. 各项目团队根据实训内容互相进行交流、讨论，并点评；

4. 评价与总结：各项目团队提交实训报告，并根据报告进行评估。

评估指标及标准如表 2-7 所示。

表 2－7　　　　　　　　**制定岗位职责标准评分**

被考评人			考评地点			
考评内容		考评标准	分值/分	自我评价/分	小组评议/分	实际得分/分
专业知识技能掌握	餐饮企业各职能部门及岗位划分	了解	10			
	餐饮企业各职能部门的工作任务	掌握	20			
	餐饮企业各岗位的工作职责标准	掌握	20			
	报告完成情况		10			
通用能力培养	学习态度	积极主动，不怕困难，勇于探索，态度认真	15			
	运用知识的能力	能够熟练自如地运用所学的知识进行分析	15			
	团队分工合作	能融入集体，愿意接受任务并积极完成	10			
合　计			100			

注：1. 实际得分＝自我评价×40%＋小组评价×60%。
2. 考评满分 100 分，60 分以下为不及格，60～74 分为及格，75～84 分为良好，85 分及以上为优秀。

一、填空题

1. 餐饮企业依据其业务活动主线是________、________、________、________、________、________、________。

2. 管理跨度的宽窄还应考虑以下因素________、________、________、________。

3. 目前国际上划分的标准是：客房在________为大型饭店，客房在________为中型饭店。客房在________为小型饭店。

4. 酒店餐饮从业人员的基本职业素质分为：________、________、________、________四个方面。

5. ________是为筹划和组织餐饮产品的供产销活动，满足客人消费需求，获得良好经济效益的一种专业性业务管理机构。

二、选择题

1. 餐饮组织机构的设置原则是________。

A. 精简与效率相统一的原则　　B. 专业化和自动调节相结合的原则
C. 权利和责任相适应的原则　　D. 利益和效率相结合的原则

2. 下列关于管理跨度与管理效率的关系说法正确的是________。

A. 下属人员的培训程度越差，管理跨度越窄，管理效率越高
B. 授权的明确程度越明确，管理跨度越宽，管理效率越高
C. 工作的标准化程度越低，管理跨度越宽，管理效率越低
D. 信息沟通技术程度越高，管理跨度越高，管理效率越低

3. 组织机构主要包括________。

A. 职位　　B. 职权　　C. 责任
D. 关系　　E. 形式

4. ________主要适用于餐饮企业管理人员的编制。

A. 岗职人数定员法　　B. 接待人次定员法
C. 设备定额编制法　　D. 上岗人数定员法

5. 在________中，上级领导者要特别注意放权的艺术。

A. 事业部制组织结构　　B. 直线式组织结构
C. 矩阵式组织结构　　D. 扁平化组织结构

三、简答题

1. 简述餐饮企业员工素质要求。
2. 简述餐饮企业管理跨度和管理层次的关系。
3. 阐述餐饮组织结构设置的一般模式。
4. 简述餐饮组织结构设置的一般原则。
5. 试述餐饮人员编制定员的方法。

项目三 餐饮原料管理

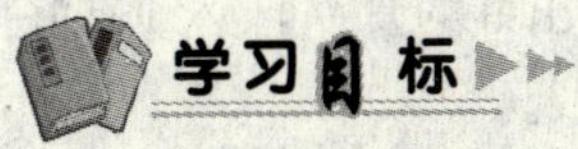

知识目标

1. 掌握餐饮原料采购的组织形式、方式及程序；
2. 掌握餐饮原料验收标准，懂得控制原料验收程序；
3. 了解餐饮食品仓库的管理要求及方法；
4. 掌握原料的发放原则和发放顺序。

能力目标

1. 能够准确地掌握餐饮原料管理的程序；
2. 能够熟练的进行餐饮原料管理。

任务一 餐饮原料采购管理

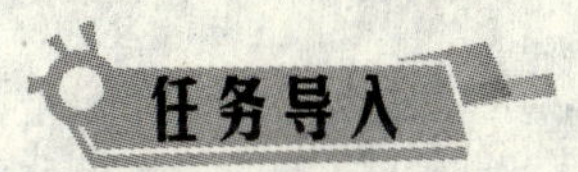

"小肥羊"成功的背后

2008年6月，内蒙古小肥羊餐饮连锁有限公司在香港上市，被誉为"中华火锅第一股"。小肥羊公司年消费肉类、油类、米面类、滋补调味品类、蔬菜及调味品类等原料，共计20多万吨。小肥羊公司在一年中使用这么多的农副产品数量是惊人的，质量也是绝对有保证的。羊肉由企业基地加工生产；油类选购使用色拉油，采购之前都会请国家专门的检验机构检验油品的质量，达到国家质量标准的才允许购买；辣椒是由小肥羊公司指定基地生产，从品种到产地都是在严格的挑选、试用基础上最终确定的，所以小肥羊辣汤品质的保证，专用辣椒功不可没。其他农副产品的采购也都是通过严格把关才能进入后厨、走向餐桌。

2012年"小肥羊"成为百胜集团的附属公司，现拥有一个调味品基地，两个肉业基地，一个物流配送中心，一个外销机构，国内十五大餐饮市场区域，国际三大餐饮市场区域的大型跨国餐饮连锁企业。截至2012年，小肥羊在中国大陆拥有516家连锁餐厅，是家喻户晓的中国餐饮连锁品牌。小肥羊的餐饮店面已遍布全国，而且连锁店已经进入美国、加拿大、日本、港澳等国家和地区。

任务分析

"小肥羊"的成功，与其完善的原料采购机制密不可分。要做出好的食品，必须有好的原料，而原料的好坏与采购直接相关，毕竟"巧妇难为无米之炊"。

做好餐饮原料管理，首先要做好原料的采购管理，达到"以最合理的价格，购买到最好的原料"。案例中"小肥羊"的成功，与其及时筹措、适量供给各类合格原料，是从事正常厨房生产、提供优质餐饮服务所必需的前提条件，同时也是现代餐饮企业管理不可偏废的重要构成内容。

知识准备

餐饮原料采购的目的是找到正确的商品、得到最好的价格、得到最佳的品质、找到最佳的供应商、在最适当的时间进货。

一、原料采购组织形式及目标

餐饮原料采购的组织形式大致可分为企业采购部负责采购、餐饮部负责采购、餐饮部和采购部分工采购、集中采购四种。

原料采购目标，即通过有效采购应该达到的效果。具体包括：

1. 购买适当的物品

即购买到厨房生产能用、适用而不致浪费的原料、物品。

2. 获得适当的数量

一次购进的原料、物品要满足生产的需要。数量过多，增加保管成本和负担；数量不足，增添生产和服务的工作麻烦。

3. 支付适当的价格

采购原料、物品的花费要恰当，既不可太贵，为成本控制和定价销售带来困难，也不可过分便宜、经济，供货商的利益也应兼顾。

4. 把握适当的时间

采购进货要在适当的时间范围之内。过早进货，增加保管工作量，还有可能使原料变得不新鲜；过迟进货又会打乱正常工作秩序，甚至延误开餐，造成顾客的不满。

5. 选择适当的供应商

适当的供应商，不仅可以减少餐饮企业对原料采购沟通、联系的工作量，而且还可能给企业带来购货以外的附加服务或积极帮助，如送货人员协助从事原料加工工作，送货人员提供相关的信息、样品等，这些对厨房生产和菜肴创新是很有裨益的。

二、餐饮原料的采购方法

餐饮原料采购的方法多种多样，运用什么样的采购方法可根据餐饮经营的要求、结合市场的实际情况进行分析比较，从而选择适合本企业的最佳采购方式。目前，较常用的采购方法有以下几种。

1. 即时购买法

即时购买，就是按照当时（当日）的市场行情，对所需的餐饮原料进行选择性购买的一种方法。其优点是原料新鲜、当日购买、当日使用，能较好地保证原料的质量。缺点是货源和供货价格不稳定，特别是价格往往会受到市场的货源、天气、交通、节假日等因素的影响。

2. 预先购买法

所谓预先采购，就是在预先确定了经营需要后，提前购买储存备用。预先购买的主要目的基于两点：一是想获得较稳定的货源；二是为了获得较低廉的供货价格。

3. 归类购买法

即将属于同一类的食品原料、调味品等，向同一个供货单位购买。例如，餐饮企业向一家奶制品公司采购所有需要的奶制品原料，向一家食品公司采购所有罐头食品，向同一个调味品商店购买所有的调味品原料等。这样，每次只需向供货单位开出一张订单，接收一次送货，处理一张发票，节省了大量人力和时间。另外一个优点是原料归类数量增大，价格可适当优惠。缺点是可能采购的部分原料质量不是同类中最好的。

4. 集中购买法

大型饭店、餐饮公司或集团往往建立地区性的采购办公室，为本公司在该地区的各餐饮企业采购各种食品原料。具体办法是各餐饮企业将各自所需的原料及数量按时上报公司采购办公室，办公室汇总以后进行集中采购。订货以后，可根据具体情况由供货单位分别运送到各个餐饮企业，也可由采购办公室统一验收，随后再行分送。

这种购买法的优点在于大批量购买，往往可以享受优惠价格；便于与更多的供应单位联系，因此原料质量有更多的挑选余地；有利于某些原料的大量储存，因此能保证各餐饮企业的原料供应；同时，能减少各餐饮企业采购者营私舞弊的机会。比如香港、澳门及内地同属一家公司或集团的饭店、餐饮单位，其海产干货、西餐原料的集中采购就比较合算和便捷。

另外，集中采购也有其不足之处。由于集中采购，基层餐饮企业不得不放弃当地可能出现的廉价原料，而且有使各餐饮企业菜单趋向雷同之虞，各餐饮企业自行修改菜单的能力也受到限制，因而不利于基层企业标新立异，不利于创造自己独特的风格。

5. 综合购买法

企业在购买产品时，采购人员同时选择多家供货商进行保密性供货报价，当得知市场最佳的供货价格时，采购人员选择信誉好、质量过硬、价格适中的供货商送货。采购不能单纯看价格，其关键在于质量。在上述几种采购方式中，企业应根据自己的档次、规模、隶属关系、业务特点、市场条件等因素选择或综合使用。

三、餐饮原料采购价格控制

采购价格的控制是采购工作的重要任务之一，成功的采购就是要获得理想的采购价格。餐饮原料的价格受诸多因素的影响，因而价格的波动较大。影响餐饮原料价格的主要因素有：市场货源的供求情况；采购数量的多少；原料的上市季节；供货渠道；饮食市场的需求程度；供货商之间的竞争以及气候、交通、节假日等。面对这样的价格因素，对采购价格实行控制是必要的。控制采购价格的途径有以下几个方面。

1. 限价采购

限价采购就是对所需购买的原料规定或限定进货价格，这种方法一般适用于鲜活原料。

2. 竞争报价

竞争报价是由采购部向多家供货商索取供货价格表，或者是将本饭店所需的常用原料写明规格与质量要求，请供货商在报价单上填上近期或长期供货的价格，采购部根据所提供的报价单，进行分析，确定向谁订购。

3. 规定供货单位和供货渠道

为了有效地控制采购的价格，保证原料的质量，饭店的管理层可指定采购人员在规定的供货商处采购，以稳定供货渠道。这种定向采购一般在价格合理和保证质量的前提下进行。在定向采购时，供需双方要预先签订合约，以保障供货价格的稳定。

4. 控制大宗和贵重餐饮原料的购货权

贵重食品的原料和大宗餐饮原料其价格是影响餐饮成本的主体。因此有些饭店对此则规定：由餐饮部门提供使用情况的报告，采购部门提供各供货商的价格报告，具体向谁购买必须由饭店管理层来决定。

5. 提高购货量和改变购货规格

根据需求情况，大批量采购可降低原料的价格，这也是控制采购价格的一种策略。另外，当某些餐饮原料的包装规格有大有小时，购买适用的大规格，也可降低单位价格。

6. 根据市场行情适时采购

当有些餐饮原料在市场上供过于求，价格十分低廉，且厨房日常用量又较大时，只要质量符合要求，可趁机购买储存，以备价格回升时使用。

易腐餐饮原料通常是直接进入厨房的，它的采购数量是由厨房根据正常的使用量、各种餐饮的预定情况和一些其他餐饮任务所需原料，来提出需购数量。半易腐餐饮原料和不易腐餐饮原料通常是由仓库提出采购数量，仓库根据每一种物品的最佳订购量来申请采购数量。由此可见，采购的具体数量一是依据厨房提供的请购单，二是依据食品仓库提出的请购单。

厨房所需的采购数量，还应结合餐饮预测、天气变化、节假日等因素，进行适时调整。而仓库的订量也应在确定了原料存货的最高限量和最低限度后，才能找出最佳订购点量。

最高限量：是餐饮原料在采购周期内所需的数量加上从原料订购到货被送至仓库这段时间内所需使用的数量。最高限量意味着仓库存货不得超过该数量。

最低存量：就是自餐饮原料提出订购到货送至仓库每天所需的使用量，又称紧急订货点量。

最佳订货点量：就是最低存量加上库存的安全系数。所谓库存安全系数，就是为了在交货时间拖延、交通阻塞等特殊情况下，确保原料的供给，而将最低存量的50%定为安全系数。

另外，在确定采购点量时还必须考虑到菜点的销售量、市场情况、储存情况、运输和使用量的变化等因素，以免产生失误和混乱。

餐饮原料的质量通常是指原料的新鲜度、成熟度、纯度、清洁卫生、固有的质地等。原料的质量要求既包括食品的品质要求，同时还包括使用要求。采购的餐饮原料应制定一个明确的规格标准，作为订货、购买与供应单位之间沟通的依据。为了避免口头叙述产生的理解误差，提高采购的有效性，通常采用书面形式加以说明，这就是习惯所称的采购规格标准。在制定规格标准时，叙述要简明扼要、言简意明，尽量避免使用模棱两可的词语。

四、餐饮原料规格标准

餐饮原料采购规格标准的作用主要在于促使有关管理者预先确定每一种原料的质量要求，以防止盲目采购或不恰当采购。采购规格标准应成为采购的依据、供货的准则和验收的标准。

1. 采购规格标准内容

（1）餐饮原料名称

注明所需采购食品的具体名称。原料的名称，一般使用较通俗的、常用的商业名称。比如，鸡，就应写明老母鸡、肉用鸡、仔鸡、光鸡、活鸡等。

（2）规格要求

主要是指原料的大小规格、重量规格、容器规格和包装外形等。规格的确定一要依据生产需求量的大小；二要根据市场的价格。比如，淀粉，市场上有500克一袋的，也有20千克一袋的。如果生产量大，则可购20千克一袋的，因为小袋装的价格要高于大袋装的价格。反之，生产使用量小，如果单纯从价格角度考虑，往往会造成不必要的浪费。

（3）质量要求

主要是指原料的品质、等级、商标、产地等内容。餐饮原料的品质应注明其新鲜度、成熟度、纯度、清洁程度和质地等特征，注明等级可省去许多叙述，可直接标明一级还是二级。对于一些原料有关部门还未正式规定等级的，可作适当说明，标明质量特征。商标是不可忽视的，有些原料在购买时要认准商标，以防假冒产品。产地表示原料是否正宗，另外对于原料的上市状态也应作一定的说明。比如，原料是新鲜的还是冰冻的；是淡干品还是咸干品；是加工制品还是非加工制品等。对于质量要求的说明要详细具体，不可含糊其辞。

(4) 特殊要求

对原料的特殊要求的说明，可依次列在备注上。如原料是国产货还是进口货，包装标记、代号、送货要求、其他服务要求等。

2. 采购规格标准的作用

采购规格标准的作用主要在于：促使有关管理者预先确定每一种原料的质量要求，以防止盲目进货或不恰当进货；便于原料统一规格，满足生产需要，保证菜肴质量，有助于食品成本控制；向各个供应商分发采购规格标准，便于供货商及供货单位及时了解饭店对原料的质量要求，进行投标供货，使饭店有机会选择最优价格进货；可以提高工作效率，减少工作差错。可免去每次订货时向供货商或供货单位重复解释原料的质量要求与规格；便于对所采购的原料进行标准验收；可减少采购部与厨房之间的矛盾。采购规格标准是随着企业经营项目、经营要求、市场行情等方面变化而变化的。

总之，采购规格标准应成为采购的依据、购货的指南、供货的准则和验收的标准。而且，采购规格标准应随着菜肴的变化需要不断地改进和完善。

3. 采购规格标准的具体形式

(1) 肉类采购规格标准

要获得适用的肉类原料，在制定肉类规格标准时，应着重明确以下几点：肉品的新鲜度；肉品的用料部位；肉品的嫩度；肉品的脂肪含量；卫生状况；对于包装的肉品，还应注明其生产厂家、商标及质量标准等。具体内容可见表 3-1。

表 3-1　肉类采购规格标准

品　名	规　格	质量要求	备　注
猪里脊肉	1.5～2.0千克/条	每条猪里脊肉不得超过规格范围，不得带有脂肪层，新鲜或冻结良好，无异味	送货时应低温冷冻
猪肋排	25千克/箱	带肋排骨，不带大排肥膘、奶脯、块形完整，不夹碎肉，净重与商标规定相符	送货时应低温冷冻

(2) 禽类采购规格标准

禽类的质量有肥瘦、老嫩、肉用型、非肉用型、新鲜和冰冻等区别。禽类的生长期与肥瘦老嫩有关。禽类的品种决定其含脂量、出肉量的多少以及鲜美程度，因此，在制定禽类规格标准时，应对禽类的品种、新鲜度、购买形态、生长期、重量、包装等作详细要求。如表 3-2 所示。

表 3-2　禽类采购规格标准

品　名	规　格	质量说明	备　注
箱装肉用鸡	1000～1250 克/只	去头颈爪、内脏，并将肫、肝、心整理后装入腹腔内，冻结良好，外观白净无异味	低温运输
活老母鸡	1250～1500 克/只	眼有神，羽毛紧贴、不掉毛、叫声响亮，爪子细，2 年半至 3 年生的散养老鸡（草鸡）	

(3) 水产类采购规格标准

水产类食品包括各种鱼类、虾类、贝类等。水产品的质量最重要的是新鲜度。因为水产品含水量多，组织细嫩，自身酶和外界细菌的侵蚀，极易使其变质而产生腥臭味，即使在冷藏温度下亦是如此。因此，新鲜度应作为水产品制定规格的重点。如表 3-3 所示。

表 3-3　水产类采购规格标准

品　名	规　格	质量要求	备　注
鲫鱼	300～350 克/条	鲜活（草鲫）	
青鱼	1.5～2 千克/条	新鲜、鳞片完整，腹不鼓胀，无异味	带水送货
螃蟹	200～250 克/只	鲜活，阳澄湖大闸蟹，肉质坚实，壳硬，背青腹白	低温冷冻
甲鱼	500～550 克/只	鲜活，爬行利落、肥壮，腹部无红印、无针孔，禁止注射水	
黑鱼	1～1.5 千克/条	鲜活	

(4) 加工制品采购规格标准

加工制品是指经过专营厂商加工后的各类餐饮原料。比如，肉制品、蔬果制品、奶制品、调味品等。此类制品的上市形态有罐装、腌制、干货、冷冻等形态。在制定加工制品的采购规格标准时，首先应了解所需加工制品的名称、商标名称、制品等级、食品的净重、大小重量、产品形态以及出厂日期和产地等。特别是对加工制品的包装商标要熟悉。包装商标可说明产品的规格、数量、价格，同时还表明制品的形态和生产时间以及生产厂家等内容。如表 3-4 所示。

表 3-4　　加工制品采购规格标准

品　名	规　格	质量要求	备　注
金华火腿	2.5～4 千克/只	特级，表皮黄亮、整齐、干爽，腿爪细、腿心饱满	送货时防污染
番茄沙司	净重 397 克/瓶	梅林商标，上海梅林罐头厂出品，生产日期在 6～8 个月之内	

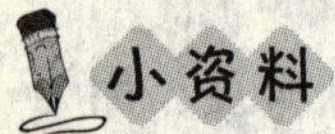

《随园食单》——先天须知

“物性不良，虽易牙烹之，亦无味也。指其大略：猪宜皮薄，不可腥臊；鸡宜骟嫩，不可老稚；鲫鱼以扁身白肚为佳，乌背者，必崛强于盘中；鳗鱼以湖溪游泳为贵，江生者，必槎讶其骨节；谷喂之鸭，其膘肥而白色；奎土之笋，其节少而甘鲜；同一火腿也，而好丑判若天渊；同一台鲞也，而美恶分为冰炭；其他杂物，可以类推。大抵一席佳肴，司厨之功居其六，买办之功居其四。”

上文摘自清代著名诗人、散文家袁枚的《随园食单》。该选文表明，自古以来，餐饮原料在烹饪过程中便居于重要地位，“买办之功居其四”，其重要性可见一斑。

五、采购人员的工作职责和要求

1. 计划采购，合理降低原料积压和采购成本

严格按照企业采购计划进行采购，履行正常的采购物价，完成采购以及应急采购的任务，做到及时、适用。

2. 熟悉和掌握市场行情，择优采购

按厨房订单或食品仓库采购单的要求，以“质优、价廉”为原则货比三家，进行三家以上的问价、看样，经比质论价后选定价格合理、品质优良、交货及时的供货商；而供货商的确定须征得部门经理的审批，方才能进行购货。

3. 按期限完成采购任务

细则如下：当日完成鲜活原料的采购，如新鲜水产、蔬菜、水果等；1～3 天内完成干货、调料等物品的采购；进口餐饮原料必须在 1～6 个月内完成；外地餐饮原料的采购必须在 10～30 天内完成、现货原料必须在 1～10 天内完成。

4. 及时了解供货商报价，妥善保管相关资料

每周向供货商收集一次价目表，并负责保存资料；按采购和使用要求负责调查供货商的供货能力、食品质量、卫生标准、保质期、价格、信誉等，并及时上报主管负责人。

5. 督促供货商按时、按质交货

6. 协助验收、收藏工作

协同企业验收人员完成验收工作，并及时交各种票据送交财务部，做到票证齐全、票物相符，报账及时。

7. 严格执行采购制度和财务制度

认真执行企业采购管理规定和实施细则，购进物品不得收取回扣，不得挪用备用金，转账支票不作他用。

8. 遵守职业道德

餐饮原料采购员须自觉遵守职业道德，不假公济私，不营私舞弊，不徇私情。坚决抵制不正之风；所采购原料有质量问题，应督促验收人员退货。

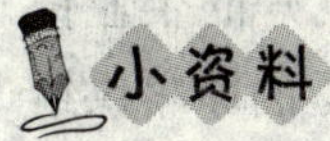

茶叶袋风波

某饭店是一家接待商务客人的饭店，最近一些老客户反映，饭店客房里的茶叶缸由于新改装的茶叶袋比较大，茶叶缸的盖子盖不住。客房部经理在查房时也发现了这个问题，并通报了采购部经理。但是过了三个月，这个问题仍没有解决。饭店总经理知道了这件事，他找来客房部经理和采购部经理了解情况。客房部经理说："这件事我已经告诉采购部经理了。"采购部经理说："这件事我已经告诉供货商了。"类似的问题在这家饭店发生多次。

饭店相关部门应该针对顾客的抱怨，对存在的问题进行原因分析，并及时采取纠正措施。正确的做法应该是采购部经理在接到情况反馈后，应立即检查新改装的茶叶库存情况，根据日消耗量计算库存使用时间，在重新订购和货运时间允许的情况下，将订货要求告诉供货商，以保证为客人提供的茶叶满足要求。

餐饮原料的采购程序具体步骤如图 3－1 所示。

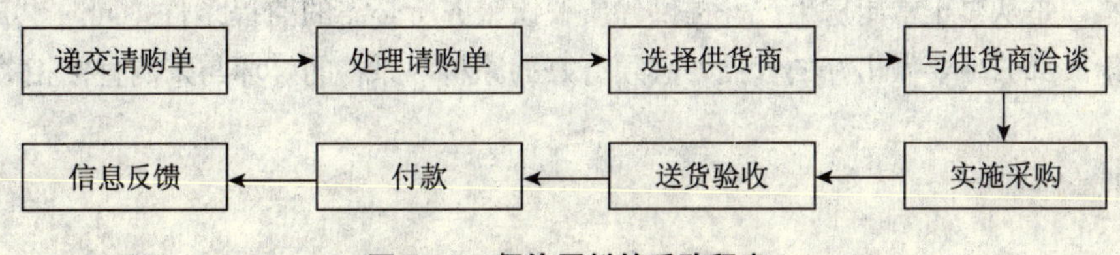

图 3－1　餐饮原料的采购程序

第一步：递交请购单

无论是厨房还是仓库，凡需要购买物品均需填写请购单，然后将请购单交给采购部进行采购。

第二步：处理请购单

采购部接受到各厨房、仓库送来的请购单以后，组织人力将请购单进行归类、分工，然后制定订购单。

第三步：征集价目表，确定供货商

采购部在采购物品之前，把本企业的采购规格标准发放给供货商，再从不同的供货商手中获取原料的报价单，选定最佳供货商。在当今买方市场的前提下，采取竞争报价采购，餐饮企业可以就现有的市场空间，选择可靠的供货渠道，从而获得较为经济的原料。竞争报价采购，买方即餐饮企业获得优势主动地位的前提有以下几点：有良好的企业信誉；资金运转状况良好；有相对稳定、大量的原料需求；所在地具有相对广泛的原料供给市场。

第四步：实施采购

当采购部门决定向哪一位供货商或供货单位订购原料时，采购部要制定正式的订购单或订货记录向供货商定货，同时将交一份订货单给验收处，以备收货时核对。当供货单位或供货商将货物送上门后，则交于验收部门进行验收，当验收完毕后，凡厨房订的鲜活原料，直接交与厨房，由厨房开出领料单。仓库订的货则交由仓库进行储藏。

第五步：处理票据，支付货款

当验收完毕，验收人员必须做到以下几点：一要开具验收单；二要在供货发票上签字；三要将供货发票、原料订购单、验收单一起交于采购部，再由采购部转到财务部审核，经审核无误后，支付货款。

第六步：信息反馈

信息反馈包含两个方面：一是将市场的供货行情反馈给厨房；二是将厨房使用原料后的意见反馈给供货商。这样，厨师长们就能及时掌握市场的货源情况和价格行情，便于在工作中进行有效地成本控制和新产品的开发。

任务总结

餐饮原料的采购直接影响到餐饮产品的质量和餐饮经营的效果。及时筹措、适量供给各类合格原料，是从事正常厨房生产、提供优质餐饮服务所必需的前提条件，同时也是成本控制的必要组成部分。要做出好的食品，必须有好的原料，原料的好坏与采购直接相关。

实训项目

实训目标

通过实训使学生能够正确分析理解餐饮原料采购细分。

内容与要求

运用上述所学知识及餐饮企业走访调研，进行一次餐饮原材料的采购，按照细分原则进行采购，并按实际采购情况分析采购实施过程中存在的问题并提出有效改进措施。

组织与实施评价

1. 划分学习小组，规模一般为5～8人，分组时以组内异质，组间同质的原则为指导，小组的各项工作由小组长负责指挥协调；

2. 建立沟通协调机制，团队成员共同参与、协作完成任务；

3. 各项目团队根据实训内容互相进行交流、讨论，并点评；

4. 评价与总结：各项目团队提交实训报告，并根据报告进行汇报。

评估指标及标准如表3-5所示。

表3-5　　餐饮原料采购评分

被考评人			考评地点			
考评内容		考评标准	分值/分	自我评价/分	小组评议/分	实际得分/分
专业知识技能掌握	餐饮原料采购程序控制	掌握	10			
	餐饮原料采购细分的方法	掌握	20			
	分析餐饮原料采购质量的措施	掌握	20			
	小组讨论及报告完成情况		10			
通用能力培养	学习态度	积极主动，不怕困难，勇于探索，态度认真	15			
	运用知识的能力	能够熟练自如地运用所学的知识进行分析	15			
	团队分工合作	能融入集体，愿意接受任务并积极完成	10			
合　计			100			

注：1. 实际得分＝自我评价×40%＋小组评价×60%。

2. 考评满分100分，60分以下为不及格，60～74分为及格，75～84分为良好，85分及以上为优秀。

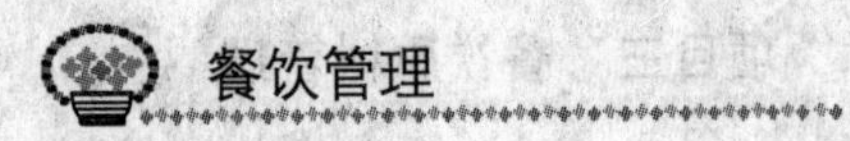

任务二　餐饮原料验收管理

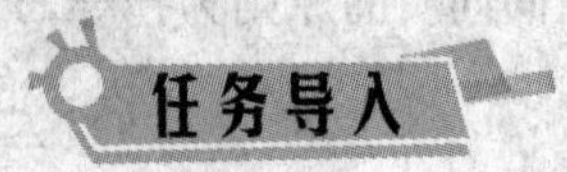

人情验收的后果

某餐饮企业餐饮部经理最近陆续听到不少老客户反映餐厅的招牌菜肴塞外菌王炖大鱼口感不如以前，质量下降。但是最近厨房管理工作正常，厨师们烹饪此菜肴时也很用心，一直按照以往方法烹调。经理进一步调查发现，鱼类供应商已经换了另一家，以前的鱼鲜活肥美，肉质坚实，而现在供货商供应的鱼多以次充好，甚至死鱼掺杂其中，这直接影响了这道招牌菜的品质。

进一步调查发现烹饪原料品质下降，价格并未改变，是由于验收人员和现在的供应商关系比较好。

任务分析

尽管餐饮企业花了时间和精力制定了完整的采购规格，尽管采购人员有足够的专业知识并且严格地遵照各项规定，按质按量并以合理的价格订购了原料物品，但如果缺少相应的进货验收控制，那么先前所做的各种努力都会前功尽弃。只有严格按标准执行验收才能够杜绝“人情验收”的不良行为发生。

知识准备

一、餐饮原料验收主要任务及要求

原料的验收是食品成本控制流程中的重要一环。忽视原料进货验收，会使供货商供货马虎从事，有意或无意地短斤缺两，原料的质量也有可能不符合饭店的要求，低于采购规格标准，而原料的价格也可能会与原先的报价大有出入。

1. 验收的主要任务

根据采购规格，检验各种餐饮原料的质量、体积和数量；核对餐饮原料的价格与既定的价格或原定价是否一致；给易变质原料加上标签，注明验收日期，并在验收日报表上正确记录已收到的各种食物原料；验收员应及时地把各种餐饮原料送到储藏室或厨房，以防变质和损失。

2. 验收的场地要求

为了使验收工作顺利完成，并确保所购进的原料符合订货的要求，对验收场地、设备、工具、验收人员以及各种验收票据提出如下要求。

验收场地的大小，验收的位置好坏直接影响到货物交接验收的工作效率。理想的验收位置应当设在靠近储藏室至货物进出较方便的地方，最好也能靠近厨房的加工场所。这样便于货物的搬运，缩短货物搬运的距离，也可减少工作的失误。验收要有足够的场地，以免货物堆积，影响验收。此外，验收工作涉及许多发票、账单等，还需一些验收设备工具，因此需要设有验收办公室。

3. 验收设备、工具的要求

验收处应配置合适的设备，供验收时使用。如磅秤就是最主要的设备之一，磅秤的大小可根据饭店正常进货的量来定。验收既要有称大件物品的大磅秤，又要有称小件、贵重物品的台秤和天平秤，各种秤都应定期校准，以保持精确度。验收常用的工具有：开启罐头的开刀，开纸板箱的尖刀、剪刀、榔头、铁皮切割刀，起货钩，搬运货物的推车，盛装物品的网篮和箩筐、木箱等。这些验收工具既要保持清洁，又要安全保险。

4. 验收人员的要求

身体健康，注重卫生；能够熟练使用验收设备、工具；熟悉掌握本企业原料采购规格及标准；具有鉴别原料品质的能力；熟知企业的财务制度，熟练掌握各种票据处理的方法和程序，并能正确处理；具有保护企业利益的意识，遵守职业道德，有坚持原则的公心；做到验收后的物品项目与供货发票和定购单项目相符，供货发票上开列的重量和数量要与实际验收的物品重量、数量相符，物品的质量要与采购规格相符，物品的价格与企业所规定的限价相符；忠于职守，秉公验收。

二、餐饮原料验收方法及验收控制

1. 餐饮原料验收方法

(1) 按供货发票验收

按供货发票验收，这是一种较普通的验收方法。验收人员根据供货发票和采购订单核对原料的项目、数量和价格，这种方法较方便快捷。但要注意的是验收人员往往直接拿着发票对照货物，而不去对照订购单，有时还可能图方便，不去逐一过秤原料重量和仔细检查原料的质量。因此，采用这种验收方法，应加强监督职能。

(2) 填单验收

填单验收是企业控制验收的一种方式。企业有自制验收空白凭单，验收人员在验收时，按物品的名称、重量、数量、价格等逐一填入凭单中，然后再与供货发票相对照。这种方法可减少差错，但时间成本较高。

2. 餐饮原料验收控制程序

验收工作虽然是由验收人员来完成，但作为负责餐饮产品质量控制的部门经理和厨师长，应不定期地对验收工作进行督导，以便于验收工作能符合管理的目标。

为了避免验收工作出现问题，经营管理者应做到：指定专人负责验收工作，不能谁有空谁来验收；验收工作应与采购工作分开，不能由同一个人担任；对于兼做其他工作的验收员，验收时间应与其他工作时间分开。验收要在指定的验收处进行；货物一经验收，应立即入库或进入厨房，不可在验收处停留太久，以防失窃；尽量减少验收处进出人员，以保证验收工作的顺利进行；发现进货的原料有质量问题，应督促验收人员退货。

变质油豆腐

在某市举办的一项重大活动的宴席中，有一道用油豆腐加工的菜肴被监督人员发现有馊味，被责令停止供应，避免了一起可能发生的食品安全事件。事后调查，原料验收人员在验收时疏忽大意，受理了已经在30℃的条件下放置了半天的油豆腐，造成了油豆腐的迅速变质，险些酿成食品安全事故。

在餐饮原料验收过程中，验收人员要负责核实送验货物是否符合订购单上所规定的品种及规格质量要求，符合的原料及时进行其他方面的检验，不符合要求则拒收。如未办理订货手续的原料不予受理；对照原料规格书，未达标的原料不予受理；对畜、禽、肉类原料，查验卫生检疫证明，未经检疫或检疫不合格原料拒绝受理；冰冻原料如已化冻变软，亦作不合格原料拒收；对各类质量有怀疑的原料，需报请厨师长等专业技术权威仔细检查，确保收进原料符合原料规格书的最低质量标准。否则，可能会酿成严重的食品安全事故。

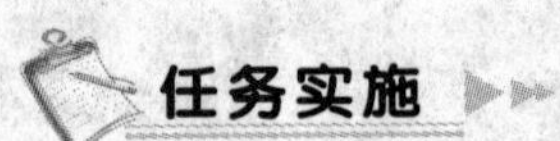

餐饮原料验收程序如图 3－2 所示。

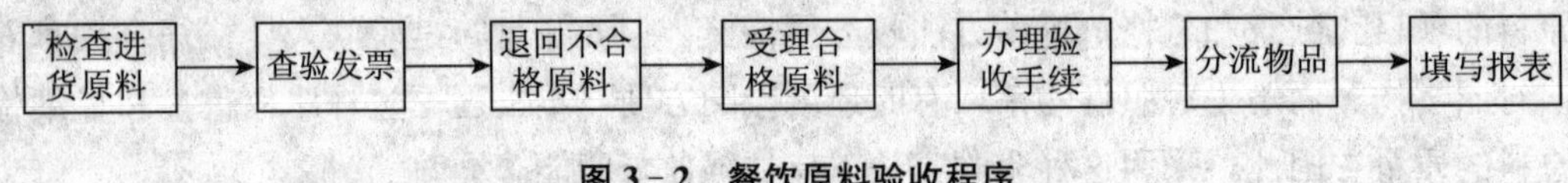

图 3－2　餐饮原料验收程序

第一步：根据订购单检查进货原料

核实送验货物是否符合订购单上所规定的品种及规格质量要求，符合的原料及时进行其他方面的检验，不符合要求则拒收。对各类质量有怀疑的原料，需报请厨师长等专业技术权威仔细检查，确保收进原料符合原料规格书的最低质量标准。

第二步：查验发票

供货单位的送货发票是随同物品一起交付的，供货单位送给收货单位的结账单是根据

发票内容开具的，因此，发票是付款的主要凭证。供货单位送来或餐饮企业自己从市场采购回来的原料数量、价格是发票反映的主要内容，故应根据发票来核实验收各种原料的数量和价格。

第三步：将不合格原料予以退回

对质量不符合规格要求或分量不足的原料，应予退货。退货时，餐饮企业必须在退货通知单上详细说明该项货品的退货原因，注明究竟是品质、数量或是价格中的哪一项或哪几项不符合订货单上的规定。送货员必须在退货通知单上签名，表示该项被拒绝货品确有瑕疵，并将退货通知单正本寄交给供应商。这样做除了可以告知退货事实外，也可供供应商查证送货员是否有欺骗、调货等行为。副本则交给餐饮企业会计部门，以核算新的应付账款。而验货员也应持有一副本（单据的一联），作为备查供应商供货是否有疏失的依据。

第四步：受理合格原料

前三个程序完成后，验收人员应在送货发票上签字并接收原料。有些餐饮企业为了方便控制、统一格式，要求在送货发票或发货单上加盖收货章。收货章包括收货日期、单价、总金额、验收人员等，验收人员正确填写上述项目，并签字。检验认可后的原料，就应由进货单位负责，而不再由采购人员或供货单位负责。

第五步：办理验收手续

当送货的发票、物品都经验收后，验收人员要在供货发票上签字，并填验收单，以表示已收到了这批货物。也有些单位根据经营要求设计验收单，在验收完毕的物品上加盖验收单，在供货发票上也加盖上验收章。如果到货无发票，验收员应填写无供货发票收货单。

第六步：分流物品，妥善处理

原料验收完毕，需要入库进行保藏的原料，要使用双联标签，注明进货日期、名称、重量、单价等，并及时送仓库保藏。一部分鲜活原料直接进入厨房，由厨房开领料单。

第七步：填写验收日报表和其他报表

验收人员填写验收日报表的目的是保证购货发票不至于发生重复付款的差错。可作进货的控制依据和计算每日经营成本的依据。

任务总结

原料验收是根据厨房生产要求，餐饮企业为获得价格适宜、规格适中的各类原料而对供应商所送物品的检查、认可和接受。验收管理不仅关系到厨房生产成品，而且还对出品质量产生直接影响。因此，规定验收程序和要求，并使用有效的验收方法，对验收工作加以控制管理是十分必要的。综上所述，明确并掌握验收方法和程序，可以保证验收工作循序渐进、验收项目全面而又节省时间；还可以减少验收的随意性，确保进货质量。

实训项目

实训目标

通过实训使学生能够掌握餐饮原料验收方法，按照正确验收程序进行原料验收。

内容与要求

对采购到的原料进行划分验收，按照验收程序验收。

组织与实施评价

1. 划分学习小组，规模一般为5～8人，分组时以组内异质，组间同质的原则为指导，小组的各项工作由小组长负责指挥协调；

2. 建立沟通协调机制，团队成员共同参与、协作完成任务；

3. 各项目团队根据实训内容互相进行交流、讨论，并点评；

4. 评价与总结：各项目团队提交实训报告，并根据报告进行汇报。

评估指标及标准如表3-6所示。

表3-6　　餐饮原料验收评分

<table>
<tr><td colspan="2">被考评人</td><td></td><td>考评地点</td><td colspan="3"></td></tr>
<tr><td colspan="2">考评内容</td><td>考评标准</td><td>分值/分</td><td>自我评价/分</td><td>小组评议/分</td><td>实际得分/分</td></tr>
<tr><td rowspan="4">专业知识技能掌握</td><td>餐饮原料验收要求</td><td>了解</td><td>10</td><td></td><td></td><td></td></tr>
<tr><td>餐饮原料验收程序</td><td>掌握</td><td>20</td><td></td><td></td><td></td></tr>
<tr><td>分析餐饮原料验收管理改进措施</td><td>掌握</td><td>20</td><td></td><td></td><td></td></tr>
<tr><td>小组讨论及报告完成情况</td><td></td><td>10</td><td></td><td></td><td></td></tr>
<tr><td rowspan="3">通用能力培养</td><td>学习态度</td><td>积极主动，不怕困难，勇于探索，态度认真</td><td>15</td><td></td><td></td><td></td></tr>
<tr><td>运用知识的能力</td><td>能够熟练自如地运用所学的知识进行分析</td><td>15</td><td></td><td></td><td></td></tr>
<tr><td>团队分工合作</td><td>能融入集体，愿意接受任务并积极完成</td><td>10</td><td></td><td></td><td></td></tr>
<tr><td colspan="3">合　计</td><td>100</td><td></td><td></td><td></td></tr>
</table>

注：1. 实际得分＝自我评价×40%＋小组评价×60%。

2. 考评满分100分，60分以下为不及格，60～74分为及格，75～84分为良好，85分及以上为优秀。

任务三 餐饮原料储存与发放管理

任务导入

杂乱的冷冻柜

某餐厅冷冻柜中，各种冷冻食品杂乱地堆放着，审核员问厨房主管："怎样保证这些冻品不会超过保质期?"主管说："我们一般都知道哪些是放的时间比较久的，使用时先把它拿出来。"审核员看到靠里面的几包生肉都冻在柜壁上了，只有靠柜门的几包肉是活动的，便问："那几包冻在板壁上的肉是什么时候放的?"主管不好意思地回答："大概好久了吧。"

任务分析

上述案例首先是产品防护问题，肉在柜里乱放着，没有措施保证储存时间不能过长，为了防止食品储存过久，应该将不同时间存入的食品分别包装好，并注明储存日期，这样可以避免发生储存过久的问题。原料的储存是为了使生产和销售活动能均衡，不间断地正常进行，储存势必会占用资本支出费用，增加销售成本。餐饮企业要实现最低成本、最快的周转速度、最佳的经济效益，使宾客需求得到充分满足，必须拟定合理的储存量，并对储存进行有效的控制管理。

知识准备

储存是指对原料的妥善保管，发放则是指原料有计划的出库。储存与发放一头连着采购，一头系着厨房，是维持厨房生产运转、保证产品质量和有效成本控制的重要管理环节。原料的发放可以保证厨房用料得到及时、充分的供应，控制厨房用料数量，正确记录厨房用料成本。

原料的储存与领发是食品原材料控制的重要环节，因为它直接关系到餐饮产品生产质量、生产成本和经营效益。良好的库存管理，能有效地控制食品成本。如果控制不当，就会造成原材料变质、腐败、账本混乱、库存积压，甚至还会导致贪污、盗窃等严重事故的发生。

一、餐饮原料的储存管理

1. 原料管理的总体要求

餐饮原料储存的总体要求应该做到：

（1）明处存放

不透明的柜、盒、其他各种盛用器皿内存放的原料须在明显处公示。

（2）固定方位

每种原料均需置放于合适的、便于发现、便于取用的空间。

（3）按需采购

依据餐饮企业经营生产的需求，配备满足短期内生产所需要的数目。

（4）定岗定人

餐饮原料管理的岗位以及人员应设立明确规定，以便于责任到岗、责任到人。

2. 仓库管理

餐饮企业须配备足够的、具备一定温度、湿度、安全条件的各类仓库，软、硬件的配套，为原料储存提供应有的便利，是原料储存管理的首要条件。

仓库的面积和位置在餐饮企业设计建造时可能处于被忽视的地位，可是对于保障生产、储存原料却居于重要位置。仓库储存的具体面积，应根据餐饮企业的类型、地点、菜单种类、营业量、市场原料供应情况、采购方式及订货周期等因素决定。以下介绍几种确定仓库面积的方法。

根据餐饮企业实际储存量的需要来确定仓库面积，同时认为餐饮企业一般应有一周左右的原料物资储备。餐饮企业应计算出所需各种原料物资的总量，然后推算出储存这些原料物资所必需的仓库面积。

餐饮储存设施包括冷藏室在内，应当有餐饮企业整个餐饮场所面积的 1/100 在这个范围内，应有 30%的面积用于冷藏及冷冻，其余 70%的面积用于干藏及其他补给品的储存。

还有计算方法为人均占有面积计算法：企业冷藏储藏面积达到每位客人 5 平方英尺（约 0.46 平方米）的要求；厨房干货储存室面积应达到平均每位客人 6 平方英尺（约 0.56 平方米）的要求。

仓库面积是原料储存必须考虑的因素，与此同时，仓库的位置也会影响原料储存的方便程度。最佳仓库位置应设于原料进货验收场地和厨房之间。三者距离越近越佳，以缩短原料搬动距离，防止人流物流拥挤，避免延误原料供应等现象发生。然而事实上很多餐饮企业没有条件做到这样。许多仓库都设在餐饮企业的地下层，靠工作电梯运送原料。这就更要求厨房有较周密合理的用料计划，以尽量减少领料次数。若餐饮企业规模过大，仓库必须设在远离厨房的地方，那么厨房应该设有厨房仓库（或称：二级库、周转库），以方便存置当日或一两日短期内所需食品原料，以保证生产。

储存的安全仓库的设计建造，为餐饮原料安全管理创造了条件。仓库的安全措施包括如下内容：储藏仓库上锁；限制进人；有效的存货控制程序；集中存货控制；安全设计；

照明与监控管理。

3. 原料库存的基本要求

（1）分类储存，确保质量

检查入库的原料是否适于存放。如果有不合适的，就必须进行必需的加工或重新包装。如有些干货原料，为了防止受潮发霉，要用真空机对此真空包装；将有特殊气味的餐饮原料与其他原料隔开存放，以免串味；注意各种餐饮原料所需的存放温度和储存期；密切注意食品的失效期，应遵循先进先出的储藏原则；一旦发现餐饮原料有霉变、虫蛀、有异味时，应立即予以处理，以免影响其他物品；要遵守《食品卫生法》的有关条例，保证餐饮原料的清洁和安全。

（2）控制库存的数量和时间

内容包括：该原料的耗用量大小；原料采购所需时间；原料的物理、化学属性，是否适宜久存和多存；企业流动资金的多少等。

原料的合理存量必须与合理的储存时间相配合。储存时间也应考虑到生产的周期、采购周期和原料储存的有效期。加速库存周转，尽量缩短原料的储存时间，这是仓库保管员的一大职责。

（3）遵守仓管制度，确保储藏安全

为了正确反映库存物品的进、出、存动态，仓库要建立严格的管理制度，要做到账、卡（存货卡）、货（现有库存数量）相符。食品仓库的账要以每个品种为单位，分批设立账户，设立明细而完整的账单。一物必有一卡，存货卡要与账单相符，与存货相符。只有这样，才能防止差错、防止被窃与丢失。仓库控制的另一种方法是：定期或不定期地进行盘点，发现有误差或有失效物品时要追查责任。

4. 餐饮原料的库存方法

（1）干藏

通常干货、罐头、米面等食品原料都置于干藏。虽然这些原料的储存不需要冷藏，但也应保持相对的凉爽。干货库的温度应保持在18℃～21℃。对大部分原料来说，若能保持在10℃，其储存质量效果更好。干货库的相对湿度应保持在50%～60%，谷物类原料则可低些，以防霉变。通风的好坏对干货库温湿度有很大影响。按照标准，干货库的空气每小时应交换4次。仓库内照明，一般以每平方米2～3瓦为宜；如有玻璃门窗，应尽量使用毛玻璃，以防止阳光的直接照射而降低原料质量。

干藏管理具体做法如下：

食品应放置在货架上储存，货架离开墙壁至少10厘米，离地面15厘米，以便空气流动和清扫，要随时保持货架和地面的干净，防止污染；食品放置不仅要远离墙壁，同时还应远离自来水管道、热水管道和蒸汽管道；热水管和蒸汽管道应隔热良好；使用频率高的食品，应存放在容易拿到的下层货架上，货架应靠近入口处；重的食品应放在下层货加上，并且高度适中，轻物放在高架上；库中的食物应有次序地排列，分类放置，同类食品必须放在一起；遵循先进先出的原则，始终保持久存的食品移到架前面，新入库的放在后面；有些食品由于体积的原因不能放在货架上，则应放在方便的平台或车上；各种打开的包装食品，应储存在贴有标签的容器里，并能达到防尘、防腐蚀的要求；所有有毒的货物，包括杀虫剂、去污剂、肥皂，以及清扫用具等，不能存放在食品储藏室。

（2）冷藏

冷藏是以低温抑制原料中微生物和细菌的生长繁殖速度，以达到维持原料的质量、延长其保存期的效果。因此，一般温度应控制在0℃～10℃，将其设计在深冻库的隔壁，可以节省能源。由于冷藏的温度限制，其保持原料质量的时间不可能像冷冻那样长，抑制微生物的生长只能在一定的时间内有效，所以要特别注意储存时间的控制（如表3－7所示）。冷藏的原料既可是蔬菜等农副产品，也可以是肉、禽、鱼、虾、蛋、奶以及已经加工过的成品或半成品，如各种甜点、汤料等。

表3－7　不同原料的冷藏温度和湿度要求

食品原料	温度/℃	相对湿度/%
新鲜肉类、禽类	0～2	75～85
新鲜鱼、水产类	－1～1	75～85
蔬菜、水果类	2～7	85～95
奶制品类	3～8	75～85
厨房一般冷藏	1～4	75～85

冷藏的具体方法是：

通常冷藏的食品应经过初加工，并用保鲜纸包裹，以防止污染和干耗，存放时应用合适盛器盛放，盛器必须干净；热食品应待凉后冷藏，盛放的容器需经消毒，并加盖存放，以防止食品干燥和污染，避免熟食品吸收冰箱气味，加盖后要易于识别；存放期间为使食品表面冷空气自由流动，放置时要距离间隔适当，不可堆积过高，以免冷气透入困难；包装食品储存时不要碰到水，不可存放在地上；易腐的果蔬要每天检查，发现腐烂时要及时处理，并清洁存放处；鱼虾类要与其他食品分开放置，奶品要与有强烈气味的食品分开；存、取食品时需尽量缩短开启门或盖的时间；要减少开启的次数，以免库温产生波动，影响储存效果；随时和定期地关注冷藏间的温度；定期进行冷藏间的清洁工作。

（3）冻藏

冻藏的冷冻库温度一般在－23℃～－18℃，在这种温度下，大部分微生物都得到有效的抑制，小部分不耐寒的微生物甚至死亡，所以原料可以长时间储存。

原料冷冻的速度越快越好，因为速冻之下，原料内部的冰结晶颗粒细小，不易损坏结构组织。事实上，原料的冷冻就分三步进行：冷藏降温、速冻、冷冻储存。

如果原料速冻与冷冻储存在同一设备中进行，难免会引起温差变化而影响原先储藏的原料的质量。因此，有条件的餐饮企业，应安装速冻设备，其温度一般应在－30℃以下。

冻藏的具体方法是：

冰冻食品到货后应及时置于－18℃以下的冷库中储藏，储藏时要连同包装箱一起放入，因为这些包装材料通常是防水气的；所有新鲜食品需冻藏应先速冻，然后妥善包裹后再储存，以防止干耗和表面受污染；存放时要使食品周围的空气自由流动；冷冻库的开启要有计划，所需要的东西一次拿出，以减少冷气的损失和温度的波动；需除霜时应将食品移入另一冷冻库内，以利于彻底清洗冷冻库，通常应选择库存最少时除霜；取用应实行先进先出的原则，轮流交替存货；任何时候要保持货架整齐清洁；定期检查冷冻库的温度情况，速冻食品一般都保藏在－23℃～－18℃的冷冻库内，用真空包装或保鲜膜包装，如表3-8所示。

表3-8　　冻藏原料的库存时间

原料名称	牛肉	小牛肉	羊肉	猪肉	家禽	鱼	虾仁鲜贝	速冻水果和蔬菜
库存时间	9个月	6个月	6个月	4个月	6个月	3个月	6个月	3个月

食物中毒的背后

上海市一居民家在某饭店办“豆腐羹饭”，共80人就餐，餐后有15人出现腹痛、腹泻、恶心、呕吐、发热等症状，从饭店熟食专间的冰箱内壁上检出副溶血性弧菌，确认这是一起食物中毒。调查发现，当天供应“豆腐羹饭”的冷菜盐水鸡和五香牛肉存放的冰箱曾放过生的海产品、生肉等原料。此案例涉及餐饮原料储存管理问题。发生该起食物中毒最主要的原因是：熟食专间冰箱储存过程中，食品生熟不分，致使冷菜在存放中受到了餐饮原料中致病菌的污染。冷菜、生食、裱花蛋糕、盒饭等存在的食品安全风险都很大，在加工操作中的卫生要求较高，预防此类高风险食品引起食物中毒的措施涉及了生熟分开、保持清洁、控制温度、控制时间、严格洗消等多项餐饮原料储存基本原则。

二、餐饮原料的发放管理

餐饮原料领用是厨房为了获得生产所需要的各种原料而必须履行的手续，同时也是食品成本控制的重要组成部分。餐饮原料发放则是仓库根据领料的凭据向生产部门进行发放的一个过程。领发控制，是要在保证厨房用料及时供应、充分供应的情况下，控制领料手续和领料数量，并且能够正确记录厨房所用餐饮原料成本。

1. 餐饮原料领用及原料领用单的控制

原料领用单的使用能有效地控制成本，也能较快地计算出当日食品成本。领料单在使用时应注意：书写字迹清楚工整，不随意涂改领料单；各项内容填写完整，数字清晰；餐饮原料领用单一式四联，一联留存，三联交仓库领料，其中一联交财务处，一联交成本控制员；须部门领导审批签字。

2. 餐饮原料发放的要求

任何原料的发放都必须通过规定的手续进行，发料人员须坚持原则，五种情况下不得发货：没有领料单不发货；领料单没有经过审批不发货；领料单上有涂改或不清楚的不发货；手续不全的不发货；腐败变质的原料不发货。

储藏室的发货人员，须熟悉并仔细核对本饭店管理者签名笔迹，在领料单上签字确认，如有发现发料出现错误可及时查出。

原料发放应做到及时、准确。及时发料，要求仓库要安排好各生产厨房的领料时间，以免造成上午领料人多、工作量大，忙中出错或耽误厨房领料的时间。所谓及时，不是全天候提供领料，此方法不符合科学管理的要求。为了做到按时供给，厨房可配合仓库一道来完成。厨房各生产点根据客情和正常供应的情况，将第二天所需的原料开好领料单，提前交给仓库，仓库保管人员可在适当的时间里将厨房所需的物品取出，放置在推车上或特定的货架上，以便第二天领发，这样不仅加快了领料速度，还可减少许多差错。

发放餐饮原料如遇储藏室缺货，应在领料单原料名称边注明“缺货”二字，发料人员不得随意涂改领料单。

发放人员根据领料单做好餐饮原料的发放记录、存货记录，使储存仓库中实物与账目中保持一致，仓库的账目与成本控制员、成本会计手中的账目保持一致。

任务实施

餐饮原料储存程序如图 3-3 所示。

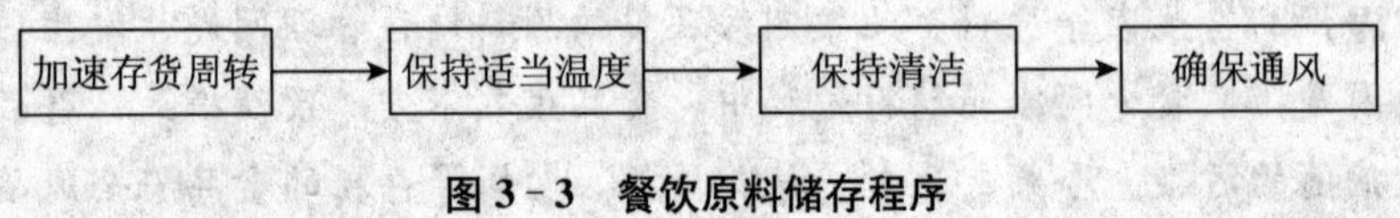

图 3-3 餐饮原料储存程序

第一步：加速原料存货周转

首先用掉存储时间最长的原料，坚持先进先出的原则，将新进物品存放在原有物品的后面或下面，先进先出原则就较容易执行。或在物品入库之前对送货日期标明记号。

第二步：在适当的温度下存储原料

区别不同类型仓库，分别设定、保持一定温度，有利原料保质储存。

第三步：保持仓库清洁

定期对所有的仓库进行清扫有助于保护物品质量。

第四步：确保适当通风和空气流通

让原料远离地面和墙壁以保证空气流通。通常，物品应按照原包装进行储存。应该将吸收气味的原料（如面粉）与发散气味的原料（如洋葱）隔离存放。各类原料应该密封保存或容器保存，不可散地乱堆。

任务总结

餐饮原料的储存和发放管理在餐饮原料管理程序中是相当重要的环节，合理的储存和发放能为企业节省资金，优化资源配置。

实训项目

实训目标

1. 通过实训使学生能够正确地进行餐饮原料储存和发放；
2. 培养学生学会如何更好地对餐饮原料进行储存和发放。

内容与要求

1. 运用上述所学知识，模拟进行一次餐饮原材料的发放，按照细分原则进行发放；
2. 对采购到的原料进行正确的储存，按照严格的标准进行储存。

组织与实施评价

1. 划分学习小组，规模一般为5～8人，分组时以组内异质，组间同质的原则为指导，小组的各项工作由小组长负责指挥协调；
2. 建立沟通协调机制，团队成员共同参与、协作完成任务；
3. 各项目团队根据实训内容互相进行交流、讨论，并点评；
4. 评价与总结：各项目团队提交实训报告，并根据报告进行汇报。

评估指标及标准如表3-9所示。

表3-9　　餐饮原料储存发放评分表

被考评人			考评地点			
考评内容		考评标准	分值/分	自我评价/分	小组评议/分	实际得分/分
专业知识技能掌握	餐饮原料储存要求	了解	10			
	餐饮原料分类储存方法	掌握	20			
	分析餐饮原料储存管理改进措施	掌握	20			
	小组讨论及报告完成情况		10			

续　表

被考评人			考评地点			
考评内容		考评标准	分值/分	自我评价/分	小组评议/分	实际得分/分
通用能力培养	学习态度	积极主动，不怕困难，勇于探索，态度认真	15			
	运用知识的能力	能够熟练自如地运用所学的知识进行分析	15			
	团队分工合作	能融入集体，愿意接受任务并积极完成	10			
合　计			100			

注：1. 实际得分＝自我评价×40%＋小组评价×60%。

2. 考评满分100分，60分以下为不及格，60～74分为及格，75～84分为良好，85分及以上为优秀。

复习思考题

一、填空题

1. 餐饮原料采购的组织形式有________、________、________、________。

2. 原料采购目标具体包括________、________、________、________、________。

3. 具体餐饮原料验收的方法大致有________、________。

4. 餐饮原料验收任务中，根据采购规格，检验各种餐饮原料的质量、________、________。

5. 通常冷藏的食品应经过初加工，并用保鲜纸包裹，以防止________和________，存放时应用合适盛器盛放，盛器必须干净。

6. 储存的具体面积，应根据餐饮企业的类型、________、________、________市场原料供应情况采购方式及订货周期等因素决定。

7. 首先应用掉存储时间最长的原料，坚持________的原则，将新进物品存放在原有物品的后面或下面，此原则就较容易执行。

二、选择题

1. 采购规格标准主要内容包括________。

A. 餐饮原料名称　　B. 规格要求

C. 质量要求　　D. 特殊要求

2. 预先采购，就是在预先确定了经营需要后，提前购买储存备用。预先购买的主要目的基于两点________。

A. 保证质量　　B. 获得较稳定的货源

C. 获得低廉价格　　D. 节省人力

3. 餐饮原料采购中规格要求具体是指原料的________等。

A. 大小规格　　B. 重量规格　　C. 容器规格　　D. 包装外形

4. 原料验收完毕，需要入库进行保藏的原料，要使用双联标签，注明________等，并及时送仓库保藏。

A. 进货日期　　B. 名称　　C. 重量　　D. 单价

5. 填单验收中，验收人员在验收时，按物品的________等逐一填入凭单中，然后再与供货发票相对照。

A. 名称　　B. 重量　　C. 数量　　D. 价格

6. 仓库的安全措施包括：________。

A. 仓库上锁　　B. 限制进人　　C. 有效的存货控制程序

D. 集中存货控制　　E. 安全设计

7. 冻藏的冷冻库温度一般在________。

A. −23℃～−18℃　　B. −20℃～−15℃

C. −24℃～−20℃　　D. −25℃～−10℃

三、简答题

1. 简述餐饮原料采购人员的工作职责和要求。
2. 简述餐饮原料的采购程序。
3. 简述控制采购价格的途径。
4. 简述餐饮原料验收的主要任务。
5. 简述餐饮原料储存管理中各项总体要求。
6. 简述餐饮原料领用单在使用时应注意哪几点？
7. 简述控制库存的数量和时间应注意哪几点？
8. 试述餐饮原料发放料时的要求。

项目四　厨房生产管理

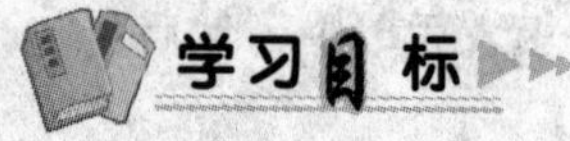

学习目标

知识目标

1. 了解厨房环境的设计与布局；
2. 了解厨房设备的选购原则；
3. 掌握厨房环境整体设计及厨房布局类型；
4. 掌握厨房设备及设备的管理措施；
5. 熟知厨房生产管理流程；
6. 熟知菜品创新原则；
7. 掌握菜品创新制度。

能力目标

1. 能够认知厨房设备；
2. 能够合理使用、维护与保养厨房设备；
3. 能够对厨房进行整体设计布局；
4. 能够创新菜品。

任务一　厨房的环境与布局

任务导入

合理布局厨房，提高出品质量与速度

三元饭店是一家民营中型点菜餐馆，可容纳400人同时就餐，主要提供山东菜。开业三个月来，营业额呈下滑趋势。管理方对此十分焦急，召集全体中层及基层干部讨论对策。餐厅主管拿出一叠顾客投诉信和记录，提出了问题发生的可能性原因。开业以来发生了不少关于上菜速度太慢的投诉，这大大影响了餐厅的声誉，对营业额的下滑有较大影响。由于主管的分析有理有据，大家均同意其观点。但如何解决这一问题呢？经过多方讨

论并在有关餐饮专家的帮助下，最后明确造成这个现象的主要原因是厨房的设计布局不合理。

为了长远发展，三元饭店的业主决定对厨房设施布局进行彻底地改善。为此，业主聘请了某大学服务运作设计的专家C先生来店重新设计厨房布局。C先生组织了一个设计小组，小组成员包括专业设计人员和饭店的中层干部。首先，设计小组对现有的厨房设施及布局进行了研究。根据餐厅的营业特点和厨房工作特征，C先生判定厨房的布局属于典型的流程型布局，决定采用确定生产单元并对各单元间材料流量进行合理化的布局方法，按照这种方法的要求，首先要确定组织生产所必需的生产单元，即对生产组织进行合理的部门划分。划分生产部门前，设计小组深入厨房工作第一线了解情况，充分听取第一线人员的意见。后汇总意见进行集体讨论，一致认为应该在现有的厨房生产单元的基础上再增加一个独立生产单元——炖菜区，因为炖菜一般烹制时间较长且可以事先烹制，从而与其他烹制单元有着不同的性质，对上菜速度有着特有的影响。

接下来就是计算各生产单元之间的材料流量。要确定各单元之间的相对位置关系，必须根据各单元之间的材料流量大小，流量大者相距近，小者远，以节省运力提高效率，这是流程型布局设计的基本工作原理。为收集到原材料流量的准确数据，设计小组再次深入厨房工作的第一线现场对各单元之间的材料流量实施记录和统计。为计算方便，设计小组引入了一个概念——一个单位的材料，以概括厨房各单元之间多种类型之间的材料流（各种食品原料、餐具、烹饪器具等，性质和形状各异）。例如：0.3千克猪肉或0.4千克蔬菜或两个中型餐具均被视为一个单位的流量，其余依次类推。经过近一个月的辛苦工作，设计小组终于得到了一个比较全面的关于厨房各单元之间材料流量的信息，并把它们绘制成一个可视性很强的关系图。

然后设计小组还确定了各单元所需的面积的大小。A原材料接收验货区、B水产展示柜、C冷冻区、D冷藏区、E干藏区、F临时储藏区、G粗加工区、H切配区、I炒灶区、J蒸灶区、K烧烤区、L打荷区、M冷菜区、N面点房、O餐具洗涤区、P划菜台。

再测量了各设施设备的实际尺寸，还听取了厨房工作人员对工作场地的实际要求，综合各种因素最终在各单元的面积大小上取得了一致意见。另外，走道的面积被按一定比例摊入各单元的所需面积中。之后设计小组就可将先前绘制好的关系图转化成更为直观的联系图，设计小组在绘制图时还考虑了菜肴是否能事先准备这一因素。凡是能生产事先准备的菜肴的单元列入同一组，凡是生产按点菜单临时烹制的单元为另一组。

最后，设计小组还要根据联系图所提供的思路来确定各生产单元的实际位置。这里需考虑各种实际限制因素，如房屋的承重墙、柱、梁、下水管走向等。还要尽量减少过于“大动干戈”，尽可能地减少工程量以减少施工对营业的影响。最终的平面布局便产生了。

改善后的厨房布局大大地提高了生产效率，主要表现在以下几方面：首先，海鲜水产陈列池与粗加工区的距离缩短了，使粗加工员工不必像以前那样穿过几乎整个厨房，减少了行走距离又减轻了对厨房主要工作场所的干扰。同样，切配区与原料储藏区靠近了，提高了墩头的工作效率。打荷与切配间的工作距离缩短，密切了二者的配合。新增的出入口使厨房的工作路线更为明晰，使脏厨具可从这个出入口穿过厨房了。厨房改造后，生产效率大为提高，顾客关于上菜太慢的投诉大为减少，餐厅逐步挽回了声誉，营业额开始回升。

任务分析

与快餐厨房不同，普通餐厅的厨房应该按流程布局的方式安排设施，而不是以流水生产线形式。因此，厨房设施布局的合理与否，直接影响厨师使用厨房时是否顺手、方便，无疑会影响到厨师出菜的速度以及菜肴质量，从而直接影响厨房的工作效率。

知识准备

厨房的用途及流程设计，在餐馆、酒店及宾馆的餐饮部门中极为重要。一个理想的设计方案，不但可以让厨师与相关部门人员密切配合，调动员工的工作热情，而且为制作美味佳肴提供良好舒心的环境。同时营造一个宽敞明亮、设备先进、布局合理的厨房更是加强厨房管理、提高工作效率的前提。

一、厨房环境设计布局

1. 厨房环境设计布局的含义

厨房环境设计布局是根据餐饮企业经营需要，充分考虑现有可利用的空间及相关条件，对厨房的配备进行确定，对厨房的环境进行设计，从而提出综合的设计布局方案。

2. 影响厨房设计布局的因素

(1) 厨房的建筑格局和规模

厨房的空间大小、场地结构形状，对厨房的设计构成直接影响。场地规整，面积宽阔，有利于厨房进行规范设计，配备数量充足的设备。厨房的位置若便于原料的进货和垃圾清运，就为集中设计加工厨房创造了良好条件。厨房与餐厅在同一楼层，则便于烹调、备餐和及时出品。

(2) 厨房的生产功能

不同生产功能的厨房设计布局考虑的因素也不相同。综合加工、烹调、冷菜和点心所有生产功能的厨房，要求按照由生到熟、由粗到精、由出品到备餐进行统一的设计和布局。这样的厨房往往比较少，只见于小型饭店、酒楼。而一般大、中型餐饮企业的厨房往往是由若干功能独具的各分点厨房有机联系组合而成的。因此，各分点厨房功能不一，设计各异。

(3) 投资费用

厨房建造的投资，是对厨房设计，尤其是设备配备影响极大的因素。投资费用的多少，直接影响到厨房设计、厨房设备的选用和设备的先进程度。除此之外，投资费用还决定了厨房装修的用材和格调。

二、厨房环境整体设计

厨房环境整体设计即根据厨房生产规模和生产风味的需要，充分考虑现有可利用的空间及相关条件，对厨房的配备进行确定，对厨房的生产环境进行设计，从而提出综合的设计布局方案。

1. 厨房内部环境设计

（1）厨房工作空间与设备摆放

大小合适的厨房面积不仅能够将寸土寸金的餐饮店的环境空间充分的利用起来，还能够为厨房的工作人员提供舒适的工作环境。

厨房的布局应该按进货、验收、切配、烹调等流程依次对设备进行适当的定位，只有这样才能保证厨房各工序运行的顺利进展，有效衔接。为了有效地防止食品加工过程中出现交叉污染事故，对熟食品的加工要做到：专人操作，专用操作工具，专用的储藏设备和专用的消毒设施、设备。厨房中原料加工地点必须和烹调区域分开。因为烹调区域各式炉具散发出较高的温度，对在一定范围内摆放的生、冷原材料都会产生影响，加速原材料变质的速度，影响冷藏设备的散热和制冷功能。食品原料存放要求的差异较大，干、湿度要求也各不相同，干货、调味类原料忌潮湿，鲜活类原料忌干燥。厨房设备的布局，还应该考虑方便清扫和维修。厨房设备之间应该留有 0.3 米左右的空隙。厨房主要设备之间的通道不应该小于 1.6 米，工作区的通道不可窄于 1.2 米，一般通道不得窄于 0.7 米。如表 4－1 所示。

表 4－1　　厨房工作通道最小宽度表

通道处所		最小宽度（米）	说　明
工作走道	一人操作	0.7	厨房内部通道不应有台阶，厨房最小宽度一般大于 1 米
	两人背向操作	1.5	
通行走道	两人平行通过	1.2	
	一人和一辆车并行通过	1.1 加推车宽	
多用走道	一人操作，背后过一人	1.2	
	两人操作，中间过一人	1.8	
	两人操作，中间过一两推车	1.7 加推车宽	

（2）厨房高度和天花板

厨房高度应为 3.7～4.3 米，这样便于清扫，保持空气流通，对厨房安装排油烟罩也较合适。天花板的材料应采用光滑材料，且平面应力求平整，不应有裂缝和凹凸，不应有暴露的管道，因为这些地方最容易积污积尘，甚至滋生虫蝇，影响食品生产的安全卫生。

（3）厨房墙壁和地面

厨房里的这些设施，在设计上首先考虑到它们应便于清洗。

厨房墙壁应该平整光洁，无裂缝凹陷，经久耐用和易于清洁，以免藏污纳垢和滋生虫害。因此，为了便于清洁和防止霉变，也为了整洁美观，厨房墙面应从墙角至天花板铺满瓷砖。

厨房地面通常要求耐磨，能承受重压、耐高温、耐腐蚀、不吸油、防滑。用于这方面的铺面材料有钢砖、耐热塑料砖、硬质丙烯酸砖等。选择具有一定弹性的材料铺地，对减轻厨师的劳动强度是很有益的，地面颜色要求鲜明，以促使人们保持地面清洁。

（4）厨房照明

厨房照明应该兼顾识别力，灯光以采用能保持蔬菜水果原色的荧光灯为佳，采用荧光灯照明，不仅发光效率高、寿命长，产生的阴影相对也少。另外，光的稳定性要好，要有保护罩，保证作业区能看清楚食品，有助于工作人员有较高的识别力。

（5）厨房通风

厨房的通风一般有两种方法：自然通风和机械通风。

厨房一定要有经常性的通风设施——必须借助机械通风系统及排烟装置。机械通风系统用于阻止蒸汽及酒味弥漫整个厨房，以保证厨房空气清新。厨房温度，冬季应掌控在22℃～26℃，夏季则应在24℃～28℃，冷菜间不超过15℃；厨房的相对湿度不应超过60%。

（6）厨房排水

厨房排水系统要能满足生产中所需的最大排水量，并做到排放及时，排水沟的设计应以直水沟为原则，深浅适度，不至逆流，同时要严密加盖。其表面应以易清洗、不渗水、光滑的材质为好。下水口要有隔渣网，定时清理，防止淤泥堵塞。

2. 厨房生产区设计

应根据厨房各个业务区块和业务点的流程、工作量、工作性质和设施设备进行内部比例分割。比例关系见表4-2所示。

表4-2　　厨房内部业务区块面积比例表

业务区块	加工区	配菜区	冷菜区	炉灶区	烧烤区	点心区	厨师长办公室
参考百分比	23%	10%	8%	32%	10%	15%	2%

（1）生产区

生产区主要是指加工区和烹调区。加工区一般负责各种原料的加工和洗涤工作，为保证工作效率，加工区应尽可能靠近验收区、烹调区。而烹调区是厨房烹调的中心区，负责冷菜、热菜和点心的烹调制作。

（2）储藏区

储藏区是各级仓库和能存储食物的冰箱、冰柜、冷库所占据的区域。一般来说，厨房的验收、储藏和加工是紧密相连的，应该被安排在一条流程上，既缩短食品原料的搬运距

离，也方便了食品原料的储藏、领取和加工。

(3) 备餐区

备餐区要尽可能与厨房生产区和餐厅服务区紧密联系，以确保菜点进出通畅和出菜的速度。备餐区设计如图 4-1 所示。

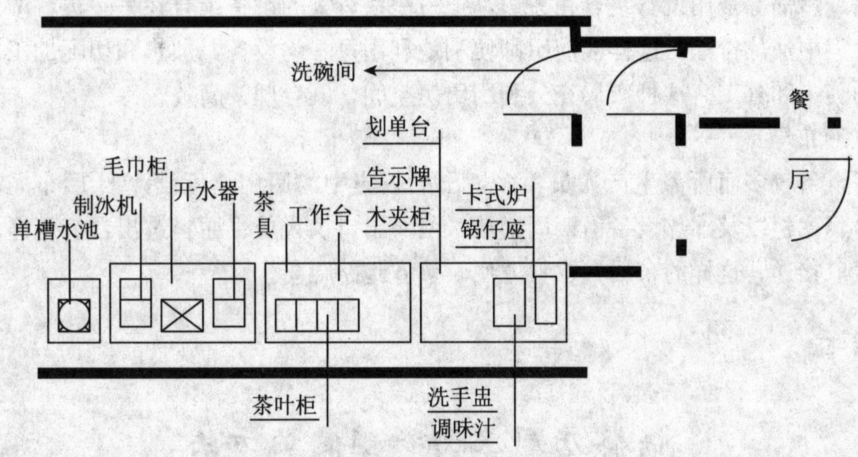

图 4-1 备餐区设计

(4) 洗涤区

洗涤区是厨房用来洗涤碗碟等餐具的地方，因此该区域应紧靠餐厅的后门和垃圾运输通道，以保证撤盘的速度和垃圾清运的方便。

(5) 休息区

休息区是专门为工作人员提供的休息场所，其设计应以提高工作人员的工作效率和工作积极性为目的。

三、厨房环境布局类型

厨房环境布局是依据厨房结构、面积、高度以及设备的具体情况来进行。无论怎样布局，都必须以方便生产、降低费用、提高生产率和降低员工体能消耗为出发点。通常厨房布局有以下几种类型。

1. 直线形布局

直线形布局一般适用于高度分工合作、场地面积较大、相对集中的大型厨房。所有炉灶、炸锅、烤箱等加热设备均作直线型布局。通常是依墙排列，置于一个长方形的通风排气罩下，集中布局加热设备，集中吸排油烟，每位厨师按分工相对固定地负责某些菜肴的烹调熟制，所需设备工具均分布在左右和附近。直线型布局整体上具有区域分明、流程顺畅的特点，操作方便，效率很高，整个厨房看起来整齐清爽。

2. 相背形布局

相背形布局是把主要烹调设备，如烹炒设备和蒸煮设备，分别以两组的方式背靠背地组合在厨房内，中间以一矮墙相隔，置于同一通风排气罩之下，厨师相对而站，进行操作。这种布局由于设备比较集中，只使用一个通风排气罩而比较经济。

3. L形布局

L形布局通常将设备沿着墙设置成一个犄角形，通常是把煤气灶、烤炉、扒炉、烤板、炸锅、炒锅等常用设备组合在一边，把另一些较大的设备组合在另一边，两边相连成一犄角，集中加热排烟。这样能使厨师便利地利用每一组设备，加热和切配加工之处也有了相应的集中和分工。这种布局充分利用厨房空间，既合理又高效。

4. U形布局

厨房设备较多而所需生产人员不多，出品较集中的厨房，可设计U形布局。主要是将工作台、冰柜以及加热设备沿四周摆放，留一出口供人员、原料进出，甚至连出品亦可开窗从窗口接递。这样的布局，取料方便，节省跑路距离。

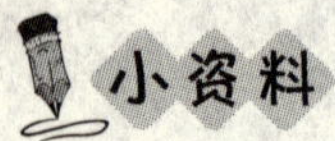

快餐店厨房面积确定的方法

在西方国家里，很多人认为只要拥有宽敞舒适的工作条件，就能批量生产出优质的产品。因此在西方国家快餐店的厨房设计中，无论在面积、温度还是照明等方面都会同整个快餐店相匹配，厨房面积加上后台其他设施，一般就会占到整个餐饮面积的50%左右。而在国内，快餐店在安排餐饮布局时，却是将面积最小、楼层最次、条件最差的空间留给厨房。那么快餐厅的厨房应该大还是小呢？

厨房是烹制一日三餐的地方，是重要的生活区域之一。厨房作为快餐厅必不可少的一部分，应该如何确定厨房面积才是最合理的呢？资料显示：快餐厅厨房面积确定的方法一般有两种。

一是根据快餐店或餐饮面积来确定与它们之间的面积比例。厨房占餐饮总面积的21%左右。餐饮各部门面积所占比例：餐厅50%，实用设施7.5%，厨房21%，仓库10%，清洗6.5%，员工设施3%，办公室2%。

二是以快餐店就餐人数为参数来确定。使用这种方法，通常就餐规模越大，就餐的人均所需厨房面积就越小。这主要是因为小型厨房的辅助间和过道等所占的面积不可能按比例缩得太小。

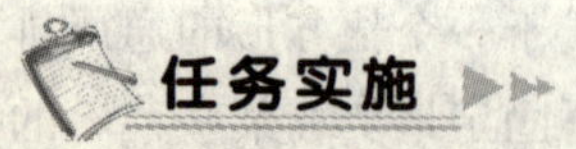

厨房设计工作流程如图4-2所示。

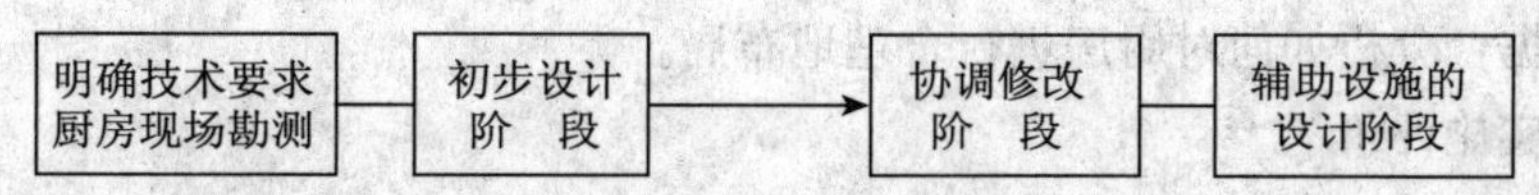

图 4－2　厨房设计工作流程

第一步：明确技术要求，厨房现场勘测

确定厨房技术要求、提供厨房图纸和进行厨房现场勘测，企业向设计者提供详细的经营计划，提出对厨房的技术要求、所学设备、主营菜系、餐桌、餐位数量、面积使用设想、设备的档次要求、特别的技术等。

第二步：初步设计阶段

此阶段主要是根据技术要求，进行初步流程规划与功能区域划分设计构想。在功能区域划分和设计布局的初步设计中，如发现与实际矛盾，应尽快协调，设计者与企业管理者、厨师长取得一致意见后再进行设备布局详尽设计，并对初步设计方案反复斟酌。

第三步：协调修改阶段

根据反馈意见和讨论后取得的一致意见进行修改设计，修改后再次将方案提交审定。有时需要经过几次反复，最后才能确定方案。

第四步：辅助设施的设计阶段

由于排烟通风系统与空调、水暖、消防、装修等，存在空间协调的矛盾，与本体建筑存在安装位置、荷载、预留烟道的问题，与周边建筑存在排放废气、噪声、安装借用空间等问题。所以，排烟通风系统首先设计。

其次是上下水辅助设施，地沟、水管、阀门设计与设备位置密切相关，需要占用一定的空间。

最后进行供电设施的设计。

任务总结

厨房环境设计与布局是具体确定厨房生产设施和设备布局等工作，它是一项复杂的工作，涉及许多方面，占用资金较多。合理的厨房设计应充分考虑厨房的空间和设施，减少厨师在工作中的流动距离。厨房环境设计与布局主要介绍了厨房环境设计布局的含义及影响因素，厨房环境整体设计，厨房环境布局类型以及厨房设计工作流程等内容。

实训项目

实训目标

1. 通过实训使学生能了解厨房环境设计布局；

2. 培养学生学会简单的厨房环境整体设计。

内容与要求

选择一家餐饮企业，对厨房环境整体设计布局进行观摩，然后再根据自己所收集的相关资料与数据，分析如何对厨房进行合理地布局。

组织与实施评价

1. 以项目团队为学习小组，小组规模一般是 5～8 人，分组时以组内异质，组间同质的原则为指导，小组的各项工作由小组长负责指挥协调；

2. 建立沟通协调机制，团队成员共同参与、协作完成任务；

3. 各项目团队根据实训内容互相进行交流、讨论，并点评；

4. 评价与总结：各项目团队提交实训报告，并根据报告进行评估。

评估指标及标准如表 4－3 所示。

表 4－3　　厨房的环境与布局设计评分

被考评人			考评地点			
考评内容		考评标准	分值/分	自我评价/分	小组评议/分	实际得分/分
专业知识技能掌握	厨房环境设计及其影响因素	理解	10			
	厨房环境整体设计	掌握	20			
	厨房环境布局类型	掌握	20			
	报告完成情况		10			
通用能力培养	学习态度	积极主动，不怕困难，勇于探索，态度认真	15			
	运用知识的能力	能够熟练自如地运用所学的知识进行分析	15			
	团队分工合作	能融入集体，愿意接受任务并积极完成	10			
合　计			100			

注：1. 实际得分＝自我评价×40%＋小组评价×60%。

2. 考评满分 100 分，60 分以下为不及格，60～74 分为及格，75～84 分为良好，85 分及以上为优秀。

任务二　厨房设备与生产管理

排烟机内油垢惹祸

2009年8月10日上午10时12分许，温州市区汤家桥北路云中饭店一楼厨房内排烟管道发生火灾。接到报警后，当地消防官兵迅速赶赴现场扑救，只见该饭店一楼厨房的排烟管道里不断有浓烟向外翻滚。消防官兵调查时，发现厨房灶台下有4个液化气瓶，如不及时处置，一旦经过高温熏烤极易发生爆炸。根据现场情况，消防官兵立即分成两组展开灭火行动。一组官兵出一支消防水枪控制厨房内的火势，防止向四周蔓延，并扑灭排烟管道内的火焰；另一组官兵深入火场内部，将被大火烘烤得滚烫的钢瓶转移到安全地带。上午10时40分，火被彻底扑灭。

据该饭店老板介绍，上午10时左右，酒店厨师正在厨房做油炸排骨，由于灶台上方的排烟机内油垢太多，油锅内高位沸腾的油溅到排烟机里，造成排烟机内的油垢起火。

任务分析

餐饮业厨房的用电量大，超负荷使用率频繁，厨房常年与煤炭、燃气、火打交道，场所环境一般比较潮湿，在这种条件下，燃料燃烧过程中产生的不均匀燃烧物及油气蒸发产生的油烟很容易积聚下来，形成一定厚度的可燃物油层和粉层附着在墙壁、烟道和抽油烟机的表面，如不及时清洗，无异于埋下“定时炸弹”。

知识准备

厨房管理是餐饮经营管理的一部分，过去餐饮经营管理比较重视餐厅的经营而忽视厨房管理。随着市场竞争的日益激烈，厨房生产管理的重要性日益凸显。因此要求管理者依照一定的规律、原则、程序和方法，对厨房的各项资源进行合理配置，从而高效率地实现企业经营目标的活动过程。

一、厨房设备选购的原则

工欲善其事，必先利其器。厨房是食物制备的场所，所有加工、切割、烹调、储藏所需的各种设备都应配备齐全，以方便使用。厨房设备先进、齐全是厨师们的愿望，也为高品质菜肴生产所必需。因此，掌握厨房设备选择原则，了解各类设备性能，便成了现代厨房管理的必备内容。

厨房设备有的坚固耐用，有的细巧花俏，有的方便实用。因此，厨房设备选择应掌握安全、实用便利、经济可靠、发展革新等原则。

1. 安全性原则

安全是厨房生产的前提。厨房设备安全主要有以下三方面含义。

第一，厨房环境即设备布局的环境决定了选择厨房设备必须充分考虑安全因素。厨房环境相对较差，大多厨房还免不了水、蒸汽、煤气以及空气湿度等对设备的不利影响。因此，厨房设备要选择防水、防火、耐高温，甚至防湿气干扰、防侵蚀性能先进的设备。

第二，厨房设备的安全性，要在设备牢靠、质量稳定的前提下，充分考虑厨师操作的安全。厨房设备不比客房、餐厅设备，使用人员多为厨房员工。厨房员工大多是体力劳动者，劳动强度大，干活动作猛，力气大。因此，厨房设备要功能先进，操作简便，自身安全系数高，一般操作不易损坏才行。

第三，厨房设备要符合卫生安全的要求。厨房设备大多直接接触食品，其卫生安全对消费者的健康直接构成影响。因此，设备的用材、设备的操作及运用，都要考虑到对食品不构成直接或间接的污染。

2. 实用、便利性原则

实用、便利性是指选配厨房设备不应只注重外表新颖，或功能特别全面，而要考虑餐饮企业厨房的实际需要。设备应简单并可有效发挥其功能。设备的功能以实用、适用为原则，同时兼顾设备使用和维修保养的便利性。

3. 经济、可靠性原则

购置厨房设备必须考虑经济适用性。特别要对同类型厨房设备进行收益性分析和设备费用效益分析，力求以适当的投入，购置到效用最好、最适合本餐饮企业生产使用的设备。

4. 发展、革新原则

进入21世纪，选择配备的厨房设备应该有时代概念，选择功能适当超前的设备，切不可配备已经落伍、行将淘汰的设备。厨房选择的设备还要考虑到随着科学技术的不断进步、发展，能对其进行功能改造，升级换代。

二、厨房主要设备

厨房设备按其功能来分，可分为加工设备、加热设备、冷藏设备、排风设备、清洗设备、面点制作设备及其他设备。

1. 加工设备

(1) 绞肉机

绞肉机是将整块肉料加工成肉末的机器，除了可以用于绞各种肉、鱼、虾外，还可用来绞蔬菜、面包粉等多种物料。如图 4－3 所示。

（2）切片机

切片机就是将原料加工成不同厚度的片形的一种加工机器，可用于切肉片、鱼片、土豆片、姜片、面包片等。如图 4-4 所示。

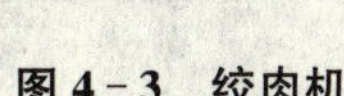
图 4-3　绞肉机

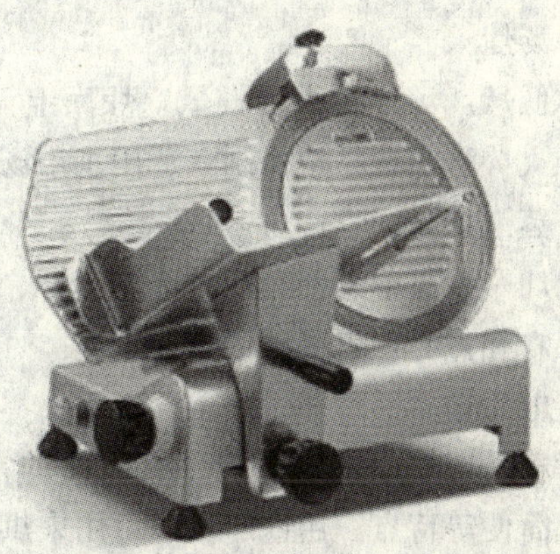

图 4-4　切片机

（3）去皮机

去皮机是利用砂盘高速旋转打磨原料表面使其脱皮的机器，可用来加工土豆、生姜、芋头等，其优点是工效高、浪费小。如图 4-5 所示。

（4）锯骨机

锯骨机是用来分割大块带骨原料的机器。可用来分割火腿、大排、肋排、脚爪、牛排等带骨原料及冰冻大块原料。如图 4-6 所示。

（5）切碎机

又称多功能粉碎机，配有多种刀具，可以快速切出片、块等多种形状，还可以进行切剁、揉搓、粉碎等工作。用于加工肉片、肉蓉、鱼蓉、面包粉等如图 4-7 所示。

图 4-5　去皮机

图 4-6　锯骨机

图 4-7　切碎机

2. 加热设备

(1) 煤气炉灶

煤气炉灶其热源为煤气，现代厨房中中餐炉灶都由不锈钢材料制作，上下水道齐全，方便操作。

(2) 汤灶

又称低灶，汤汁的火眼较低，灶面上设有放置汤锅的架子，汤锅为不锈钢或铝制的桶。该灶火势稳定，易于控制，适用于吊汤及煮制食物等。

(3) 蒸汽灶

蒸汽灶一般由不锈钢底座、蒸汽盘管、蒸笼组成。蒸汽灶的气压便于调节，适用于蒸制各种菜肴和点心，也可用于食品保温。

(4) 电烤箱

电烤箱是厨房中一种既卫生又方便的常用烹饪设备，具有工效高、耗电少、散热均衡、操作简便等特点。用途广泛，可用来烘、烤、蒸、煮、烧多种食品。

(5) 微波炉

微波炉发热原理是利用磁控管产生高频微波振荡，使置于其中的食物分子变成持有正电荷与负电荷的双极子，并随着电场方向的高频变化而不断改变其排列方向。

3. 冷藏设备

(1) 活动式冷库

饭店的冷库以活动式冷库居多，采用风冷式制冷原理。冷藏空间大，食品经速冻后保存期较长。如图 4-8 所示。

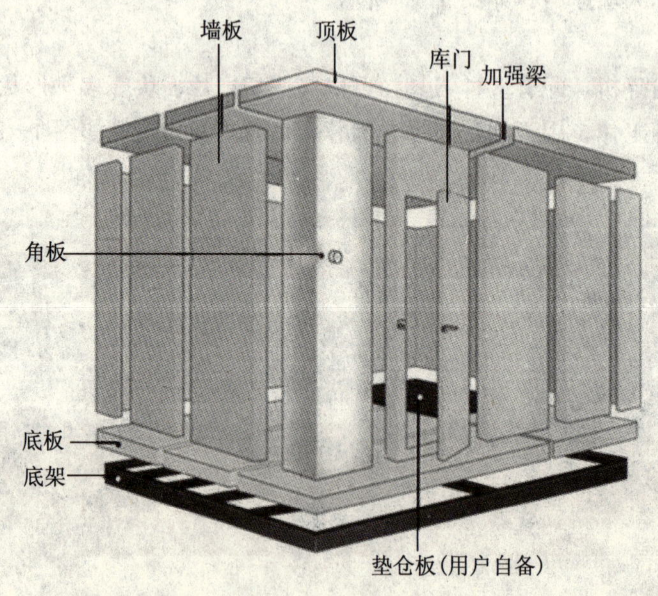

图 4-8 活动式冷库

（2）冰箱

冰箱根据制冷的方式和制冷温度的不同，又可分为速冻柜、冷藏柜和冻藏柜等类型，以供储藏不同的食品。

（3）兼带工作台的冰箱

这类冰箱上面是不锈钢工作台，下面是冰箱，该类冰箱在冷菜间、配菜间等工作点常常见到，具有使用方便、易于清洁、节省厨房空间等优点。

（4）冷藏陈列柜

又称冷藏展示柜，其柜门是用透明保温玻璃制成，柜门两边有照明灯管，从外面可以直接看到内部的储存食物。这种冷柜一般温度在2℃～5℃，多用于储存水果、糕点、冷菜及酒水等食品。

4. 通风排气设备

（1）气帘式排油烟罩

这种设备在抽吸油烟蒸汽的同时，在炉灶上方靠近操作人员处往下输出新鲜空气，形成“气帘”，防止油烟向外扩散，以增加排气效果。

（2）带循环水式排油烟罩

该设备顶部有一块倾角为45度左右的不锈钢板，循环自来水从板的背面流过，当高温的油烟和蒸汽被抽吸向上升腾时，遇到温度相对较低的不锈钢板，会凝结在其表面，形成油滴和水滴，沿倾斜的不锈钢板流进油污收集槽内被排出。

三、厨房设备的管理措施

厨房设备管理的优劣，不仅关系到设备的使用寿命，关系到餐饮产品的质量和生产效率，同时还关系到使用者的人身安全及能源的节约。

1. 建立健全岗位责任制

厨房设备的管理，应该做到定人、定岗、定部门，本着谁使用，谁负责清洁保养的原则。

2. 严格遵守操作规程

厨房设备的种类繁多，使用频率也很高，管理者应根据设备的不同特点和各种要求，对其使用方法、操作规程及注意事项做出规定。

3. 采取可靠的安全措施

（1）对厨房中不安全的工作部位要安装防护装置。如切片机的刀片，绞肉机的料斗等。

（2）在以电源作动力源或热源的设备上，要安装可靠的接地线和专用保险闸，以防触电等事故。

（3）在加热设备中，可安装温度自控装置，以免发生火灾。

（4）要定期检查和修理，及时更换易损零件，消除隐患（设备部件非专业人员不得随便拆卸）。

(5) 对新上岗的人员应进行设备知识培训和安全教育，以免违章操作而发生事故。

四、厨房生产管理

厨房产品的生产具有多工序、多环节的特点，这就要求必须加强厨房生产管理，根据生产不同阶段的特点，制定操作程序、操作标准，按序操作、按规格出品，及时灵活地对生产中出现的各类问题加以协调督导，以保证生产高效、有序地进行。厨房生产流程如图 4-9 所示。

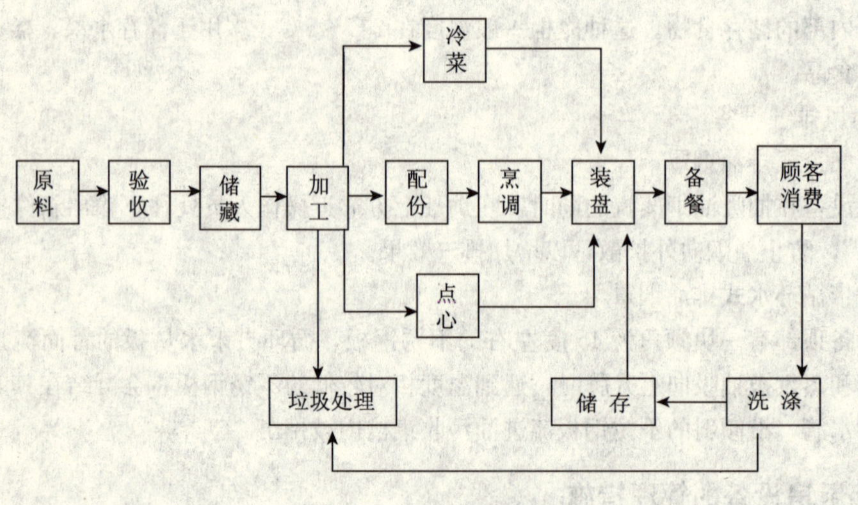

图 4-9 厨房生产流程

1. 原料加工阶段的管理

(1) 原料加工质量管理

原料加工质量管理主要针对冰冻原料的解冻质量、原料的加工出净率。

冰冻原料解冻是指对冰冻状态的原料通过采取适当方法，将其恢复到新鲜、软嫩的状态，从而便于烹饪。解冻媒质温度要尽量低且要使解冻后的原料尽量减少汁液流失，保持其风味和营养。

原料加工出净率一般包括鲜活原料的净料率和干货原料的涨发率。原料的净料率、涨发率越高，原料的利用率就越高。因此应提高原料加工出净率，降低菜肴单位成本。

原料加工质量直接影响菜肴成品的色、香、味、形及营养和卫生状况，同时还决定原料出净率的高低，对厨房菜点的成本产生直接影响。因此，应加强原料加工的质量管理。

(2) 加工原料数量管理

加工数量应以销售预测为依据，以满足生产为前提，留有适当的储存周转量，避免加工过多而造成质量降低。

加工原料数量的确定过程主要是指：各配份、烹调厨房根据下餐或次日预订和客情预测提出加工成品数量要求；加工厨房收集、分类汇总各配份厨房加工原料，按各类原料的出净率、涨发率，推算出原始原料（即市场可购买状况原料）的数量，进而代表整个厨房向仓库或向采购部门申购。

2. 配份、烹调阶段的管理

(1) 配份、烹调阶段的质量管理

菜肴配份与烹调同在一间厨房，是热菜成熟、成形阶段，虽属两个岗位，可联系相当密切，沟通特别频繁。

配份就是将加工好的原料，包括已上浆的原料，按照主、配、调料的形式进行组合，并严格按照既定的数量标准进行搭配的过程。配份阶段是决定每份菜肴的用料及其成本的关键，甚至生产的无用功（产品出去了，而无销售收入）也会在这里出现。因此，配份阶段的管理既为保证出品质量所需要，也为经营赢利所必需。

烹调阶段则是将已经配份好的主料、配料、料头，按照烹调程序进行烹制，使菜肴由原料阶段变成成品。烹调阶段是确定菜肴色泽、口味、形态、质地的关键，控制得好，出品质量可靠，节奏适宜；控制不力，出菜秩序紊乱，客人投诉增多，菜肴回炉返工率增加。因此烹调质量管理主要应从烹调厨师的操作规范、烹制数量、出菜速度、成菜口味、质地、温度，以及对失手菜肴的处理等几个方面加以督导、控制。

(2) 配份、烹调阶段的数量管理

配份数量控制充分依靠、利用标准食谱规定的配份规格，养成用秤称量、论个计数的习惯。配份数量控制具有两方面的意义：一方面，它可以保证每份配出的菜肴数量合乎规格，成品饱满而不超标，既保证就餐顾客利益，又对企业的经营负责；另一方面，它又是成本控制的核心。

3. 冷菜、点心的生产管理

(1) 冷菜、点心的质量与出品管理

中餐冷菜和西餐冷菜，都具有开胃、佐酒的功能，因此，对冷菜的风味和口味要求都比较高。

冷菜的风味要正，口味要准确，味美可口；为保持冷菜口味的一致性，有些品种的冷菜可以采用预先调制统一规格比例的冷菜调味汁、冷沙司的做法；冷菜装盘造型和色彩的搭配等要求很高，不同规格的宴会，冷菜应有不同的盛器及拼摆装盘方法，给客人以丰富多彩、不断变化的印象，同时也可突出宴请主题，调节就餐气氛。

点心对口味、造型要求较高，要求口味纯正、造型栩栩如生、玲珑别致。要求对点心质量加以严格控制，确保出品符合规定的质量标准，起到应有的效果。

冷菜与点心出品手续控制要健全，要按配菜出菜制度执行，严格防止和堵塞漏洞。开餐结束以后，所有出品订单，都应收集汇总，交至厨师长处，用以备查。

(2) 冷菜、点心的数量管理

冷菜一般多以小型餐具盛装，其菜量并非越少就越细致美好，应以适量、饱满为宜。点心的分量和数量包括每份点心的个数和每份点心的用料及其主料、配料的配比。前者直接妨碍点心成本控制，后者随时影响点心的风味和质量，因此加强点心生产的分量和数量控制也是十分重要的。

控制冷菜、点心分量有效的做法是测试、规定各类冷菜及点心的生产和装盘规格标准，并督导执行。

4. 标准食谱的管理

标准食谱是以菜谱的形式，列出菜肴的用料配方，规定制作程序，明确装盘规格，标明成品的特点及质量标准。是厨房每道菜点生产全面的技术规定，是不同时期用于核算菜肴或点心成本的可靠依据。标准食谱如表 4－4 所示。

表 4－4　　标准食谱

<table>
<tr><td colspan="2" rowspan="2">食品名称</td><td rowspan="2"></td><td>生产厨房</td><td>总分量</td><td>每份规格</td><td>日期</td></tr>
<tr><td></td><td></td><td></td><td></td></tr>
<tr><td rowspan="2">用料</td><td rowspan="2">单位</td><td rowspan="2">数量</td><td colspan="2">日期：</td><td colspan="2">日期：</td></tr>
<tr><td>单位成本</td><td>合计</td><td>单位成本</td><td>合计</td></tr>
<tr><td></td><td></td><td></td><td></td><td></td><td></td><td></td></tr>
<tr><td></td><td></td><td></td><td></td><td></td><td></td><td></td></tr>
<tr><td></td><td></td><td></td><td></td><td></td><td></td><td></td></tr>
<tr><td></td><td></td><td></td><td></td><td></td><td></td><td></td></tr>
<tr><td></td><td></td><td></td><td></td><td></td><td></td><td></td></tr>
<tr><td colspan="5">合计</td><td colspan="2"></td></tr>
<tr><td colspan="5">菜式之预备及做法</td><td colspan="2">特点及质量标准</td></tr>
<tr><td colspan="5"></td><td colspan="2"></td></tr>
<tr><td colspan="5"></td><td colspan="2"></td></tr>
</table>

（1）标准食谱的内容

标准食谱的内容主要包括菜肴名称、原料名称、原料数量、制作程序、成品质量要求、盛器、装饰、成本、售价、使用设备、烹饪方法、制作批量、类别、序号等。

（2）标准食谱的作用

标准食谱的作用具体来讲，主要是预示产量、减少督导、高效率安排生产、减少劳动成本、可以随时测算每个菜的成本、程序书面化、分量标准、减少对存货控制的依靠等。

（3）标准食谱的制定步骤

标准食谱的制定步骤具体包括：确定主、配料原料及数量；规定调味料品种，试验确定每份用量；根据主、配、调味料用量，计算成本、毛利及售价；规定加工制作步骤；选定盛器，落实盘饰用料及式样；明确产品特点及质量标准；填制标准食谱；按标准食谱培训员工，统一生产出品标准。

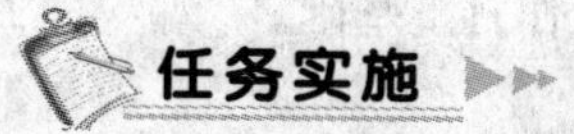

任务实施

厨房生产运作流程如图 4－10 所示。

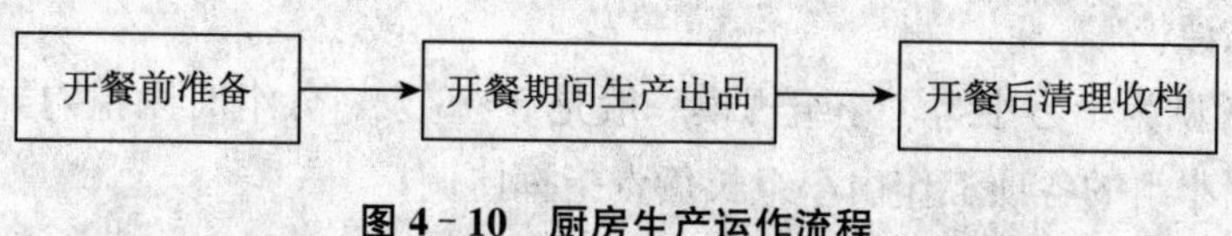

图 4－10　厨房生产运作流程

第一步：开餐前准备

厨房进行有效、周到的开餐前准备是餐厅准时开餐、厨房及时提供优质出品的前提。调料、汤料添足、备齐；菜点装饰、点缀品到位；开餐餐具准备归位；检查炉火、照明、排烟状况，确保运行良好；垃圾用具清洁到位；员工衣帽穿戴整齐。

开餐期间列入菜单供应品种时常缺售，最直接的原因是餐前原料准备不充分，不到位。因此，应检查、落实厨房列入菜单经营品种的原料、半成品备量。当餐缺售和需要推销的菜品及时通报餐厅。

第二步：开餐期间生产出品

检查、控制出品速度与次序，检查关照重点客情，督导配份规格与摆放，检查关注菜肴质量，检查协调冷菜、热菜、点心的出品衔接，督察出品手续与订单的妥善收管，强化餐中炉灶、工作台整洁与操作卫生管理，督导厨房出品与传菜部的配合，及时进行退换菜点处理，解决可能出现的推销和沽清问题，抽查果盘质量。

第三步：开餐后清理收档

收齐并上交所有出品订单，检查落实下一餐的准备工作，调料、汤料及时妥善收藏，对配菜所用的水养原料进行换水处理，检查水产品活养状况，防止原料变质，检查确保冰箱正常运行，督察炉灶、餐具的处理，及时进行彻底的垃圾及地沟等卫生处理，关闭水、电、气阀门，关锁门窗。

任务总结

良好的厨房工作秩序主要靠加强厨房生产运作管理。本任务系统介绍了厨房主要设备如各种炉灶、保温设备、冷藏设备和切割设备等。并全面介绍了厨房生产运作的主要过程，分析了厨房各生产环节管理控制的工作要点，阐述了标准食谱对厨房出品质量、成本管理的主要作用以及制定步骤。

实训项目

实训目标

1. 通过实训使学生能够认知厨房各种设备；

2. 通过实训使学生熟知厨房生产运作流程，为将来从事相关工作打下基础。

内容与要求

选择一家餐饮企业，对厨房生产运作流程进行观摩，然后再根据自己所收集的相关资料与数据，分析厨房生产工作管理的重要性。

组织与实施评价

1. 以项目团队为学习小组，小组规模一般是 5～8 人，分组时以组内异质，组间同质的原则为指导，小组的各项工作由小组长负责指挥协调；

2. 建立沟通协调机制，团队成员共同参与、协作完成任务；

3. 各项目团队根据实训内容互相进行交流、讨论，并点评；

4. 评价与总结：各项目团队提交实训报告，并根据报告进行评估。

评估指标及标准如表 4－5 所示。

表 4－5　厨房设备与生产管理设计评分表

被考评人			考评地点			
考评内容		考评标准	分值/分	自我评价/分	小组评议/分	实际得分/分
专业知识技能掌握	厨房设备的认知	了解	10			
	厨房加工、配份、烹调阶段的管理	掌握	20			
	标准食谱的管理	掌握	20			
	报告完成情况		10			
通用能力培养	学习态度	积极主动，不怕困难，勇于探索，态度认真	15			
	运用知识的能力	能够熟练自如地运用所学的知识进行分析	15			
	团队分工合作	能融入集体，愿意接受任务并积极完成	10			
合　计			100			

注：1. 实际得分＝自我评价×40%＋小组评价×60%。

2. 考评满分 100 分，60 分以下为不及格，60～74 分为及格，75～84 分为良好，85 分及以上为优秀。

任务三　餐饮菜品创新

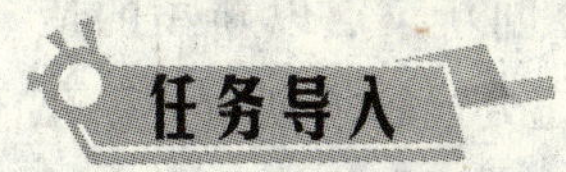

任务导入

菜品如何创新吸引消费者

坐落在西南某城市的一家酒楼在餐饮界知名度很高，它于1999年12月27日开业，在以后的两年里，创造了很高的市场业绩。两年来不管中午和晚上，店门前总是车水马龙，几百辆汽车摆满停车场，店门内外候座的客人很多，专门有工作人员向等候座位的顾客发号签、依次喊号进座。平均每天餐厅要翻三至五次台，这真是业界不多见的盛况。

该酒楼定位于中等偏下的市场价位，人均消费在30元左右。营业面积也只有1100平方米，但是人气非常高，全年营收高达2000多万元，每年向国家纳税200多万元。

该酒楼如此受欢迎的原因之一是其不断的菜品创新。比如"酱猪手"，是借鉴东北菜的甜酱卤制方法。为了保持川菜的特点，增加了亮色，又加入了辣椒酱和红曲米，这是前所未有的卤菜方法。这道菜无论是色泽、口感、装盘效果，都达到较高的境界，一天要卖出几百份。"开门红"这款菜，也是其当家菜。大红灯笼辣椒覆盖着整盘菜品，喜气、亮色，视觉冲击力强。大红辣椒下面，是借鉴湖南菜做的剁椒鱼头，口味鲜辣，刺激，食后令人振奋，因而大受顾客欢迎。"香煎抱盐鱼"、"蓉和青菜钵"、"蓉和五味鸭"等菜品，都是吸取了外菜系的长处，创出了让人耳目一新，口味一绝的菜品。

该餐厅每周都会推出一两款令人称赞的好菜。而且他们的创新菜都是地地道道的大众菜，没有高档和奇特的原材料，但是却做出了个性、形成了特色。

任务分析

本案例中，该企业的定位是中低档次，所以其创新的菜品不能跳出这个框框。但是中低档次不代表菜品的质量不好，主要指价格的水平较低，是大众能够消费得起的。该企业为了保证其原料成本与自身定位保持一致，在菜品创新上选择了不在高档原料上动脑筋，而是集中精力在菜品口味和特色上下工夫。把博大精深的中国菜系加以融会贯，取得了明显的效果。

知识准备

餐饮企业为了吸引客人和创造更多的利润，为了在激烈的竞争中站稳脚跟，就必须与时俱进，不断创新。但是，创新并不是想当然，菜品创新，途径很多，企业要根据自身情况具体分析，进行周密的规划和准备。

一、菜品创新含义及原则

创新菜品随着社会的需要，在全国各地发展迅速，相当一部分创新菜点以新颖的造型、别致的口味被广泛应用，获得了良好的经济效益和社会效益，充分显示了创新菜存在和发展的价值。创新菜品除在原料、调料、调味手段以及名、形、味、器等方面要有突破外，同时注意营养的合理性，使菜品更具有科学性和食用性。

1. 菜品创新的含义

菜品创新是在菜品研发过程中新构思、新观念的产生和运用的结果，是利用创造性思维，进行全面观察、研究、分析，并对收集的材料加以选择、提炼、设计、构思，再利用一定的原料和烹饪技法，通过加工创造出的新菜品。

2. 菜品创新的原则

（1）关注市场需求

市场是检验菜品的唯一标准，餐饮企业菜品创新应该以社会和市场的需求为前提，被社会和市场所认可，从而实现自身的价值和使用价值。在创新菜点的酝酿、研制阶段，首先要考虑到当前顾客比较感兴趣的东西。研制古代菜、乡土菜，要符合现代人的饮食需求；传统菜的翻新、民间菜的推出，要考虑到目标顾客的需要。在开发创新菜点时，也要从餐饮发展趋势、菜点消费走向上做文章。要准确分析、预测未来饮食潮流，做好相应的开发工作，这就要求餐饮企业烹调工作人员要时刻研究消费者的价值观念、消费观念的变化趋势，去设计、创造，引导消费。

（2）关注顾客需求

对于餐饮业来说顾客就是市场，顾客是最权威、最直接的评判专家，厨师要跟着管理者走，管理者跟着市场走，以顾客的需求为导向进行菜品的创新。经调查，绝大多数顾客是坚持大众化的，为大多数消费者服务，这是菜肴创新的方向问题，创新菜的推出要坚持以大众化原料为基础。因此，创新菜的推广，要立足于一些易取原料，要价廉物美，广大老百姓能够接受，其影响力必将十分深远。如近几年家常菜的风行，许多厨师在家常风味、大众菜肴上开辟新思路，创制出一系列的新品佳肴，如三鲜锅仔、黄豆猪手、双足煲、麻辣烫、剁椒鱼头、芦蒿炒臭干等，受到了各地客人的喜爱。

（3）食用为先，注重营养

可食性是菜品内在的主要特点。作为餐饮企业创新菜品，只有消费者感到好吃，有食用价值，而且越吃越想吃的菜，才会有生命力。不论什么菜，从选料、配伍到烹制的整个过程，都要考虑菜品做好后的可食性程度，应以适应顾客的口味为宗旨。

营养卫生是食品的最基本的条件，对于创新菜品更是应该首先考虑的。创新菜必须是卫生的，有营养的。如今，饮食平衡、营养的观点已经深入人心，餐饮企业在设计创新菜品时，应充分利用营养配餐的原则，把设计创新成功的健康菜品作为吸引顾客的手段。

（4）易于操作

随着社会的发展，人们发现食品经过过于繁复的工序、长时间的手工处理或加热处理后，食品的营养卫生大打折扣，因此创新菜品的烹制应简易，尽量减少工时耗费。另外，从经营的角度来看，过于繁复的工序也不适应现代经营的需要，现在的生活节奏加快了，客人在餐厅没有耐心等很长时间，菜品制作速度快，餐厅翻台率高，座次率自然上升。所以，创新菜的制作，一定要考虑到简易省时，这样生产的效率才高，如上海的“糟钵头”、福建的“佛跳墙”、无锡的“酱汁排骨”等，都是经不断改良而满足现代经营需要的。

二、菜品创新的类型

菜品创新的类型主要有全新的新菜品、改进的新菜品和仿制的新菜品，而对于大多数餐饮企业来讲，是以改进现有菜品为主要创新菜品。

1. 全新的新菜品

全新的新菜品是指采用新技术、新原料、新设备等开发出的崭新菜品，在市场上还没有可以与之相比较的菜品。这样的菜品虽然具有极强的竞争优势，但开发成本较高，耗费时间较长，而且由于菜品无专利保护，易于模仿。如传统菜“佛跳墙”最初产生时属于全新的新菜品。

2. 改进的新菜品

改进的新菜品是指在原有菜品的基础上，部分采用新原料或新技术、新造型等，使菜品的色、香、味、形有重大突破的菜品。改良的新菜品具有投入少、见效快等特点，且制作方便并能快速生产。如各类中西结合菜、地方菜融合菜品等属于改进的新菜品。

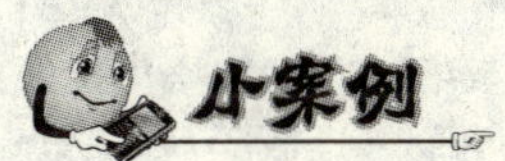

二代水煮鱼

二代水煮鱼，是更新换代的新品水煮鱼。“二代水煮鱼”与“一代水煮鱼”具有三方面的显著不同：一是做法不同，传统的水煮鱼是先用热水把鱼肉片氽熟，然后再用热油来浇。而二代水煮鱼则是直接用热油将鱼片浇熟；二是原料不同，一代水煮鱼的调料主要是辣椒、花椒等，而二代水煮鱼比传统的水煮鱼又多了两样东西，即泡椒和“老干妈”辣酱；三是口感不同。二代水煮鱼是“更鲜嫩、更香滑”。

3. 仿制的新菜品

仿制的新菜品是指对市场上已经出现的产品引进或模仿，研制生产出的菜品。开发这种产品不需要太多的资金和高端的技术，因此研制起来要相对容易得多。但餐饮企业应注意对原产品的某些缺陷和不足及时加以改进，而不应全盘照抄。

三、菜品创新的方法

1. 菜品原料的创新

烹饪原料是菜肴的物质基础，因此研发创新菜肴可以从原料的开发与选择入手。随着改革开放的步伐，烹饪原料不断从国际引进，有些菜品原料的搭配，也要不断深化改革，一般要打破旧的传统观念，采用新、奇、特的烹饪原料，以突出原料创新菜。可以反映出操作者标新立异、独具匠心的创意观念。如“火烧冰激凌”，外脆里冻，外酥里软，深受欢迎。

2. 烹饪技法创新

烹饪技法几十种，每种都有不同的特点和区别，菜肴的色、香、味、形等主要靠烹调技法来实现。如精妙绝伦的中国刀工，手法灵活，形态多变；雕镂细刻，更是举世无双。利用刀工技法的变化，是研发创新菜品的一个途径。

3. 风味形态的创新

五味调和百味香，构成菜肴风味指标很多，改变其中任何一个风味指标，都可产生新的产品。风味创新一种是利用原料本身的味道，一种是采用多种原料复合的味道，一种是利用中西餐各种复合调味品改变原料的滋味，复合成美味菜肴。如四川的“水煮鳝片”到了江苏，厨师们降低了麻辣味的烈度，减少了辣油的用量，便形成了江苏的“水煮鳝片”。只要敢于变化，大胆设想，就能产生新、奇、特的风味菜品。

“小肥羊”的特色

涮羊肉历史悠久，但蘸小料的传统吃法一传就是上百年。在这种吃法中，附属原材料配料繁杂，调制起来非常麻烦。而小肥羊创造性地提出“不蘸小料”的涮羊肉，将自己成功地与传统涮羊肉的品类进行了区隔。在产品创新方面，其一方面最先采用内蒙古羔羊肉作为主要原材料，羊肉比较干、比较香、膻味少。另外其加工环节、屠宰环节有排酸工艺。羊肉排酸了，膻味就降低了。

另一方面其用当归、枸杞、党参、桂圆等 60 多味中药、调料配置的火锅锅底也成为小肥羊后来独步江湖的“秘籍”。这种一流原料加技术创新不但为小肥羊树立了饮食特色，也为其经营提供了极大便利。

4. 组合搭配创新

原料组配形式和方法的变化，必然会导致菜肴的风味、形态等方面的变化。因此，对菜肴的研发创新要注重组配工艺的调节作用，发挥厨师的创造才能，实现菜肴品种的多样化。组配工艺是菜肴创新的基本手段，是一种十分活跃的创新方法。如利用更换配料、添加茶叶、添加水果、菜点组配等方法创新菜品。

5. 器皿创新

菜肴离不开器皿，而器皿衬托菜肴，菜肴千姿百态，而器皿也应随着菜肴变化无穷。从菜品器皿的变化中探讨创新的思路，打破传统的器皿配置方法，同样可以产生新菜品。

企业可以利用菜品器具的变化，利用盛装方法的变化，利用特异的象形餐具等方面进行创新。如“雪花蜗牛斗”、“鹬蚌相争”，就是利用特异的象形餐具创新的菜品。

6. 装饰美化创新

当菜肴装盘后，如不能达到色、香、味、形的和谐统一，就需要对其进行美化处理。一盘美味的菜肴，配上精美的器具，运用合理的装饰手法，可使整盘菜肴熠熠生辉，给消费者留下深刻的印象。因此，那些与众不同、精巧美观、惟妙惟肖的盘饰包装也是创新的一种途径。

四、菜品创新的制度

现在很多企业的经营管理者都在强调一个主题——创新。这个主题虽然被反反复复的强调，却始终没有什么突破，归根结底是因为企业没有建立良好的创新制度。餐饮企业的厨师或研发人员创新了一道菜后并没有让企业的工作人员进行品尝，而是直接把客人当成试验品。

1. 建立奖赏制度

餐饮企业首先应该设计一个日常统计表，专门记录顾客满意或不满意的菜谱，以及各个菜品的销量、点击率等。统计的结果直接与厨师的奖罚挂钩。只要符合创新菜品，并在本店推出销售的，就应一次性给予数量不等的奖励，作为企业购买新科技成果给予员工的补偿；对于一些销售效果特别突出的新菜品，该菜品赢得了较高的社会效益，企业应拿出丰厚的经济报酬作为奖励。

2. 建立看台制度

看台制度是指每餐必看。客人在就餐的时候，会与餐厅服务员沟通，服务员应该把客人的意见认真地记录下来，然后及时反馈给厨师长，收到信息之后应及时制定对策。如厨师长应与主力厨师分析顾客吃剩的菜品，等下次那位客人再次光临的时候，可请客人免费品尝改良之后的那道菜，让客人帮忙进行鉴定，让其再次提出菜品的不足与建议，企业再根据客人的建议进行完善。

3. 建立交流学习制度

餐饮企业应坚持把引进来、走出去与进修自学三者结合起来，从而拓宽视野、提高素质，充实内功。如企业对于那些创新菜品成果突出的厨师，除了给予一定的奖励外，还优先安排公费到外地参加学习，参加各种类型的培训班，以提高业务水平。

4. 建立定期创新菜品制度

餐饮企业每位厨师每月应至少创新一至两道菜品，并接受顾客检验，企业对优秀厨师应给予大力表扬和物质鼓励。以此鼓励厨师不断创新菜品。

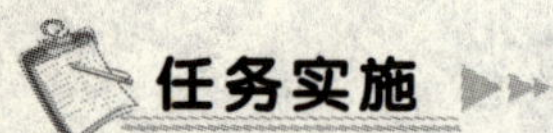

任务实施

菜品创新研发的一般程序如图 4-11 所示。

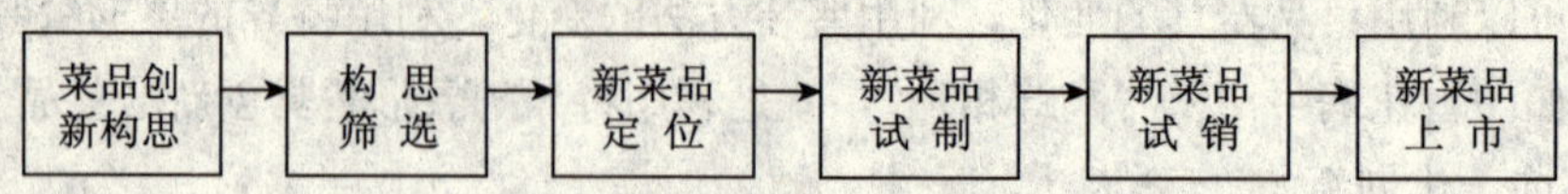

图 4-11　菜品创新研发的一般程序

第一步：菜品创新构思

构思是菜肴创新研发的第一步，是餐饮企业根据市场需求和企业自身条件，充分考虑消费者的食用要求和竞争对手的动向等，有针对性地在一定范围内首次提出研发新菜品的设想。要求管理者具备创新思维，其构思符合市场需求。

第二步：构思筛选

构思筛选应根据新菜品开发的目标和所有实际开发能力，进行挑选、择优的一个工作过程。取得足够创意构思后，有必要对这些创意加以评估，研究其可行性。

第三步：新菜品定位

新菜品构思通过筛选后，继续研究，使其进一步发展成菜品概念，对菜品概念进行测试，了解消费者的反应，从中选择最佳产品概念。新菜品的设计定位直接影响到菜品的质量、成本、效益等方面，进而影响到餐饮企业菜品的竞争力。

第四步：新菜品试制

所谓试制，就是由厨师等技术人员根据构思采用新的原料或烹饪方法，尝试着在外观、口感、营养等方面有所突破的新菜品。试制阶段是研发的主体阶段，是能否出新菜的关键时期。

第五步：新菜品试销

新菜品试制成功后，需要投入市场，及时了解消费者的反映。此阶段就是将研发出的新菜品投入某个餐厅进行销售，然后观察市场反映，通过餐厅传达的信息，供制作者参考、分析和不断完善。经过试销反映好的菜品就可以正式生产和投放市场。

第六步：新菜品上市

在试销阶段，消费者反映较好的新菜品就可以列入企业菜单，正式对外销售。但新菜品上市后，应加强跟踪管理，观察统计其销售情况，通过多种渠道搜集资料，根据信息和资料分析菜品存在的问题，不断完善新菜品。

任务总结

菜品创新是餐饮业体现创新最直接的方式。创新是解决问题的方向，没有创新就不可能有发展。特别是在现代这种高速发展，资讯越来越平等的时代环境中，创新应该成为餐饮业界永恒的主题。对于餐饮企业来说，创新是它的活力之源，是其在激烈市场竞争中求生存、求发展的必然选择，更是其立身之本。餐饮企业在菜品创新过程中一定要遵循菜品创新的原则、菜品创新方法以及建立完善的菜品创新制度。

实训项目

实训目标

1. 通过实训使学生能够熟知餐饮菜品创新原则、类型；

2. 培养学生学会如何创新餐饮菜品。

内容与要求

选择一家餐饮企业，对管理人员及厨师的菜品创新过程进行观摩学习，然后再根据自己所收集的相关资料与数据，分析如何创新餐饮菜品。

组织与实施评价

1. 以项目团队为学习小组，小组规模一般是5～8人，分组时以组内异质，组间同质的原则为指导，小组的各项工作由小组长负责指挥协调；

2. 建立沟通协调机制，团队成员共同参与、协作完成任务；

3. 各项目团队根据实训内容互相进行交流、讨论，并点评；

4. 评价与总结：各项目团队提交实训报告，并根据报告进行评估。

评估指标及标准如表4-6所示。

表4-6　餐饮菜品创新设计评分

被考评人			考评地点			
考评内容		考评标准	分值/分	自我评价/分	小组评议/分	实际得分/分
专业知识技能掌握	餐饮菜品创新原则和类型	理解	10			
	餐饮菜品创新研发的程序	理解	20			
	餐饮菜品创新方法和制度	掌握	20			
	报告完成情况		10			
通用能力培养	学习态度	积极主动，不怕困难，勇于探索，态度认真	15			

续 表

被考评人			考评地点			
考评内容		考评标准	分值/分	自我评价/分	小组评议/分	实际得分/分
通用能力培养	运用知识的能力	能够熟练自如地运用所学的知识进行分析	15			
	团队分工合作	能融入集体，愿意接受任务并积极完成	10			
合　计			100			

注：1. 实际得分＝自我评价×40%＋小组评价×60%。

2. 考评满分 100 分，60 分以下为不及格，60～74 分为及格，75～84 分为良好，85 分及以上为优秀。

复习思考题

一、填空题

1. ________是根据餐饮企业经营需要，充分考虑现有可利用的空间及相关条件，对厨房的配备进行确定，对厨房的环境进行设计，从而提出综合的设计布局方案。

2. 厨房内部环境设计主要包括厨房工作空间与设备摆放、厨房高度和天花板、厨房墙壁和地面、________、________、________。

3. 厨房设备按其功能来分，可分为________、________、________ 、排风设备、清洗设备、面点制作设备及其他设备。

4. ________是以菜谱的形式，列出菜肴的用料配方，规定制作程序，明确装盘规格，标明成品的特点及质量标准。

5. ________是在菜品研发过程中新构思、新观念的产生和运用的结果，是利用创造性思维，进行全面观察、研究、分析，并对收集的材料加以选择、提炼、设计、构思，再利用一定的原料和烹饪技法，通过加工创造出的新菜品。

二、选择题

1. 厨房天花板的高度一般应为________。

A. 3.0～3.6 米　　B. 3.7～4.3 米　　C. 4.0～4.6 米　　D. 4.7～5.3 米

2. 厨房中把主要烹调设备，分别以两组的方式背靠背地组合在厨房内，中间以一矮墙相隔，置于同一通风排气罩之下，厨师相对而站，进行操作。这种布局属于________。

A. L 形布局　　B. U 形布局　　C. 相背形布局　　D. 直线形布局

3. 标准食谱的管理主要包括________。

A. 标准食谱内容　　B. 标准食谱作用

C. 标准食谱制定步骤　　D. 菜肴名称

4. 五味调和百味香，构成菜肴风味指标很多，改变其中任何一个风味指标，都可产生新的产品。这种菜品创新属于________。

A. 烹饪技法创新　　B. 组合搭配创新

C. 菜品原料的创新　　D. 风味形态的创新

5. 菜品创新的制度包括________。

A. 建立奖赏制度　　B. 建立看台制度

C. 建立交流学习制度　　D. 建立定期创新菜品制度

三、简答题

1. 简述影响厨房设计布局的因素。
2. 简述厨房环境布局类型。
3. 简述厨房设备选择原则。
4. 简述厨房生产管理阶段。
5. 试述菜品创新的类型。

项目五　菜单的设计与制作

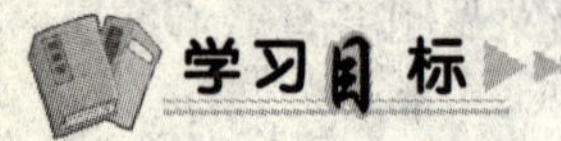

知识目标

1. 理解并掌握菜单的概念；
2. 了解菜单的作用及种类；
3. 掌握菜单上菜品的选择原则；
4. 了解菜单包括的内容；
5. 掌握菜单上菜品的安排顺序；
6. 了解菜单设计的基本内容。

能力目标

1. 能够根据餐厅风格对菜单上的菜品进行选择；
2. 能够独立拟订10人用中、西餐宴会菜单；
3. 能够进行初步的菜单设计。

任务一　菜单的作用和种类

满意的点餐

一对美国夫妇来到广州一家宾馆的中餐厅用餐。入座后，服务员为他们端来了茶水、面巾和小菜。客人奇怪地问服务小姐，为什么没点菜就摆上小菜。服务员微笑着告诉他们，这是吃广东菜时的一种礼仪规格，为了表示餐厅对宾客的欢迎，茶水和小菜都是免费的。客人听了小姐的解释非常高兴，表示要吃一顿正宗的广东菜，并请服务员为他们点菜。服务员把菜单递给他们后，告诉他们，广东菜的进餐程序和西餐有相似之处，如先喝汤后吃菜。她还依据菜单向客人介绍，广东菜的主要特点是选料精细、花色繁多、新颖奇特。在征询了客人口味的情况下，服务员根据菜单为客人点了“鱼翅汤”、“石斑鱼”、“脆皮鸡”、“猴头蘑”、“烤牛肉”等。客人品尝后连声称赞服务员小姐为他们点菜点得好，并表示正宗广东菜的口味果然与众不同。

任务分析

一份良好的菜单既要能够引导客人选择食品饮料，满足顾客审美及就餐的喜好，同时又要适合餐饮企业人员推销某些菜品的需要，并对整个餐饮经营过程进行计划和控制。

知识准备

菜单，英文是“Menu”，来源于法语，或称菜谱、食单，其雏形是法国厨师为了记录菜肴的烹制方法而写的单子。当它成为向客人提供的菜单时，已是16世纪中叶的事情了，据说在1541年英国布朗斯维克公爵在私人宅第举行晚宴，宴请朋友时，要求厨师将当天准备的菜肴抄在小纸条上，使他能预先知道要上的菜，当客人看到他在看桌上的单子，颇受启发，以后大家便争相仿效，菜单也就真正出现了。而我国在宋代就有了菜单，诗人陆游在《老学庵笔记》中记载了宋廷宴请金使的国宴菜单。

一、菜单的定义

菜单的含义有广义与狭义之分。广义的菜单是指餐厅中一切与该餐饮企业产品、价格及服务有关的信息资料，它不仅包括各种文字图片资料、声像资料以及模型与实物资料，甚至还包括顾客点菜后服务员所写的点菜（订餐）单。而狭义的菜单则仅指餐饮企业为便于顾客点菜订餐而准备的介绍该企业产品、服务与价格等内容的点菜菜单或介绍该宴会菜点的宴会菜单。

二、菜单的作用

随着餐饮业的发展，菜单的作用已不局限于传统上人们的眼光立即见到的文字内容，它已成为餐饮企业与顾客进行信息交流与沟通的重要手段之一，同时也是餐饮企业对整个餐饮经营过程进行计划、控制不可缺少的管理工具之一，它在餐饮企业经营管理中的作用主要表现在以下几方面。

1. 能促进餐饮销售

一份精心编制的菜单，能使顾客感到心情舒畅，赏心悦目，并能让顾客体会餐厅的用心经营，促使顾客欣然解囊，乐于多点几道菜肴；而且可以利用菜单内容引导顾客尝试高利润菜，以增加餐厅的收入。如加插精美的菜肴图片，使点菜者馋涎欲滴。

2. 象征餐厅菜肴的经营特色和等级水准

每个餐厅都有自己的经营特色和等级水准。菜单上的食品项目、饮料品种、价格及质量等均能显现餐厅商品的特色和水准，以留给客人良好的印象。

3. 可控制餐饮成本

菜单内容一经确定，也就决定了餐饮企业经营成本的高低。餐厅经营者必须根据菜单决定菜单上不同成本的菜品数量，食品材料采购种类和数量的多寡。厨房必须根据菜单的菜肴种类和制作方法选择合适的餐饮设备和工具。所以菜单的设计是生产成本控制的重要环节。

4. 是餐厅服务人员为顾客提供各项服务的准则

菜单决定了餐厅服务的方式和方法，服务人员必须根据菜单的内容及种类，提供各项标准的服务程序，既能让客人得到视觉、味觉、嗅觉上的满足，又能让客人享受到优质的服务。

三、菜单的种类

依据不同的分类标准，可将菜单分为多种类型。按餐饮形式和内容分，有早餐（茶）菜单、正餐菜单、宴席菜单、团队菜单、冷餐自助餐菜单、消夜点心菜单以及酒水单；按照市场特点，可分为固定菜单、循环菜单、当日菜单和限定菜单等；按照菜单的价格形式，可分为零点菜单、套餐菜单和混合菜单；根据餐饮企业经营类型，可分为餐桌服务式餐厅菜单、自助式餐厅菜单和外卖送餐式餐厅菜单等；按照中西餐就餐方式，可分为中餐菜单和西餐菜单。综合考虑各类餐饮企业的经营类型、经营项目、就餐形式及服务对象等因素，可将菜单分为以下六大类型。

1. 零点菜单

零点菜单又称作“点菜菜单”或“散客菜单”，是餐厅中最基本、最常见，也是使用最广泛的一种菜单。它适用于大多数经营类型的餐饮企业，如传统餐桌服务式餐厅、特色餐厅、风味餐厅、火锅餐厅及咖啡厅等。“点菜”在法语中叫“A La Carte”，在日语中又称“一品料理”。零点菜单按餐别可分为中、西早餐零点菜单和中、西正餐零点菜单。

2. 套菜菜单

“套菜”也称“套餐”、“定菜”，就是在各类菜品中选配若干菜品组合在一起，以一个包价销售的一套菜肴。套菜菜单按照餐别划分，可分为中、西早餐套餐菜单和中、西正餐套餐菜单四种；按照服务人数来分可分为个人套菜菜单和多人套菜菜单。个人套菜菜单一般多见于中、西快餐厅，而多人套餐菜单常见于各类餐桌服务式餐厅，如图 5－1、图 5－2 所示。

套餐菜单示例

海鲜双人套餐

红袍对虾　蚝油菜心

芙蓉海胆　紫菜蛤蜊汤

宫保鲜贝　点心二道

铁板鱿鱼　水果拼盘

图 5－1　中餐套餐菜单

南京包餐

奶油番茄汤　Ceamed Tomato Soup

面包粉炸鱼　French Fried Fish

煎肺脷　Tenderloin Steak

水果色拉　Fruit Salad

￥18.00

图 5-2　西餐套菜菜单

3. 宴席菜单

宴席菜单是为宴席而设计的、由具有一定规格质量的一整套菜品组成的菜单。严格来说，宴席菜单也属于套菜菜单，只是由于人们举行宴席的目的、档次、规模、季节、宴请对象及地点各不相同，要求宴席菜单在规格、内容、价格方面同其他套菜菜单区别开来。因此，宴席菜单可以说是一种特殊的套菜菜单，如表 5-1、图 5-3、图 5-4 所示。

表 5-1　中餐婚宴菜单

类别	序号	名称	主料	烹饪方法	特点
八冷菜	1	浓情蜜意	蜜桃、情人果	无	甜而不腻，清凉可口
	2	执子之手	凤爪	凉拌	辛辣而不油腻
	3	称心如意	春卷	炸	香、酥、脆
	4	比翼双飞	鸡翅、鸭翅	炸	造型别致，寓意丰富
	5	琴瑟和鸣	西芹	凉拌	颜色翠绿，给人食欲
	6	一心一意	糯米、南瓜	蒸	软而香甜，黏而不腻
	7	花开富贵	紫甘蓝、绿甘蓝、海蜇丝	凉拌	颜色搭配协调、口感清爽
	8	心心相印	猪肝	凉拌	补血养气，鲜香脆嫩
八热菜	1	金玉满堂	虾	油炸	灿灿金色，富气十足
	2	情深似海	海参	油炸	须焦肉嫩，味道鲜美
	3	共筑爱巢	鸭	烤	金黄油亮，鸭肉鲜嫩
	4	山盟海誓	排骨	炖	浓香嫩滑

续 表

类别	序号	名称	主料	烹饪方法	特点
八热菜	5	富贵有余	鱼	炖	鱼肉鲜美，鱼汤可口
	6	珠联璧合	牛肉丸	炸	外酥内软
	7	情投意合	乌鸡	炖	营养丰富，肉质鲜美
	8	百年好和	百合、芦荟	热炒	味道独特，花香气浓厚
主食	1	锦绣满园	米饭、火腿、胡萝卜丁	炒	颜色温馨，米饭香软
	2	鸳鸯共枕	蒸饺	蒸	皮薄肉多，香而不腻
汤	1	天作之合	桂圆、莲子、银耳	煮	浓而不腻，稠而香甜
四果点	1	佳偶同心	夹心汤圆		甜而嫩滑
	2	花好月圆	蛋挞		奶香浓郁，香甜可口
	3	多子多福	板栗		营养丰富，美好寓意
	4	合家欢	时令水果		鲜艳多汁

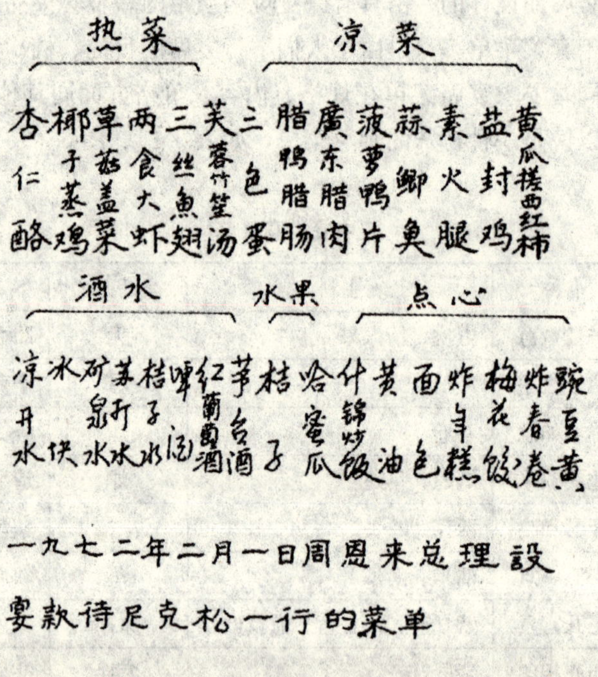

热菜：杏仁酪 椰子蒸鸡 草菇盖菜 两食大虾 三丝鱼翅 芙蓉竹笙汤 三色蛋

凉菜：腊鸭腊肠 广东腊肉 菠萝鸭片 蒜鲫鱼 素火腿 盐封鸡 黄瓜拌西红柿

酒水：凉开水 冰块 矿泉水 苏打水 桔子水 啤酒 红葡萄酒 茅台酒

水果：桔子 哈密瓜

点心：什锦炒饭 黄油 面包 炸年糕 梅花饺 炸春卷 豌豆黄

一九七二年二月一日周恩来总理設宴款待尼克松一行的菜单

图5-3　手写宴会菜单

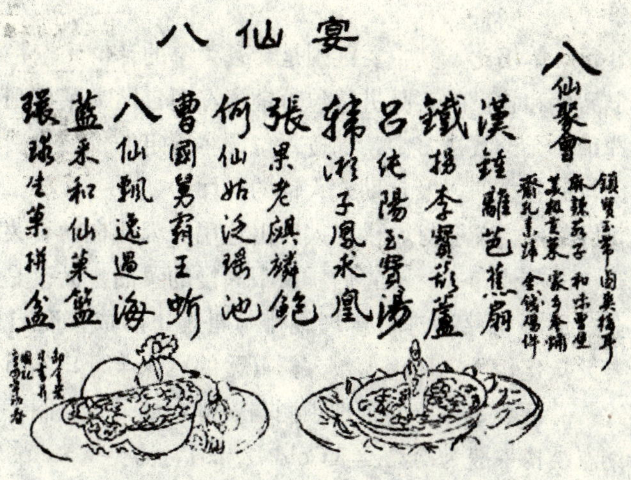

图5-4　手写宴会菜单

小资料

世界财富全球论坛年会宴会

1999年12月，在上海国际会议中心七楼摆设120桌宴请“99财富全球论坛”的跨国企业代表，宴会厨房工作安排计划书分三个部分：第一从餐具的选购、清洗、消毒、封储、保存、保温、启封到装盘做了详细地分配安排；第二就菜肴的采购、加工、制作、储存及质量把关都做了精细安排，专人负责；第三就菜肴的分派、督导、传菜、介绍也做了严格分工，真正做到了分配有序，忙而不乱。菜谱如下：

风传萧寺香（佛 跳 墙）

云藤双蟠龙（菠萝明虾）

际天紫气来（中式牛排）

会府年年余（烙银鳕鱼）

财运满园春（美点小笼）

富岁积珠翠（椰汁米露）

鞠躬庆联袂（冰渍鲜果）

把这些菜名的第一个字连起来，则是“风云际会，财富鞠躬”。

4. 特种菜单

此类菜单同零点菜单、套菜菜单、宴席菜单相比，在服务对象、计价方式、品种编排以及适用场所等方面都有较特殊之处，因此列入特种菜单。特种菜单常见的有以下几种。

(1) 自助餐菜单

自助餐菜单与套餐菜单相比，其主要区别是套餐菜单的计价无论是以人还是以桌为计价单位，总是以一定品种和数量的菜品进行包价销售，而自助餐菜单则是在一定的品种菜品中，任顾客随意选用，无论数量多少，都按每位顾客规定的价格收费。自助餐菜单主要运用于经营自助餐、自助餐宴席以及自助式火锅的餐厅中。

由于自助餐需要将菜品提前备好，供客人自由选用，因此自助餐菜单上菜品在选择时一般选用能大量生产、出品快速并且放置后质量下降慢的菜品。无论是中式自助餐还是西式自助餐，餐饮企业一般都将菜品进行合理编排与搭配，形成多套自助餐菜单，循环使用。品种风味一般要大众化，避免使用少数人群喜爱的风味菜、口味过分辛辣刺激的菜式或原料很怪异的菜式。品种数量一定要合理预测与安排，如果盲目制备，极易形成浪费。

中式自助餐会菜点结构一般为冷盘类（Cold Items）、汤类（Soups）、热菜类（Hot Items）、甜点水果类（Desserts Fruit Plate）、饮料类（中国茶）(Beverage)。

西式自助餐会菜点结构一般为冷盘类（Cold Items）、沙拉类（Salads）、汤类（Soups）、切肉类（Carving Board）、热菜类（Hot Items）、甜点水果类（Desserts Fruit Plate）、面包类（Breads）、饮料类（咖啡或红茶）(Beverage)。

(2) 冷餐会菜单

冷餐酒会的特点是以冷菜为主，热菜为辅，菜点的品种丰富多样，一般都在 20 种以上。以 25 种菜点为例，冷菜可安排 15 种，占 60%；热菜安排 4 种，占 17%；点心安排 6 种，占 23%。菜单在设计时要注意：冷菜可安排各种沙拉、冷冻、肉批等菜肴；热菜可安排烩、焖类菜肴；选用的原料要新鲜卫生，整形菜肴要完整无损；安排的菜肴要有多种原料和不同的风格；一些大型的菜肴要让客人欣赏后，再由服务员或厨师现场为客人派菜。

(3) 客房送餐菜单

这种菜单一般只在具有较高星级的酒店、宾馆才能见到。客房送餐服务是对因某种原因不能或不愿去餐厅就餐，或在就餐时间以外要求用餐的客人所提供的服务。客房送餐菜单应选用质量高，但加工不太复杂的菜。要避免选用那些放置后质量容易退化的菜，例如蛋奶酥、嫩煎牛肉等不宜采用。客房送餐菜单的品种要搭配合适，不宜多。客房送餐菜单比其他菜单的价格要贵些。

客房送餐菜单通常包括早餐菜单、全日菜单和饮品。为便于客人订菜，许多饭店将早餐菜单设计成宜于挂在门把上的卡片，所以客房送餐菜单又被称为门把手菜单。如图 5-5 所示。

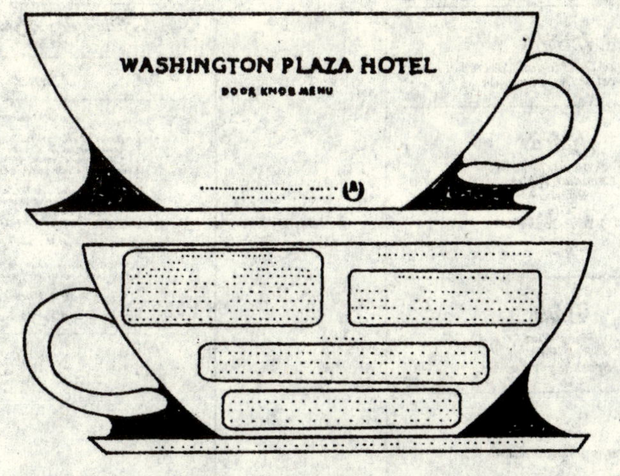

图 5-5 客房送餐菜单

说明：西雅图华盛顿广场饭店早餐客房送餐菜单，冲模成咖啡杯状，可悬挂在门把手上。

(4) 旅行菜单

这类菜单主要用在一些大型旅行交通工具上，如火车和轮船，为旅客提供餐饮服务时使用。这类菜单也属于零点菜单，只是由于受到场地、设备、原料等限制，这类菜单上的品种相对较少，而且成本一般较高，因此菜品价格也较贵。

在飞机上提供餐饮服务受到更大的限制，因而飞机上使用的航空菜单品种数量最少，可供选择的套数也最少，一般 1～2 套，而且都是由航空食品供应商提前制好，起飞前送上飞机，由航空小姐在飞行途中分发给客人的。航空菜单的菜品一般都选用能大批量提前生产，便于包装、储存、运输的快餐食品，这些菜品都以每人一套的方式分发给顾客，其价格已包含在机票价格中，因此，航空菜单应属于套菜菜单。目前，国内航空公司的国内航线上一般很少使用菜单，而在国际航线上以及国际航空公司的客机上则使用航空菜单的机会较多。航空菜单如图 5-6、图 5-7、图 5-8、图 5-9 所示。

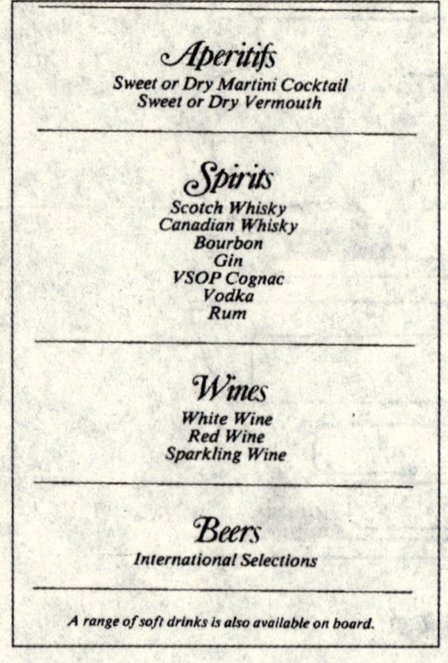

图 5-6　航空菜单——酒水单（英文）

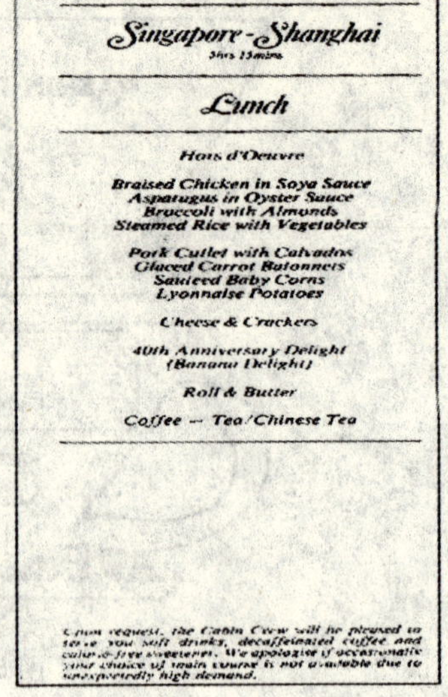

图 5-7　航空菜单——午餐单（英文）

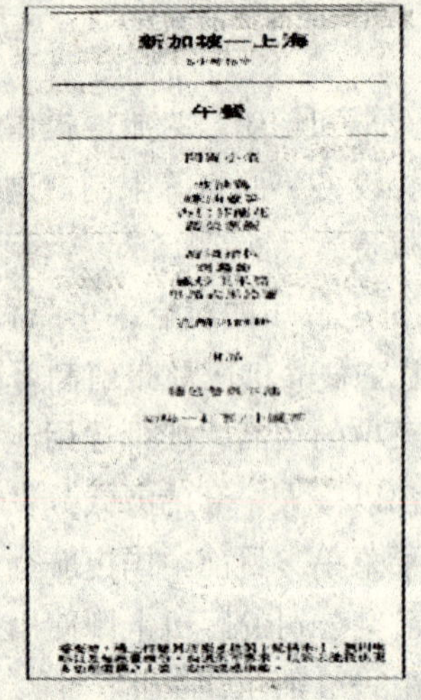

图 5-8　航空菜单——午餐单（中文）示意

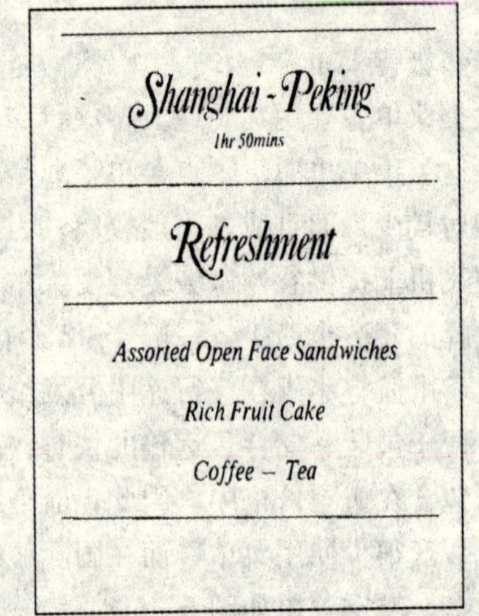

图 5-9　航空菜单——茶点单（英文）

（5）特殊人群菜单

餐饮企业推出特殊人群菜单，主要是满足人们多种就餐方式与就餐口味的需要，以进一步提高餐厅的营业收入。餐饮企业针对特殊人群推出的菜单主要有四大类，即儿童菜单、病人菜单、特殊饮食菜单、营养保健菜单。特殊人群菜单见表 5-2、图 5-10、图 5-11、图 5-12 所示。

表5-2　　特殊人群菜单

儿童菜单	尽管儿童不是家庭外出就餐的决策者，但他们对决策者有十分重要的影响，尤其是当前我国城市生活水平大幅提高，独生子女较多，年轻的父母们大都愿意为子女花钱，不少家庭因孩子的央求而外出就餐，因此许多餐饮企业，特别是西式快餐厅如“麦当劳”、“肯德基”等都将目光集中在儿童这一特殊人群身上，开发了各式各样的儿童菜单。其特点是菜单设计图文并茂，引起儿童兴趣，菜品上主要选择适合儿童生理特点的营养食品，计价上更灵活，使年轻父母们感到经济实惠，同时在菜单上注明可获额外小礼品，以进一步取悦小朋友。如图5-10、图5-11、图5-12所示
病人菜单	有些顾客因患有某些疾病，而在饮食上受到许多限制，如糖尿病患者与胃病患者。尽管这些人群是顾客中的极少部分，但一些餐厅还是为这些顾客准备了特别的菜单，以满足他们外出就餐的需要。当然在编制这种菜单时，应有医生、饮食学家和营养学家的指导
特殊饮食菜单	餐饮企业推出特殊饮食菜单主要是针对那些有特殊饮食习惯与嗜好的顾客，以满足他们的特殊饮食需要，如针对素食者的素菜单、针对节食者的节食菜单等
营养保健菜单	随着人们生活水平的提高，人们对饮食给健康带来的影响越来越重视，人们总是希望通过饮食来促进健康，预防疾病。在我国早就有“医食同源”，中医亦认为可通过饮食来预防和治疗某些疾病。一些餐饮企业大量开发、推出了药膳食疗菜单，满足了市场需求。目前许多药膳菜单上的品种逐渐被其他种类的菜单所引用

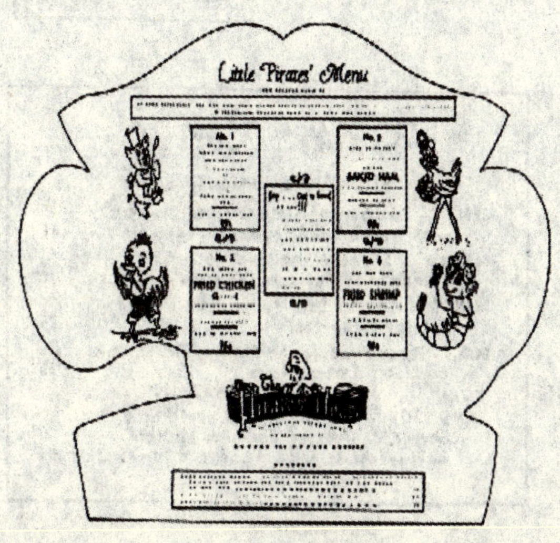

图5-10　儿童菜单

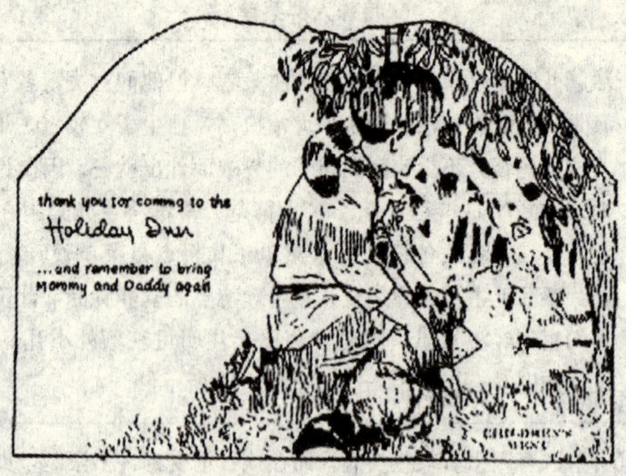

图 5－11　儿童菜单

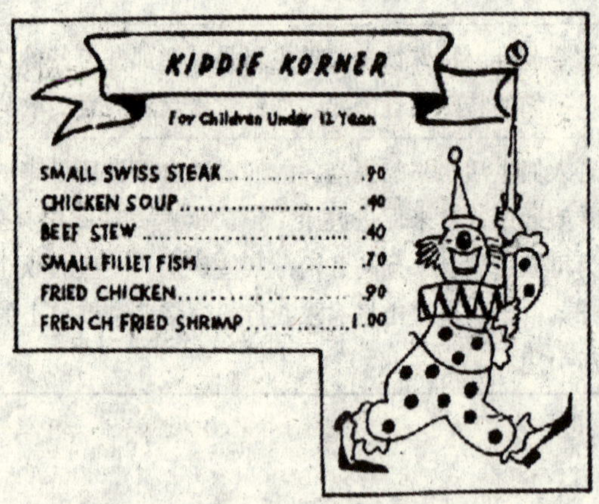

KIDDIE KORNER

For Children Under 12 Years

SMALL SWISS STEAK	.90
CHICKEN SOUP	.40
BEEF STEW	.40
SMALL FILLET FISH	.70
FRIED CHICKEN	.90
FRENCH FRIED SHRIMP	1.00

Kiddie Korral

(For Children Under Twelve)

EENY — Two Savage Style Chicken Drumsticks with French Fried Potatoes, Vegetable	.85
MEENY — Sliced White Meat of Turkey; French Fried Potatoes; Vegetable	.90
MINEY — Ground Beef Pattie, French Fried Potatoes, Vegetable	.75
MO — Three Fried Jumbo Shrimp, French Fried Potatoes, Tartar Sauce	1.25

Served with Roll and Butter

JANS "JOE" "JO" — Ground Beef Pattie; Served on Toasted Bun with Mustard or Mayonnaise and Lettuce, and Tomato	.50

图 5－12　儿童菜单

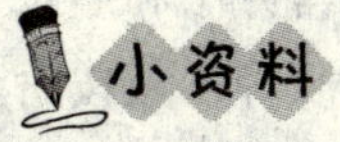

儿童菜单的要求

• 艺术设计要吸引儿童的兴趣。菜单要图文并茂，菜单上可以注上汉语拼音。菜单最好用有名的童话故事的画作封面，并配上童话式的餐厅环境会更受儿童的欢迎。有些餐厅布置成太空站、有的以白雪公主、匹诺曹故事的背景装饰餐厅环境。这样的菜单与环境相匹配定会受到儿童的喜欢。

• 大人菜单的缩小版。有的儿童菜品可与大人的一样，只是将菜的量和价格减半，使客人感到经济些。例如北京某饭店客房送餐菜单，欧陆式早餐套餐成人每份 32 元，儿童缩小量为每份 26 元，汉堡包成人每份 34 元，而儿童量每份 18 元。

• 附带赠品。儿童总是喜欢得到一些奖品，许多儿童为了得到附赠的奖品而央求父母去餐厅就餐。儿童菜单上附赠奖品必受儿童欢迎。这种赠品不需要太奢侈，只要是一份可以带走的礼品即可，如国旗、新奇的橡皮、铅笔盒、玩具饭盒、面具等。如果不预先告诉儿童礼品的内容而让儿童抽奖，会因带有神秘感而更取悦于儿童。

• 妈妈可以放心的菜品。随着人们文化程度的提高，人们越来越注重菜品的营养和儿童的健康。菜单上推出“天然食品”、“健康食品”，会取得父母的信任和欢迎。

5. 混合式菜单

混合式菜单综合了零点菜单与套菜菜单的特点与长处，将二者有机地结合在一起。但是最初的混合式菜单则仅是简单地将一份零点菜单与一份套菜菜单印制在一起，其缺点是菜单过大过长，使用不便。后来许多餐饮企业进行了简化与改革，将零点菜单列在前，后设几组套菜或宴席菜式，形成了较简便实用的混合式菜单。

西餐厅使用混合式菜单较多，有些西餐厅的混合式菜单上以套菜形式为主，同时欢迎顾客随意点用其中任何主菜，并以零点形式单独付款；而另一些西餐厅的混合式菜单则以零点形式为主，但主菜均有两种价格，一为零点价格，一为订菜价格。顾客若要选用订菜方式，则在选定主菜之后，可以在其他种类菜品中选择数量和品种控制在一定范围内的菜点作为配套菜品，最后按所选主菜的价格付款。企业用混合式菜单一定要注意避免过于复杂，同时又不要因菜单叙述不清楚而引起歧义。

6. 酒水单

酒水单主要适用于以经营酒水饮料为主的酒吧、咖啡屋、茶馆等餐饮企业。酒水单上饮品的种类选择根据餐饮企业的经营类别而有所不同。酒吧中的酒水单以含酒精饮料为主，而咖啡屋和茶馆的饮料单，则以咖啡、茶等非酒精饮料为主。酒水单上的饮品种类较多，一般有开胃酒、烈性酒、鸡尾酒、香槟酒、葡萄酒、啤酒、汽水、果汁等类别。

酒水单上的每一种饮品应分别注明价格。但计价单位因各餐饮企业的经营方法和酒水种类而有所不同。如烈性酒、鸡尾酒等饮品大多按每杯计价，而香槟、葡萄酒等多数按每槽计价。酒水单的基本形式与零点菜单类似。酒水饮料属于获利很大的产品，一般经营酒水饮料的餐厅大多把酒水饮料附列在菜单最后，部分大中型高档餐厅因提供酒水饮料品种较齐全，有时也单独印刷酒水单，其内容形式与酒吧等的酒水单类似。

茶歇菜单

茶歇对于一般的大型会议而言可能不需要，中、小型会议，特别是公司或者组织高层会议，会间茶歇是很重要的。茶歇的定义就是为会间休息兼气氛调节而设置的小型简易茶话会，当然提供的饮品可能不仅限于中国茶，点心也不仅限于是中国点心。

通常茶歇的准备包括点心要求、饮品要求、摆饰要求、服务及茶歇开放时间要求等，一般不同时段可以更换不同的饮品、点心组合。大致上茶歇的分类是中式与西式。中式的饮品包括矿泉水、开水、绿茶、花茶、红茶、奶茶、果茶、罐装饮料、微量酒精饮料，点心一般是各类糕点、饼干、袋装食品、时令水果、花式果盘等。西式茶歇饮品一般包括各式咖啡、矿泉水、低度酒精饮料、罐装饮料、红茶、果茶、牛奶、果汁等，点心有蛋糕、各类甜品、糕点、水果、花式果盘，有的还有中式糕点。

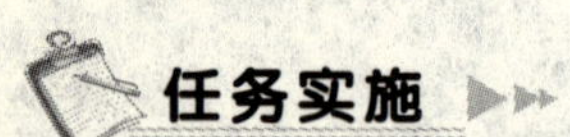

菜单认知程序如图 5-13 所示。

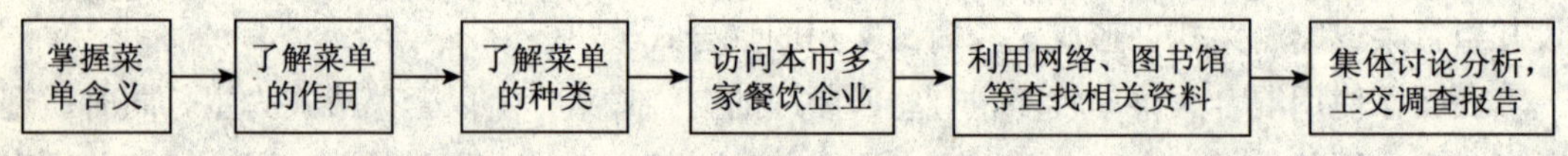

图 5-13 菜单认知程序

在了解和掌握菜单相关内容的基础上能够正确、全面地认知菜单需要以下几个步骤。

第一步：掌握菜单含义

从广义和狭义两个方面来理解菜单的含义。

第二步：了解菜单的作用

菜单的种类与形式日趋丰富，其内容与作用也相应扩大，通过对菜单发展历史的了解来加深对菜单作用的认识。

第三步：了解菜单的种类

菜单依据不同的分类标准可分为多种类型。结合各类餐饮企业的经营类型、经营项目、就餐形式及服务对象等不同因素学习菜单的种类以及划分不同种类的意义。

第四步：访问本市多家餐饮企业

访问本市多家有代表性的餐饮企业，这些餐饮企业包括单独经营的具有特色的餐厅，以及不同星级酒店里的餐厅，主要调查这些餐饮企业制定的菜单的主导思想是什么；菜单的具体应用与企业兴衰有什么关系；目前企业运用了什么样的菜单形式，以及菜单上都有哪些菜品。

第五步：利用网络、图书馆等查找相关资料

利用网络、图书馆、报刊等查找相关资料，对调查到的信息进行分析。

第六步：集体讨论分析，上交调查报告

以小组为单位对调查到的信息进行分析、讨论，最终以报告的形式得出结果。

任务总结

菜单是餐饮企业经营的指南针，菜单的作用日益受到餐饮企业的重视。由于各餐饮企业的经营类型、档次及经营项目各不相同，因而各企业对菜单内容选择、项目编排以及外观设计均有不同要求，从而形成了千姿百态的菜单。按照各类餐饮企业的经营类型、经营项目、就餐形式及服务对象等因素，菜单可分为零点菜单、套菜菜单、宴席菜单、特种菜单、特殊人群菜单、混合式菜单和酒水单等。餐饮企业要及时把握市场趋势，掌握餐饮发展的最新信息，不断更新菜品，改革菜单。

实训项目

实训目标

1. 通过访问多家餐饮企业，了解菜单在餐饮企业中的具体应用及其对企业经营的指导意义；

2. 使学生对菜单有一个正确的认识，为将来自己能够根据宾客需要制定菜单奠定基础。

内容与要求

选择本地在菜单方面比较有代表性的多家餐饮企业进行实地调查。以实地调查为主，配合在图书馆、报刊、网络查找的资料，集体讨论、分析、最终以报告形式得出结果。

组织与实施评价

1. 以项目团队为学习小组，小组规模一般是 5～8 人，分组时注意小组成员在知识、技能、性格方面的互补性，并进行合理分工，每个小组选出小组长，各项工作由小组长负责指挥协调；

2. 建立沟通协调机制，团队成员共同参与、协作完成任务；

3. 各项目团队根据实训内容互相进行交流、讨论，并点评；

4. 评价与总结：各项目团队提交实训报告，并根据报告进行评估。

评估指标及标准如表 5-3 所示。

表 5-3　　市场跟踪调查评价评分

评估等级 评估指标	好（80～100 分）	一般（60～80 分）	差（60 分以下）
实训准备（10 分）	小组分工明确，能够对实训内容事先进行精心准备	分工明确，能够事先对实训内容进行准备，但不够充分	分工不够明确，事先无准备
运用知识（30 分）	能够熟练、自如地运用所学的知识进行分析	基本能够运用所学知识进行分析，分析基本准确，但不够充分	不能够运用所学知识分析实际
实训报告质量（30 分）	报告结构完整，论点正确，论据充分，分析准确、透彻	报告基本完整，能够根据实际情况进行分析	报告不完整，分析缺乏个人观点
学习态度（30 分）	热情高，态度认真，能够出色地完成任务	有一定热情，基本能够完成任务	敷衍了事，不能完成任务

任务二　菜单的制作

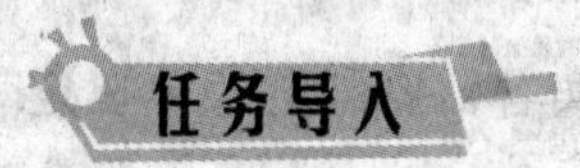

吃完一餐饭，菜价竟涨六成

2001 年 2 月中旬，澳门张女士回家乡某市探亲，其与亲友相约到某星级酒店共进晚餐。他们照着酒店提供的明码标价的菜单点了一桌丰盛的菜肴。席间，久别重逢的亲朋好友谈笑风生，暖暖亲情洋溢其间。然而，这温馨的氛围却在结账时被打消得干干净净。在该酒店明码标价 15 元一份的排骨和 30 元一斤的河虾，竟一下涨至 25 元和 50 元，张女士及其亲友因此拒付酒店多收的菜钱，并与酒店方理论。酒店方称：菜单是以前印制的，现在要按照时价来收费。张女士及其亲友认为酒店方的解释毫无说服力，他们认为，既然酒店提供给消费者的是明码标价的菜单，而且在餐前又未向消费者做任何说明，理应按照菜单的价格收取费用，而不应该在结算时提高菜价。但酒店坚持不交清款不让张女士等离开。双方因此发生了争执。

任务分析

根据《中华人民共和国消费者权益保护法》的有关明码标价的规定，酒店的行为已违法，侵犯了消费者的合法权益，经营者应当承担民事责任并向消费者给予一定的经济赔偿。菜单上菜品是按照一定的原则定价的，一般菜单定价后，为便于工作计价和取得客人的信任，是不轻易改动的。在菜单设计之初，就应该考虑价格因素。

知识准备

一张好的菜单应该能适应当前菜品的销售动态。在选择菜单的菜品时，要密切注意有关菜品的销售状况，阅读有关美食和各种菜谱的杂志和书刊。同时，还要访问其他餐馆，了解他们销售什么食品以及这些食品的销售情况。了解他们有哪些菜特别受顾客欢迎、哪些菜销售不佳。

一、菜品的选择原则

菜品的选择和计划要反映出餐厅经营的风格，要能影响餐厅顾客的需求。菜单上列出的菜品是顾客就餐时购买决策的依据。菜品选择合理会促使顾客购买，吸引他们下次再来，从而提高餐厅的收入和经营利润。因此菜品的选择和计划应十分慎重，必须遵循以下八条原则。

1. 迎合目标顾客的需求

菜单上应列出多种菜品供顾客挑选，这些品种要体现餐厅的经营宗旨。而餐厅的经营宗旨是要迎合某些类目标顾客的需求，因此菜品必须迎合这些具有某种类似需求的目标顾客的需要。如果餐厅的目标顾客是收入水平中等、喜欢吃广东菜的群体，则餐厅的经营宗旨就是中档粤菜，而不要将杂七杂八的烤鸭、涮羊肉都编进菜单，使菜单反映不出经营宗旨。以享受性就餐的高收入顾客为目标市场的餐厅，菜单应提供一些做工精细、服务讲究的高级菜品。以流动性人群为主要顾客对象的餐厅，菜单上应设计制作简单、价格适中、服务迅速的菜品。以家庭群体为目标顾客的餐厅，菜单上的品种应丰富多彩并且讲究美观和变化。

2. 与总体就餐环境相协调

菜品并非越精细越好，而是必须和总体就餐经历和其他部分相协调。一家设计美观、建筑成本高的豪华餐厅，人们指望那里提供高级的菜品，如果菜单上只是一些加工粗糙的普通菜，人们便会大失所望，产生很坏的印象。相反，一家设计简单、布置朴素的餐厅，人们指望价廉的普通菜，如果餐厅提供高价的特色菜，人们会觉得菜品的价格不值。

3. 品种不宜过多

一家好的餐厅，菜单上列出的品种应保证供应，不应缺货，否则会引起顾客的不满。但菜单所列的品种也不宜太多。品种过多意味着餐厅需要很大的原料库存量，由此会占用大量资金和高额的库存管理费用，菜品品种太多还容易在销售和烹调时出现差错；还会使顾客挑菜决策困难，延长挑菜时间，降低座位周转率，影响餐厅收入。因此菜单上的品种应该少而精，这也为将来更换菜品留有余地。

4. 选择毛利润较大的品种

菜品计划应为餐厅获取可观的毛利。因此设计菜品时要重视原料成本。原料成本不仅包括原料的进价，还包括加工和切配的折损、剩菜和其他浪费的损耗因素。如果菜品因原料成本高、价格贵而难以售出，则这类菜不宜多选。要选择一些能产生较大毛利的菜品，选择那些组合起来能使餐厅达到毛利指标的菜品。

5. 经常更换菜品

为了使顾客保持对菜单的兴趣，菜单要使顾客有新鲜感。菜单上的品种应该经常更换，防止顾客对菜单发生厌倦而易地就餐。这对长住顾客和回头顾客较多的饭店餐厅更为重要。

菜品更换应根据季节变换补充一些新鲜的时令菜，换去一些落市的菜品，使菜品能反映季节的特色。有些餐厅每年变换两次或每三月变换一次，使顾客能品尝新鲜的时令菜。有些餐厅的菜单留下一些空白之处，以便插进新鲜的时令菜。

菜品的更换要注意尽量减少浪费。在计划更换菜品时，要检查库房有哪些食品储存时间较长，哪些菜不能继续储存，要设法换上一些能用这些原料的菜品，以避免浪费。

菜品的更换还要根据菜单分析的结果，要留下赢利大、顾客欢迎的菜品，换去一些不受顾客欢迎且收入少的菜品。

菜品更换时要尽量补上新产品。所谓新产品有三种：一是过去不存在的产品；二是过去虽有但又经改进的菜；三是曾有但被遗忘而又重新出售的产品。餐饮工作人员要注意学习其他餐馆的新鲜菜，经过模仿和改进，补充到自己的菜单里去。

6. 品种要平衡

菜单，无论是零点菜单还是套餐菜单，应尽量满足不同的口味。因此选择品种时要考虑以下因素。

(1) 每类菜品的价格平衡

菜单要针对一定档次的顾客，但是每一档次的顾客又有愿意多花钱和少花钱之分，所以每一类菜的价格应尽量在一定范围内有高、中、低之搭配。

(2) 原料搭配平衡

每类菜应用不同原料的菜品组成，以适应不同口味顾客的需要：例如西餐的汤类应有以肉、鱼、蛋、家禽、蔬菜为主要原料的品种。因为顾客中会有人不吃肉或家禽等，原料搭配好可使更多的顾客能选择自己喜欢的品种。

（3）烹调法平衡

在各类菜中应有不同烹调法制作的菜，如炸、炒、煮、蒸、炖。成品的质地要生、老、嫩、脆搭配，口味要咸、甜、清淡、辛辣搭配合理。

（4）营养平衡

选择菜品时要注意各种营养成分的菜搭配合理。例如不能只选择蛋白质丰富的菜，还应配些具有各种维生素的菜。在选择菜品时，还要注意使节食者有营养丰富的菜可选，使素食者选的菜也营养良好。

7. 品种要有独特性

如果菜单上的品种太普通，是各餐厅都供应的、不需特殊烹调方法的大众菜，餐厅是不会创出名气的。独特，是指某餐厅特有而其他餐厅所没有或及不上的某类、某个品种，某一种烹调方法，某种供餐服务方法等。如某家咖啡厅由于讲究冲咖啡用的泉水而创出自己的独特性，北京全聚德因烤鸭技术出色而创出名气。

具有独特性的菜品能突出餐厅形象，使餐厅与众不同从而创出名气。这需要餐饮工作者具有创造性和想象力，但是太陌生的、人们闻所未闻的菜也往往会使顾客产生不安全感和畏惧心理。

8. 厨师的烹调技术

在计划菜品时，必须考虑本餐厅的厨师有什么特长，要选择一些能发挥他们特长的菜而不能选他们力所不能及的菜。同时，还要考虑厨师烹调技术的适应性。对于那些烹调技术高或经过培训对新技术接受能力较强的厨师可计划安排一些烹调难度大、需新技术的新品种。

二、菜单内容

菜单也是餐厅的推销工具，不管餐厅在电话本上、报纸上、电视上作了多少广告，都无法保证顾客看到餐厅提供的全部菜品的信息。而菜单是将餐厅产品的信息直接传递给顾客的十分有效的媒介。

菜单的内容有四项：

1. 菜品的品名和价格

菜品的名字会直接影响顾客的选择。顾客未曾尝试过某菜，往往会凭菜名去挑选。菜单上的品名会在就餐客人的头脑中产生一种联想。顾客对一餐饭是否满意在很大程度上取决于看了菜单品名后对菜品产生的期望值，而更重要的是，餐厅提供的菜品能否满足顾客的期望。

（1）菜品名称的真实性

根据国际菜单法规，菜品名和价格要具有真实性。

①菜品名真实。菜品名应该好听，但必须真实，不能太离奇。国际餐馆协会对顾客进行调查发现，故弄玄虚而离奇的名字，顾客不熟悉或不符实的名字，不容易被顾客接受，

只有一种小型的、以常客为主的餐厅可用不寻常的名字。向大众开放的餐厅应该采用符实并为顾客熟悉的菜名。当然有些餐厅用独特名字也有成功的。

②菜品的质量真实。菜品的质量真实包括原料的质量和规格要与菜单的介绍相一致。如菜品名为炸牛里脊，餐厅就不能供应炸牛腿肉。产品的产地必须真实。如果品名是烤新西兰牛排，那么原料必须从新西兰进口。菜品的份额必须准确。菜单上介绍份额为 300 克的烤肉必须是 300 克。菜品的新鲜程度应正确，如果菜单上写的是新鲜蔬菜，就不应该提供罐头或速冻食品。

③菜品价格真实。菜单上的价格应该与实际供应的一样。如果餐厅加收服务费，则必须在菜单上加以注明，若有价格调动要立即改动菜单。

④外文名字正确。菜单是餐厅质量的一种标记。如果西餐厅菜单的英文或法文名搞错或拼写错误，说明西餐厅对该国的烹调根本不熟悉或对质量控制不严，这样会使顾客对餐厅产生不信任感。

⑤菜单上列出的产品应保证供应。

(2) 菜品命名的方法

要起一个既能反映菜品特点，又实用且具有某种意义的菜名，不是一件简单的事情。菜品命名的基本方法有以下几点。

①如实反映菜品特点的命名。以烹调方法命名，目的是使顾客了解该菜品的烹调方法。如酥炸生蚝、水煮牛肉、清蒸鱼、生炒菜心等。以主要原料命名，即突出制作该菜品的主要原料。如西芹炒虾果丁、西红柿炒鸡蛋、黑椒牛肉、鲜人参炖土鸡、叉烧包等。以突出色彩为目的的命名，用菜品的颜色特点命名，可激起人们的食欲。如五彩鸡片、三色蒸水蛋、翡翠扒鲍片等。以突出菜品味道为目的命名，这种命名方法突出了菜品的味道，使顾客一目了然，对于关心菜品味道的顾客来说，意义重大。如麻辣鸡丝、酸辣汤、甜酸排骨等。

②以地名或区域与国家来命名。通常这种菜品以发源地或成名地来命名，突出其色彩。如北京烤鸭、无锡排骨、桂林米粉、扬州炒饭、西湖醋鱼、东江酿豆腐、西式炒饭等。

③以人名或官名来命名。如麻婆豆腐、宫保鸡丁、东坡肉、宋嫂鱼羹等。

④以历史或文化典故命名。这种命名从字面上看不出是什么菜品，也不知道其风味特点和原料构成，但蕴涵着某种历史和文化典故。如佛跳墙、叫化鸡、护国菜、过桥米线等。

⑤用反映菜品特点的形象命名。以这种方式命名的菜品很多，有的是地方名菜，而更多的是一些餐厅自己命名的，虽然形象，但应注意，要避免使顾客有失望的感觉。如八仙过海、布袋豆腐、霸王别姬、双龙戏珠、满坛香等。

⑥寓意命名。这是指根据有关需要，结合菜品的某些特点，起一个表达某种意境的菜名。如是喜宴可将虾喻为龙，白灼虾可取名“群龙贺喜”。如红色代表“鸿运”，烤乳猪就可以起名为“鸿运金猪”，这在广东是很注重的。有时为菜名有个好意头，将原有菜名也改了，如将苦瓜改称为凉瓜。

⑦谐音命名。利用谐音给菜命名是一种很常见的方法。如白灼虾取名为“哈哈齐欢笑”，是因为“虾”和“哈”的音相近。又如生菜叫“生财”，鱼块叫“愉快”等。

⑧根据顾客需求倾向命名。当今人们喜欢减肥、喜欢天然食品，在取名时，可注意这些因素。一些餐厅的菜名取为“纤美色拉”、“田园色拉”、“乡间午餐盒”、“农式煎蛋”等，这些都比较迎合当代人们的心理，但要注意不要牵强附会。

（3）宴会菜单的命名

很多餐厅在进行宴会设计时，为了突出宴会主题，往往会给一些现有的菜品起些和菜品的特点有联系的好听的名称。

例 1　情人套餐——二人世界

主要菜名有：甜甜蜜蜜——银耳果羹　　千丝万缕——拔丝苹果
清心境界——凤尾莴笋　　天长地久——银丝面
柔情似水——八宝海参　　比翼双飞——鸳鸯炖盒
爱人心——奶油菜心　　爱情曲——红葡萄酒
纯情曲——杏仁奶露　　情无价——金钱鸡

例 2　“迎七一、庆回归”宴会

为突出“普天同庆、香港回归”主题，表达人民迎接香港回归的喜悦心情，设计菜单如下：

①看盘

紫荆花开——由白萝卜、胡萝卜、青菜等制作。

②凉菜

普天同庆——由白炖鸡、五香肘肉、酱牛肉、熟猪肚、松花蛋、咸鸭蛋拼成。

和平发展——由烤猪肚、盐水鸭脯、广式香肠、鱼糕、蛋黄糕、胡萝卜、炝黄瓜拼成和平鸽状，象征中国及世界和平发展。

风光无限——由猴头菇、黄白蛋糕、松花蛋、黄瓜、青椒、海蜇、鸡蛋等制作，色彩鲜明，意为祖国山河无限美好。

根——由山药、白糖等排成“根”字形状，意为华夏儿女同根相连。

③热菜

唇齿相依——鱼唇、鱼翅针、冬菇、菜花、豌豆苗、奶汁、冬菇和菜花等配炖。汤汁乳白、香鲜醇厚，鱼唇荤润软滑，鱼翅滑软，意为祖国大陆和香港的亲密关系。

血脉相连——山药、京糕、蜜饯青梅、红白绿三色相间，脉络清晰，故取名为血脉相连。

明珠托翠——鸭掌、对虾肉、鸡蓉、鸽蛋、油菜，用鸭掌贴以鸽蛋，取油菜叶包鸡蓉成“翠珠”，意香港为中国的东方之珠。

水乳交融——银耳、牛奶、菱角粉，晶莹透亮、洁白如玉，意为香港与大陆人民水乳交融。

香江水长——豌豆、白菜、银耳、清汁薄蒙其上，晶亮滑润，线条流畅，酷似流水，故取名“香江水长”。

东方之珠——猪肚、臀尖肉、红樱桃，樱桃晶莹剔透，意指香港。

百年沧桑——鱼翅、白人参、鸡胸肉、肘子、火腿，此菜为药膳，有安神定魂之效，增补气血，意指香港历史道路曲折。

九龙腾飞——龙虾九只、鲤鱼、冬菇、火腿、黄瓜、粉丝，造型生动，九只龙虾象征着香港九龙，借喻回归后的香港更加繁荣昌盛。

④面点

一国两制——银耳杏仁和龙须面。

⑤汤

庆回归——西瓜雕成龙舟状，汤盛在其中，扬帆驶向祖国怀抱。

2. 菜品的介绍

菜单上要对一些产品进行介绍。这种介绍可代替服务员站立向顾客介绍，减少顾客选菜的时间。菜品介绍的内容有：

（1）主要配料以及一些独特的浇汁和调料

有些配料要注明规格，如肉类要注明是里脊、还是腿肉等，有些配料需注明质量如新鲜橘子的汁、活鱼等。

（2）菜品的烹调和服务方法

某些菜品具有独特的烹调方法和服务方法必须介绍，而普通的方法则不需介绍。

（3）菜品的份额

有些菜品要注上每份的量。如果以重量表示是指烹调后菜品的重量，有的菜品注上数量，如美式早餐套餐注明有两个农式煎蛋。

菜品的介绍要便于推销菜品。菜单上的介绍要注意引诱顾客去订那些餐厅希望销售的菜肴，因此要着重介绍高价菜、名牌菜。同时，还要介绍一些名字不清楚的菜。

餐厅的菜单中，往往有许多菜仅凭名字客人难以明白是什么样的菜，难以作出菜品的选择决策。如餐厅在菜单上作了如下介绍：“山核桃熏咸肉、维也纳咸牛肉、瑞士奶酪、海甘蓝色拉，配合法式面包趁热上菜”。这样介绍菜令人明白并能吸引客人。又如中餐菜单上有一个名为“叫化鸡”的菜，译成英文为“Beggar’s Chicken”。若不作介绍，会给客人一种不好的印象而不去点这个菜，应该加上一段英文和中文说明：“镶有肉丁、火腿、海鲜、香料的童鸡，外裹荷叶和特殊焙泥等烤制而成。Chicken stuffed with diced pork, ham, fine herbs and seafood wrapped in lotus leaves and special mud; and roast.”这样，客人不仅会清楚是什么菜，并且会产生兴趣，愿意去尝试而点此菜。

菜品的介绍不宜过多，非信息性介绍会使顾客感到厌烦，使顾客拒绝菜单而不产生购买行为或不再光顾餐厅。但如果一张菜单就像产品、目录那样平板地列出菜名和价格，这张菜单就显得过于枯燥。

3. 告示性信息

每张菜单都应提供一些告示性信息。告示性信息必须十分简洁，一般有以下内容。

（1）餐厅的名字

通常安排在封面。

（2）餐厅的特色风味

如果餐厅具有某些特色风味而餐厅名又反映不出来，就要在菜单封面的餐厅名下列出其风味。如：凤凰酒楼（沪菜）

（3）餐厅的地址、电话和商标记号

一般列在菜单的封底下方。有的菜单还列出餐厅在城市中的位置。

（4）餐厅经营的时间

列在封面或封底。

（5）餐厅加收的费用

如果餐厅加收服务费要在菜单的内页上注明，例如在菜单上注上这样一句话："所有价目均加10%服务费。"

4. 机构性信息

有的菜单上还介绍餐厅的质量、历史背景和餐厅的特点。许多餐厅需要推销自己的特色，而菜单是推销的最佳途径。例如肯德基的菜单介绍了其国际集团的规模、炸鸡的烹调特色以及肯德基餐厅的历史背景。

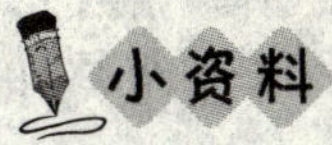

特色菜推销

一家成功的餐厅很少将菜单上的菜品"同样处理"。使餐厅扬名的菜品和餐厅愿意多销售的菜应得到特殊处理。特殊菜品的推销主要有两大作用：对畅销菜、名牌菜做宣传；对高利润但不太畅销的菜作推销，使它们成为既畅销、利润又高的菜。

特殊推销菜品有以下四类：

（1）特殊的菜品。指一种畅销或高利润的菜。这种特殊菜品可以是经常服务的某种菜品，也可以是时令菜。时令菜容易吸引客人，获取高利润。

（2）特殊套餐。推销一些特殊套餐能提高销售额，增强推销效果。如北京丽都饭店在各国国庆节推出各国的风味套餐，如印度国庆节时推出印度套餐，并配合演出各国的文娱节目，吸引了驻京的各国朋友。

（3）每日时菜。有的菜单上留出空间来上每日的特色菜和时令菜，以增加菜单的新鲜感。

（4）特色烹调菜。有些餐厅以独特的烹调方法来推销一些特殊菜。如有的餐厅推出主厨特色菜：主厨特色汤、主厨特色沙律、主厨特色主菜等。

在菜单上对重点推销的菜作特殊处理的方法有多种：

(1) 用粗字体、大号字体或特殊字体列出菜名。

(2) 增加对特殊菜品介绍的内容，对特殊菜进行较为详细的推销性介绍。

(3) 采用框框、线条或其他图形使特色菜比其他菜更为令人注目。

(4) 放在菜单的引人注目的位置。

(5) 列上菜品漂亮的彩色照片。

三、菜单内容的安排

中餐有餐前、餐间和餐后顺序之分，西餐更是如此。这“先后顺序”是菜单设计必须遵循的原则。菜肴顺序的安排应当按照上菜的先后顺序。同时，菜单是按照先外页后内页、先上端后下端、先左侧后右侧的顺序读的，所以，以一张长方形的纸为例，左上角就是写第一个字的落笔点。

菜单的内容一般按就餐顺序排列，因为顾客一般按就餐顺序点菜，也希望菜单按就餐顺序编排，以便能很快找到菜品的类别不致漏点基本食品。中餐菜单的排列顺序一般是冷菜、热菜、汤、主食、饮料。西餐菜单的顺序一般是开胃品、汤、色拉、主菜、三明治、甜点、饮品。

但是，菜单的编排也要注意眼光集中点的推销效应，要将重点推销的菜列在醒目之处。菜品在菜单上的位置对于菜单的推销有很大的影响。要使推销效果显著必须遵循两大原则，即最早和最晚原则。列在第一项和最后一项的菜品最能吸引人们注意，并能在人们头脑中留下深刻的印象。因此，应将赢利最大的菜品放在顾客第一眼和最后一眼注意的地方。经过调查，顾客几乎总是能注意到同类产品的第一个和最后一个菜品。

作为主菜，不论在什么情况下，始终应排在最醒目的位置，用粗大的字体和最详尽的文字介绍。主菜类中每种菜肴的排列也有个先后顺序问题，排在最前面的，顾客点叫的机会最多，所以，餐厅希望多销售哪些主菜，就应将它们挑出来安排在最醒目的位置上。

菜单上有些重点推销的菜、名牌菜、高价菜和特色菜或套菜可以单独进行推销。这些菜不要列在各类菜通常的位置，应该放在菜单显眼的位置。不同大小的菜单其令人注目的重点推销区是不同的。

经营食品服务又同时经营酒水服务时，那又有一个编排问题。上酒也是讲究顺序的(以西餐为例)：餐前酒，如鸡尾酒；餐间酒，如葡萄酒、啤酒等；餐后酒，如白兰地、甜酒和某些鸡尾酒。这些酒类必须按适当顺序编排，以便适时销售。

四、菜单的设计

1. 要注意艺术、美观

菜单要专门设计，一张漂亮的菜单会增加人们的就餐情绪，制造合适的就餐气氛。菜单的设计要与餐厅的经营宗旨相匹配。上海锦江集团接待 APEC 会议的宴会菜单独具匠心，将英文菜单雕刻在玻璃工艺品上，与中国画轴连在一起，画轴拉开又是一副中国书法菜单，每款菜第一个字连接称为“相互依存，共同繁荣”，这是 APEC 会议的主题，令贵

宾叹为观止，江泽民同志特地把具有中国文化底蕴的宴会菜单作为礼品赠送给各国贵宾。

封面设计需注意：

（1）颜色

套印在菜单封面上的颜色要与饭店与餐厅整体装饰和情调相和谐。可套印一色封面，也可套印两色、三色或四色。通常情况下，在白色或其他有色底纸上套印两色也就足够了。

（2）材料

制作封面的材料要与饭店与餐厅整体装饰和情调相和谐。可以选用一次性的一般质量的纸，也可选用经久耐用且又不易沾油污的重磅纸，还可选用高级塑料和优质皮革做封面。

（3）艺术装饰

封面的艺术装饰要与饭店与餐厅整体装饰和情调相和谐。既可采用古典的版画、木刻画、工笔画，也可采用一张当地风光照、一张菜肴静物照，还可以采用体现时代色彩的抽象艺术，甚至于流行的通俗艺术画。

如图 5-14，餐馆名称经加工用于封面装潢，看上去漂亮有趣。"A"字母变形得又大又花哨，其余字母是朴实无华的手写体。深红底纸，白色字，分外醒目。

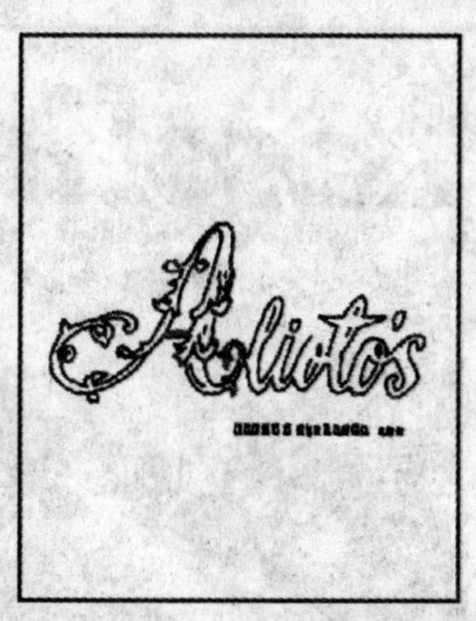

图 5-14　菜单封面

如图 5-15，菜单为红黑两色，用得是黄褐色纸基，设计得很有吸引力，文字简明，马车的形象可爱，饭店名称（马车夫旅馆）醒目。这种菜单纸张美观、耐用，还不怕油污。

如图 5-16，这家餐馆专营剧院开演以前和剧院散场以后的就餐服务，封面采用了戏剧和纪念性题材。封面是一张"时报广场"照片，摄于 1899 年，该年又适逢餐馆开张营业。封面下方排列的是著名的男女演员饰演最著名角色时的剧照。与餐馆的风格和气氛有关的历史照，是制作高级封面的理想素材。该封面用了两色：白底纸套印黑色和蓝色。

THE

INTERNATIONALLY KNOWN

COACHMAN'S

INN

图 5－15　菜单封面

图 5－16　菜单封面

如图 5－17，菜单封面由在白底色上的黑色和棕色两色组成。其特色是将餐馆内五大餐厅的名称及特点以艺术手法形象地加以突出。

如图5-18，封面采用乳白色底纸套印黑棕两色。篱式门设计，门沿中间折缝掀合。顶部印有餐馆名，沿篱式门用冲模冲断，菜单打开时，餐馆名依旧完整醒目。

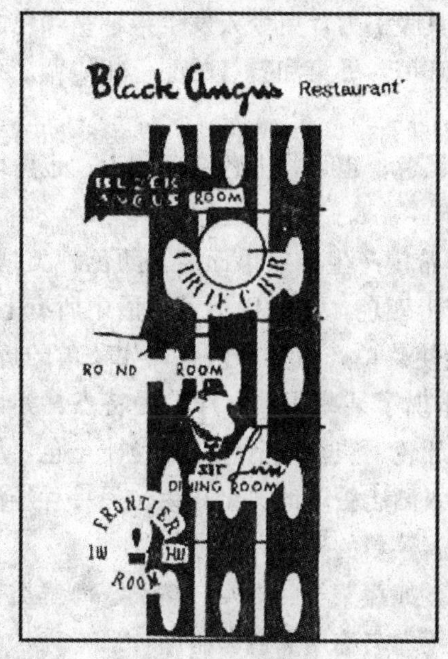

图5-17　菜单封面

图5-18　菜单封面

2. 尺寸应合适

美国餐厅协会对顾客调查证明，菜单最理想的尺寸为23cm×30cm，这样的尺寸顾客拿起来舒服。尺寸太大，顾客拿起来不方便，尺寸太小会因篇幅过小而文字过密。菜单的篇幅上应保持一定的空白，一页纸上的字与空白应各占50%为佳。篇幅上的空白会使字体突出，易读，并避免杂乱。菜单四边的空白应宽度相等，给人以均匀之感。左边字首应排齐。

3. 菜单字体的选择

菜单的字体要为餐厅制造气氛，反映餐厅的环境。它与餐厅的商标标记一样，是餐厅形象的一个重要组成部分。菜单的颜色、标记、字体可作为鉴别餐厅的特征。一旦选定了字体和标记图案后，这种图案和标记就不仅用在菜单上，还用在火柴盒上、餐巾纸上、餐垫上、餐桌广告牌上及其他推销品上。使用令人容易辨认的字体和标记，能使顾客感到餐厅的食品和饮料、服务质量具有一定的标准而留下深刻印象。为使菜单的字体易于辨认，字体不宜过小。要使顾客在餐厅的光线下特别在晚间的灯光下能清楚地阅读。菜单设计的一个要点是尽可能提高字体的易读性和清晰度。这要靠对字体和字号大小的选择来决定。

菜单上的菜名一般用中英文对照，以阿拉伯数字排列编号和标明价格。字体要端正；分类标题和小标题要突出、美观，大一至二号，食品饮料要小一至二号；字体要与餐厅整体气氛相吻合；慎用古怪字体；慎用“翻白”，即黑底白字印刷；“价高的菜品”需用粗大字体排印，“价低的菜品”采用小字体排印。

4. 运用颜色和照片

菜单的颜色能起到推销菜品的作用。在菜单上使用颜色和照片是当代餐厅的一种潮流。菜单颜色的作用是：具有装饰作用，使菜单更具吸引力，更令人发生兴趣；颜色能显示餐厅的风格和气氛，因此菜单的颜色要与餐厅的环境，餐桌和餐具的颜色相协调。菜单上使用颜色，能增加美观和推销效果。

运用色彩设计菜单的方法是：可用一种色彩加黑色；也可将七色全部用上；也可以利用色纸。

色彩选用究竟以几色为好，这要视成本与餐厅希望产生的效果而定。颜色种类越多，印制成本就越高。色纸上套一色，成本最低，如套上四色，那就用上了色谱中所有七色，成本也就最高。制作食品彩照需要四色。色彩还会使菜单产生某种效果，如菜单的折页、类别标题、食品实例照用上了许多鲜艳色，那便体现了某些餐馆（厅）的特点：如快餐店。采用柔和轻淡的色彩，如淡棕色、浅黄色、象牙色、灰色或蓝色＋黑色＋金色，尽量少用鲜艳色，这样菜单就会显得典雅，这是一些高级酒店餐厅的典型用色。另一种经济的办法是在菜单上使用一条宽的彩色带，彩色带能改善菜单的外观和色彩。

菜单设计中如果使用两色，最好是将类别标题，如蔬菜类、肉类、禽类、海鲜类等字印成彩色如红色、蓝色、棕色、绿色或金色，具体菜肴名称用黑色印刷。

总之，一般原则是：只能让少量文字印成彩色，因为让大量的文字印成彩色，读来既费眼神又费精力。人眼最容易辨读的是黑白对比色。

彩色照片也能对食品饮料起推销作用。彩色照片能直接展示餐厅所提供的食品和饮料。一张菜品的彩色照片胜于千字说明，它是真实菜品的证据。许多食品只有以颜色和照片才能显示质量，如描绘新鲜牛排、对虾的质量只有用颜色来反映。许多图形漂亮的菜肴和饮料也只有用照片才能显示出来。

彩色照片能为菜单增加色彩，增加美观度。彩色照片的图形使菜单显得活泼而吸引人。彩色照片能使顾客加快订菜的速度，它是菜品有效的推销工具。顾客看到菜品诱人的照片很快就能决定选择的菜品，这样能提高座位周转率。

印上彩色照片的菜肴应该是餐厅最愿意销售的、并希望顾客最能注意到并决定购买的菜品。餐厅常把高价菜、名牌菜和受顾客欢迎的菜照成彩照印在菜单上。另一类常有彩照的菜是形状美观、色彩丰富的菜。这种照片会使菜单和餐厅增加光辉。

彩色照片的印制要注意质量。如果印刷质量差反而会使顾客倒胃口，如果一块牛排被印成绿色，苹果馅饼印成灰色，那还不如不要彩色照片。彩色照片旁边要印上菜名，注明配料和价格，以便于顾客点菜。为增添彩照的吸引力，常在旁边配上些水果和蔬菜作背景。如图 5－19、图 5－20 所示。

图5-19　粤菜　金银铺满屋

图5-20　淮扬菜　满醉黄金添滋味

5. 图案设计

多数餐饮经营管理人员都承认，餐饮服务行业的成功在于不断创新。不仅在食品饮料的选定、烹调方法，以致品尝方面需要有所创意，就是餐厅的装潢、外观及经营方式也需要一点儿别出心裁。菜单也是一样，其外表、设计和风格都要标新立异，因为只有这样才能吸引顾客。2001年6月在上海金茂凯悦大酒店举行的APEC贸易部长会议晚宴，其菜单颇具特色，中英文对照文字印在一把把做工精细的中国折扇扇面上，中文是竖写的毛笔字。不少宾客细细端详，继而轻轻摇曳，并收藏起来。

(1) 图形类

图5-21，牛排馆或专营野味的餐馆将菜单印在兽皮上，冲模成野兽形状，十分贴切自然。

图5-22，这份菜单包括4页封面，4页内页和4页小插页，如能再采用三张大小不同、颜色不同、质地不同的纸，其效果无疑是既有趣又富有独创性。

图5-23，将一张长方形的纸折叠三次而成的立体三角形状菜单，中间放置餐巾以固定形状。

图5-24，将纸折成大小不一的折页而成的菜单。第三折页最宽，第二、第四折页次之，第一、第五折页最窄，竖放起来有如手风琴的折箱。

图5-25，将菜单折成正方形、金字塔形。

图5-26，立体状菜单，中间放个酒瓶。

图5-27，这是一份“赌徒菜单”。这并不是鼓励顾客去赌钱，而是让某种偶然性来决定点叫的主菜。菜单上有根指针，指针停住时所指的号码，正是某道主菜的编号。

在实践中，还有餐厅将菜单印在布面上、印在塑料面上、印在木板上，更有甚者，印在服务员所穿服装的前后面。

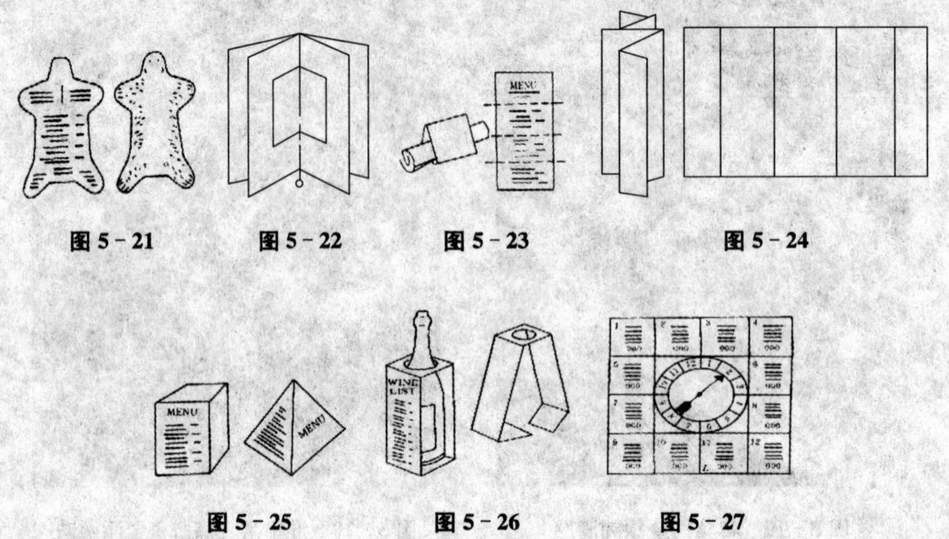

图 5-21 图 5-22 图 5-23 图 5-24

图 5-25 图 5-26 图 5-27

(2) 文字类

菜单上写几句精彩的话语能为菜单平添几分特色，从而获得顾客好感。精彩的文字无须冗长烦琐。下面是从美国几家餐厅的菜单上选出的几段精彩文字，供欣赏和参考。

爱荷华州哈兰市的米歇尔餐馆菜单上的话：

“当然，你来了，我们感到非常高兴。谢谢您的光临！我们既高兴，又感谢，更感荣幸至极。

我们高兴，因为我们能为您烹制全市最可口的美食；

我们感谢，因为您赐予我们机会，让我们展示我们的服务和好客；

我们荣幸，因为您挑选我们来满足您的好胃口；

感谢您对我们的信赖，我们将永远竭尽努力，不负您的友谊和惠顾。”

沙斯卡餐馆菜单上的“膳颂”，文字陈述妙不可言：

“生活中可以没有诗歌，没有音乐，没有艺术；

生活中可以没有良知，没有心肠；

生活中可以没有书刊，没有亲朋；

没有厨师，可有人活在世上？

没有书刊，我们依然生活，知识只是忧伤；

没有希望，我们依然生活，希望只是欺骗；

没有情爱，我们依然生活，情爱只是渴望；

不吃不喝，可有人活在世上？”

一家汽车饭店菜单上的话，字里行间充满着友善之情：

“顶着炎夏酷暑，从尘土飞扬的道路，冒着隆冬的严寒，沿着潮湿泥泞的小径，人们或乘车，或骑驴，或打着光背，又饥又饿地终于来到了这里。他们长途跋涉，一路艰辛，而且还常常冒着生命危险，因为每段道的险要处，几乎总不乏土匪强盗出没，伤害过客，抢劫钱财。

于是本饭店便成了避险良港。这里始终充满着欢乐、温暖和盛情。店主笑迎远客，一片真诚，端上一盘羊腿，斟满一杯压惊酒。壁炉里炉火熊熊，替您舒筋祛寒。餐厅上下一片欢声笑语。厨房飘来的香味，令人思食心切。厨师烧烤的食肴，盘盘皆是烹饪杰作。在这里歇脚的过路人感到了安全，感到了愉快，感到了酒足饭饱——自不消说他远离了风暴的淫威和强人的奸计暗算。”

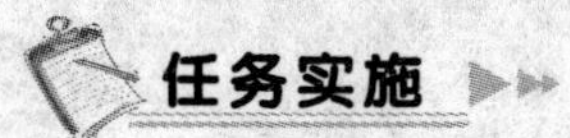

菜单设计程序如图 5 - 28 所示。

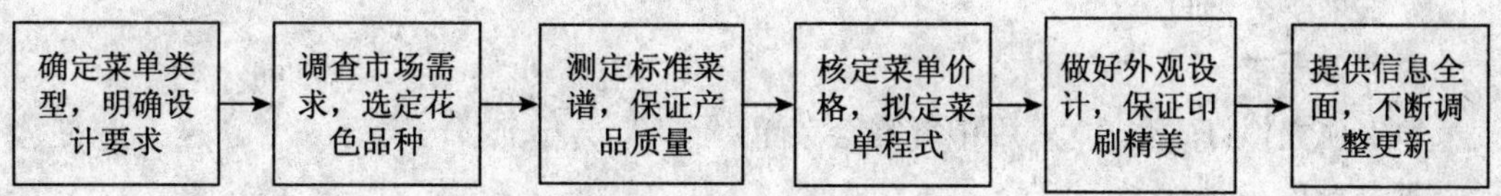

图 5 - 28　菜单设计程序

菜单设计的方法和工作步骤如下：

第一步：确定菜单类型，明确设计要求

明确餐厅经营目标，根据目标确定菜单总体设计思想，菜单类型要适合本餐厅的菜系种类及特点。准备各种旧菜单，包括餐饮企业目前在用菜单；标准菜谱档案；库存原料信息；菜肴销售结构分析；菜肴的成本；客史档案；烹饪技术书籍；菜单词典等。

第二步：调查市场需求，选定花色品种

组织市场调研，了解当地消费情况、人群特点、风俗习惯等。预测消费趋势与能力。

第三步：测定标准菜谱，保证产品质量

标准菜谱一般由餐饮部和财务部共同制定，其内容有：菜肴名称（一菜一谱）；该菜肴所需原料（主料、配料和调料）的名称、数量和成本；该菜肴的制作方法及步骤；每盘分量；该菜肴的盛器、造型及装饰（装盘图示）；其他必要信息，如服务要求、烹制主义事项等。

第四步：核定菜单价格，拟定菜单程式

明确菜品定价策略后，核算菜品成本，确定菜品价格范围。根据菜单设计依据确定菜肴种类，再根据进餐先后顺序决定菜单程式。

第五步：做好外观设计，保证印刷精美

在对菜单进行装潢设计时，可召集有关广告宣传、美工、有经验的厨师及相关管理人员，或联系外部设计单位，对菜单的封面设计、式样选择、图案文字说明等工作进行讨论。

第六步：提供信息全面，不断调整更新

菜单的设计要适应市场变化，经常更换菜肴，推陈出新，总能给客人以新的感觉。还要考虑季节因素，安排时令菜肴，顾及客人对饮食均和和营养搭配的要求。

任务总结

菜单设计是一门艺术也是一门科学。本任务在了解菜单的基本知识之后，详细说明了菜单上菜品选择的原则。菜单在具体设计时应从内容的选择和安排到封面、字体、颜色、照片和图案设计等方面进行周密考虑。

实训项目

实训目标

宴会菜单的拟订。

内容与要求

学生独立拟订 1 份 10 人用中餐宴会菜单。

要求：1. 字迹工整、清楚；

2. 菜肴内容搭配合理；

3. 烹调方法多样；

4. 符合营养配餐要求；

5. 突出宴会主题。

考核基本时间：15 分钟。

评分项目及标准

字迹：工整、清楚。

风味特点：菜单内容突出风味。

开单格式：填写菜单格式要求规范。

饮食禁忌：尊重客人的饮食习惯与禁忌。

菜单内容搭配合理：原料、烹调方法、色泽。符合客人的消费档次。

开菜单的意图：菜单内容的设计符合宴会主题。

菜肴毛利率：菜单价格符合规定的毛利率。

复习思考题

一、填空题

1. 客房送餐菜单通常包括________、________和________。

2. 中餐菜单的排列顺序一般是________、________、________、主食、饮料。

3. 西餐菜单的顺序一般是开胃品、汤、________、________、三明治、甜点、饮品。

4. 安排菜品在菜单上的位置时，要使推销效果显著必须遵循________和________两大原则。

5. 菜单最理想的尺寸为________，菜单篇幅上的空白应占________%为佳。

二、选择题

1. 菜单的雏形是________厨师为了记录菜肴的烹制方法而写的单子。

A. 美国　　B. 法国　　C. 英国　　D. 中国

2. 按照菜单的价格形式，菜单可分为________。

A. 零点菜单　　B. 套餐菜单

C. 混合菜单　　D. 循环菜单

3. ________又称作“点菜菜单”或“散客菜单”，是餐厅中最基本、最常见，也是使用最广泛的一种菜单。

A. 零点菜单　　B. 套餐菜单　　C. 中餐菜单　　D. 西餐菜单

4. 菜单应包括的内容有________。

A. 菜品的品名和价格　　B. 菜品介绍

C. 告示性信息　　D. 机构性信息

5. 选择菜单上菜肴的品种时，要注意菜肴的品种要平衡，其包括的含义是________。

A. 价格平衡　　B. 原料搭配平衡

C. 烹调法平衡　　D. 营养平衡

三、简答题

1. 什么是菜单？

2. 菜单的基本类型有哪些？各类菜单具有什么特点？

3. 如何进行宴会菜单设计？

4. 特殊菜单主要有哪些种类？客房送餐菜单和儿童菜单主要有哪些特点？

5. 选择菜单上的菜品应遵循哪些原则？

6. 详细说明菜单应包括的内容及其注意事项。

7. 菜单图案设计应注意哪些问题？

项目六　餐饮服务质量管理

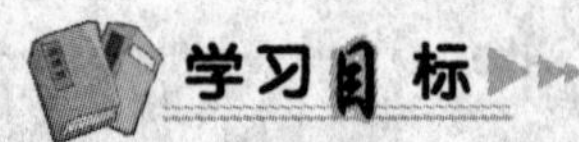

学习目标

知识目标

1. 理解并掌握餐饮服务质量的概念；
2. 了解餐饮服务质量的特点；
3. 掌握餐饮服务质量的内容；
4. 理解并掌握提高餐饮服务质量的主要措施及餐饮服务质量控制。

能力目标

1. 能够分析餐饮服务中存在的问题；
2. 能够制订提高餐饮服务质量的措施；
3. 能够有效进行餐饮服务质量控制。

任务一　餐饮服务质量概述

任务导入

这里的服务世界一流

安德森夫妇是来广州旅游的瑞典游客，下榻在广州某饭店。一天，他们到饭店中餐厅用餐。点菜时，客人根据服务员小李的解释、推荐和自己的口味习惯等点了“拔丝香蕉”、“煎牛排”、“贵妃鸡翅”等菜肴。上菜时，小李用熟练的英语为他们重新介绍了“拔丝香蕉”的菜名、制作方法和使用方法，引起了两位客人的极大兴趣，并对中国烹饪赞不绝口。菜上完后，小李发现两位客人对“煎牛排”不是太感兴趣，经过仔细观察，小李主动上前，微笑地问明客人原因，发现客人对这道菜的制作方法不是很满意。小李在征得客人同意后，及时撤下这道菜，并与西餐厅厨房联系，根据客人的要求，对这道菜进行了重新加工。菜肴加工完毕后，又及时地为客人端上餐桌。客人品尝后，连连竖起大拇指，夸奖道：“这里的服务是世界一流的!”

任务分析

该案例说明，面对激烈的市场竞争，任何餐饮企业都难以用单一的产品或环境来满足各类消费者的需求，用餐环境和菜品质量本身是服务质量的重要内容，也是产品销售的前提和基础，是让客人获得良好物质享受和精神享受的重要体现，但这并不等于优质的服务，所以，为了得到客人的认可，服务人员还必须提供优质的服务，餐饮企业根据消费者的需求提高整体服务质量。

知识准备

餐饮服务质量是餐饮工作的生命线。任何餐饮企业都要以服务质量求生存，以服务质量求信誉，以服务质量占市场，以服务质量赢效益。餐饮企业的经营活动虽然环节繁多，但从总体上讲，主要表现在两个方面：一是为顾客提供食品、饮料等有形产品；二是在提供上述有形产品的同时，为顾客提供面对面的餐饮服务。前者是通过餐饮产品的外形、质量、装饰、声誉及其本身的食用价值来赢得顾客；后者则是通过餐饮服务员热情、周到的服务为顾客创造一种精神上的满足感。在餐饮市场上大多数有形产品同质趋势越来越明显的今天，提高餐饮服务质量，以服务取胜成为餐饮企业管理工作的中心。

一、服务质量的概念

服务质量，是指服务满足宾客服务需求的特性的总和。这里所指的“服务”，包含了为顾客所提供的有形产品和无形产品；而“服务需求”是指被服务者——顾客的需求，它包含了明确的需求和隐含需求。“明确需求”是指行规规定的质量要求，即明确做出的规定；“隐含需求”则是指社会和顾客对服务产品的期望，指那些公认的、不言而喻的、不必做出明确规定的“需求”。总之，顾客的需求有物质方面的，也有精神方面的，具体表现在顾客对产品价格、质量、卫生和服务等方面的需求上。

二、餐饮服务质量的含义

1. 餐饮服务的含义

餐饮服务是指餐饮企业为顾客提供食品、酒水饮料和一系列劳务服务行为的总和。即向顾客提供有形的食物产品（食品、酒水）和无形的服务（劳务行为）的有机结合。

概括起来，餐饮服务具有以下特点。

(1) 无形性

餐饮服务是餐饮产品的重要组成部分之一，但却是特殊的部分，即它在服务效用上的无形性，它不同于水果、蔬菜等有形产品，光从色泽、大小、形状等就能判别其质量好坏。餐饮服务只能通过就餐客人购买、消费、享受服务之后所得到的亲身感受来评价其好坏。因此，餐饮服务效用上的无形性加大了餐饮产品的销售困难。餐饮部门要增加销售额，就要不断追求高标准的服务质量，特别是提高厨师和餐厅服务人员的制作水平和服务水平，使就餐者愿意购买有形产品和享受无形服务。

“满意＋惊喜”的服务

某晚，餐厅包间内一席普通的家宴正在进行，在祥和的用餐气氛中，服务员小李看到老先生不停地用小勺翻搅着碗中的稀饭，对着鸡鸭鱼肉直摇头。这是怎么回事呢？是我们饭菜做得不合口味？不对呀，其他人不正吃得津津有味吗？小李灵机一动，到后厨为老先生端上了一碟小菜——榨菜丝。当小李将榨菜丝端上桌后，老先生眼前一亮，对着小李不停的称赞：“小姑娘，你可真细心，能够看出我对咸菜感兴趣，不简单。”老先生的老伴连忙说：“这儿的服务跟其他地方就是不一样，我们没说到的小姑娘们都能想到、做到，以后有时间我们要经常到这里来。”

总结：在对客服务中，小李为客人提供了满意的服务，给他们无微不至的关心，让他们在酒店比在家感到方便。因此餐厅服务员需要时时注意客人的用餐情况，把事情做到客人开口之前，为客人提供“满意＋惊喜”的服务，是餐厅持续改进服务质量的根本。

(2) 一次性

餐饮服务只能一次使用，当场享受，也就是说，只有当客人进入餐厅后服务才能进行，当客人离店时，服务也就自然终止。正如饭店的客房当天不能出售就会给饭店收入带来很大损失一样，餐厅没有客源同样也是经济损失。所以，餐饮服务的“一次性”特点要求餐饮部门要接待好每一位客人，当客人在精神和物质方面的需求得到满足后，他们就会去而复返，多次光临，并能起到宣传作用。

(3) 直接性

一般的工农业产品生产出来后，大都要经过多个流通环节，才能达到消费者手中。如果产品在出厂前质量检验不合格，可以返工，在店里你认为不满意的商品可以不去问津，而餐饮产品则不同。它的生产、销售、消费几乎是同步进行的，因而生产者与消费者之间是当面服务，当面消费。服务的好坏，立即受到客人的当面检验。这种面对面的直接服务和消费特点，对餐饮部门的物质条件、设备、工艺技术、人员的素质及服务质量等提出了更高、更直接的要求。

(4) 差异性

餐饮服务的差异性一方面是指餐饮服务是由餐饮部门工作人员通过手工劳动来完成的，而每位工作人员由于年龄、性别、性格、素质和文化程度等方面的不同，他们为客人

提供的餐饮服务也不尽相同。另一方面，同一服务员在不同的场合，不同的时间，或面对不同的客人，其服务态度和服务方式也会有一定的差异。为了缩小这种差异，餐饮部门一定要制定餐饮服务质量标准。经常对员工进行职业道德教育和业务培训，使他们基本上做到服务方式的规范化，服务质量的标准化，服务过程的程序化。

2. 餐饮服务质量的含义

餐饮服务质量是指餐饮企业以及其拥有的设备设施为依托，为客人提供的服务在使用价值上适合和满足客人物质需要和心理需要的程度。适合是指餐饮企业为客人提供的服务的使用价值能否为客人所接受和喜爱；满足是指该使用价值能为客人带来身心的愉悦和享受。

现代餐饮服务质量是建立在顾客满意的基础上的。它不仅代表着饭店和餐厅的经营水平，而且还反映饭餐饮企业的信誉和形象。因此，餐饮服务质量是餐饮企业经营管理的关键和中心。

客人在等什么

一日晚餐时，餐厅经理按规定例查餐厅，习惯的巡视四周，发现靠窗有一张桌子上齐了菜的客人，相对而坐却不动筷子，似乎在等什么。经理职业上的敏感驱使他上前关注，仔细观察，发现十几位信奉伊斯兰教的客人。经理以为厨房和餐厅粗心，在膳食上侵犯了他们的宗教禁忌，急忙上前礼貌的致意后，留意桌面上的菜肴，结果看到的是几道与禁忌不相干的菜和几碗米饭，应该没有饮食习惯和宗教教规上的冲突。那么客人为什么不肯动筷呢？他们在等什么呢？于是诚恳热情地询问客人的意见，才了解到原来几位虔诚的“伊斯兰”在担忧是否用禁忌品制作菜肴。经理没有用简单的几句话安慰客人，而是先拿过菜单，查清上面清楚的注明了“清真”二字，然后进厨房询问了厨师，确认无误后，才向客人提议：是否看下冷却后，菜肴有否凝冻状，便可确认菜肴是否用了禁忌品。果然客人微笑着认同了经理的意见。等到经理检查完其他场所回到餐厅，那桌伊斯兰客人用完餐刚走，桌上空空的盛器表明他们用餐很满意。

此案例涉及宗教信仰及饮食忌讳。虽然订餐是清真菜，厨房也遵循了客人的要求，但是上菜后是否保证符合客人的宗教习惯，客人心中不踏实。这说明服务工作不到位，没有向客人做详细解释，使客人不敢用餐，幸亏经理观察细致，处理得法，才使客人满意用餐。此例说明，服务人员的服务一定要环环到位，注意一些特殊人和事，通过细致周到的服务打消客人的疑虑，让客人放心满意。使客人感到服务人员对他们民族习惯高度尊重和对他们的尊重，服务才算到位。

三、餐饮服务质量的特点

餐饮服务从整体上讲是有形的实物产品和无形的服务活动，服务活动在一定时空条件下构成了一个集合体。它能够向顾客提供某种使用价值或满足客人的某种需求，并着重满足客人实物产品基本功能外的心理与精神要求。

由于餐饮业在经营上的特殊性，一般认为，餐饮服务质量具有以下几个显著的特点。

1. 综合性

餐饮服务是一个精细复杂的过程，而服务质量则是餐饮管理水平的综合反映。它的实现有赖于餐饮计划、餐饮业务控制、设备维修与保养、物资供应、劳动组合、餐饮服务人员的素质、财务等多方面的保证与协同配合。

2. 短暂性

餐饮产品现生产、现销售，生产与消费几乎是同时进行，能否在短暂的时限内很好地完成一系列工作任务，也是对餐饮服务质量的一种检验。

3. 关联性

从饮食产品生产的后台服务到为宾客提供餐饮产品的前台服务有众多环节，而每个环节的好坏直接关系到服务质量的优劣。在众多的工序中所有工作人员只有通力合作、协调配合并充分发挥集体的才智与力量，才能够保证为客人提供优质服务。

4. 一致性

这里的一致性是指餐饮服务质量与餐饮产品质量应保持一致。质量标准是通过制定服务规程这个形式来表现的，因此服务标准和服务质量是一致的。即产品质量、规格标准、产品价格与服务态度等均要保持一致。

5. 创造性

这要求企业建立学习型组织。在餐饮服务过程中，企业、员工应积极学习，不断思考，努力创新，不断改进现有的服务，为顾客提供更加优质体贴的服务。如全聚德总结并推广的和平店的“十个一”工作法，即“服务员围着顾客转，厨师围着服务转，后勤围着一线转”和“说好第一句话，倒好第一杯茶，上好第一条热毛巾，倒好第一杯酒，布好第一道菜，卷好第一只烤鸭，坚持好一个姿势，用好一只托盘，备好一辆撤台车，送走最后一位客人”。

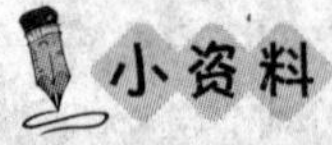

2012 中国餐饮业 10 大知名企业家

2012 年，中国餐饮业跌宕起伏。这一年，原材料、人工费用普遍上涨，涨价让快餐产品告别十元时代，农餐对接成了龙头餐企降本良方；这一年，月饼券、蟹券疯狂流行，

送礼经济催生新的商业模式……这些事件背后浮现的，则是一个个餐饮业企业家的身影。他们在这一年，或收获无边荣耀，或遭遇飞短流长，或在竞争中蜕变重生，他们的悲与喜，其实就是一幅2012年中国餐饮业的全景图，企业家是这幅图景中最生动的元素和符号。为弘扬展示2012年为中国餐饮业作出卓越贡献的品牌年度人物，推动建立中国优秀个人品牌标准，推出“中国排行榜。2012中国餐饮业10大知名企业家”榜单，以彰显为中国餐饮业作出贡献的知名人物的风采，促进中国餐饮业市场和谐、健康、持续发展。

本次排行由总部设在香港的第三方机构中国上市公司发展研究院、中国排行榜经济研究院联合中国排行榜网（www.phb168.com）以品牌影响、品牌推动、年度贡献、责任、理念等为评选标准，从中国餐饮业200位候选企业家中，由专家评委根据评选指标来进行综合评估，最终评定出“中国排行榜。2012中国餐饮业10大知名企业家”，排行榜单如下：

1. 海底捞餐饮股份有限公司董事长　张勇
2. 重庆小天鹅投资控股（集团）有限公司董事局主席　廖长光
3. 广州酒家集团董事长　林杏绮
4. 重庆陶然居饮食文化（集团）有限公司总裁　严琦
5. 俏江南集团董事长　张兰
6. 北京东来顺餐饮集团董事长　汤庆顺
7. 广州同湘会饮食有限公司董事长　胥强
8. 湖南韶山毛家饭店发展有限公司董事长　汤瑞仁
9. 江苏大娘水饺餐饮有限公司董事长　吴国强
10. 重庆东方菜根香餐饮连锁管理有限公司董事长　张湖海

任务实施

让学生通过企业调研掌握餐饮服务的概念及特点等相关知识并对餐饮服务质量有感性认识，步骤如图6-1所示。

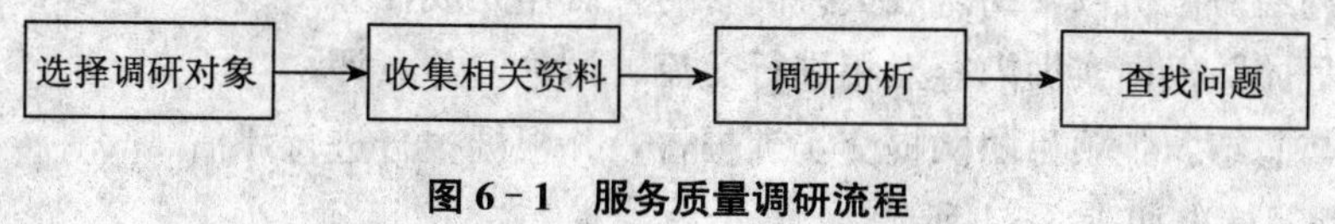

图6-1　服务质量调研流程

第一步：选择某餐饮企业作为调研对象

为了让学生对餐饮服务质量有更加深刻的理解和认识，以小组为单位，根据所学的餐饮服务质量相关知识，通过收集、分析，最后选择某餐饮企业作为调研对象。

第二步：收集的相关资料与数据

在确定调研对象的基础上，了解、收集该企业的企业文化、企业形象、服务标准及服务质量管理的相关资料与数据，为下一步现场调研做好准备，使现场调研更有针对性。

第三步：现场调研，分析、总结其餐饮服务的创新点

通过观察、体验、交流等方式到企业进行现场调研，并有针对性地进行分析，总结出该餐饮企业的餐饮服务的创新点和成功的秘诀。

第四步：根据调研查找服务中存在的问题

在学习、总结企业餐饮服务的创新点和餐饮服务管理方面的特点后，根据所学知识，结合企业实情，查找出服务中存在的问题。

任务总结

餐饮产品质量是企业的生命线。餐饮产品质量包括有形产品质量和无形产品质量两大部分。在有形餐饮产品高度同质化的今天，提高餐饮服务无形产品质量成为餐饮企业在激烈的市场竞争中获胜的一个重要法宝。餐饮服务质量内容涵盖较广，需要在餐饮服务的全过程进行追踪监控。准确把握餐饮服务的含义、掌握餐饮服务的特点是提高餐饮服务质量的前提和基础。

实训项目

实训目标

1. 通过实训使学生能够正确分析理解餐饮服务质量；

2. 培养学生学会运用餐饮服务标准提高服务质量。

内容与要求

选择某餐饮企业作为对象，根据自己所收集的相关资料与数据，分析其餐饮服务的创新点及服务中存在的问题。

组织与实施评价

1. 以项目团队为学习小组，小组规模一般是5～8人，分组时以组内异质，组间同质的原则为指导，小组的各项工作由小组长负责指挥协调；

2. 建立沟通协调机制，团队成员共同参与、协作完成任务；

3. 各项目团队根据实训内容互相进行交流、讨论，并点评；

4. 评价与总结：各项目团队提交实训报告，并根据报告进行评估。

评估指标及标准如表6-1所示。

表 6-1　　评分表

被考评人			考评地点			
考评内容		考评标准	分值/分	自我评价/分	小组评议/分	实际得分/分
专业知识技能掌握	餐饮服务含义	了解	10			
	餐饮服务的特点	掌握	20			
	餐饮服务质量特点	掌握	20			
	报告完成情况		10			
通用能力培养	学习态度	积极主动，不怕困难，勇于探索，态度认真	15			
	运用知识的能力	能够熟练自如地运用所学的知识进行分析	15			
	团队分工合作	能融入集体，愿意接受任务并积极完成	10			
合　计			100			

注：1. 实际得分＝自我评价×40%＋小组评价×60%。

2. 考评满分 100 分，60 分以下为不及格，60～74 分为及格，75～84 分为良好，85 分及以上为优秀。

任务二　餐饮服务质量的内容

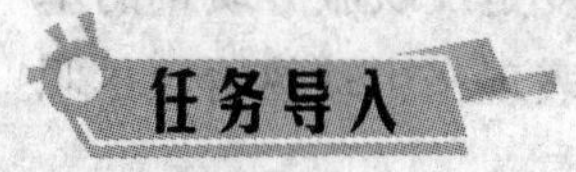

任务导入

把握信息，挽留就餐客人

某日下午 16：30 左右，公司李总带客抵馆入住，向总台小姐感叹道："今晚又得带客到别处用餐了。"大堂副经理闻讯后立即上前了解情况，才知客人看到今晚餐饮有两场婚宴，担心影响其客户用餐。大堂副经理耐心做了解释："李总，您提到的情况以前确实存在，但是对此餐饮部已非常重视，我们在搞好婚宴接待的同时，安排一部分高级厨师为散客掌勺，以确保散客菜肴的烹饪质量，再加上事先充分的准备，一般不会影响上菜速度与菜肴味道。不过，由于服务员工作量较大，一些细致服务可能无法提供，但是我想你们会谅解的，对吧？"李总马上大度地表示："那当然没有问题，我还是很相信宾馆的服务质量与卫生条件，小姐，那您就帮我预订一个包厢吧。”大堂副经理知会餐饮部给李总预留了包厢，并提请关注散客就餐的速度与质量，尽可能让客人吃得满意。

任务分析

餐饮企业出售的产品有别于一般市场上的商品。它是通过固定的有形设施和服务员热情周到的无形服务相结合来体现其价值的。在有形设施上，要为顾客提供优美、舒适的就餐环境、质价相符的精美膳食；在无形服务上，则在“情”字上下工夫，做到热情、友好、好客、相助。有形设施和精美食品虽然是为顾客提供的基本物质基础，然而要提供一流水平的服务，则只有通过服务员的精心工作、热情服务和熟练的服务技术技巧去体现和完成。让客人感受到服务无处不在，本例中大堂副理能够细心地捕捉稍纵即逝的信息，并及时地作出令人信服的解释，挽留了就餐客人，反映了她的机智和责任心。

知识准备

餐饮服务是有形产品和无形劳务的有机结合，餐饮服务质量则是有形产品质量和无形产品质量的完美统一。有形产品质量是无形产品质量的凭借和依托，无形产品质量是有形产品质量的完善和体现，两者相辅相成，构成完整的餐饮服务质量的内容。

一、餐饮服务质量的内容

餐饮服务质量的基本内容，就总体内容来讲：有“硬件”和“软件”之分；就基本内容来讲，大致包括以下八个方面。

1. 优良的服务态度

服务态度，是指餐厅各岗位的服务人员对待各类宾客所持的情绪反映。它是全心全意为宾客服务的思想在语言、表情、行为等方面的具体表现。服务态度是反映服务质量的基础，优质的服务是从优良的服务态度开始的。优良的服务态度主要表现在主动热情、尽职尽责、耐心周到和文明礼貌方面。

2. 完好的服务设备

服务设备，是指餐厅用来接待服务的设备设施。它直接反映餐厅服务质量的物质技术水平。一般包括房屋建筑、机器设备、交通工具、冷暖空调、电器设备、卫生设备、通信设备、各类家具和室内装饰等。对餐厅的服务设备，要加强管理，精心保养，使之始终处于完好、正常的状态，随时随地保证对客服务的需要。

3. 完善的服务项目

餐厅通常是一个向宾客提供食、休、娱的综合性服务行业，这就决定了它的服务项目不能单一化，而应多样化。提供服务项目的多少，是酒店的等级、规模、经营能力的体现。

现代餐厅的服务项目，大体可以分为两类：一类是在服务过程中有明确、具体的规

定，围绕主体业务所设立的服务项目，称之为基本服务项目，如用餐；另一类是由宾客提出但并不是每个宾客都有需求的服务项目，称之附加服务项目。在某种程序上，具有个性化的附加服务项目比基本服务项目更能吸引宾客，给顾客留下难忘的印象。

4. 灵活的服务方式

服务方式是指餐厅在热情、周到地为宾客服务时所采用的形式和方法。其核心是如何给宾客提供各种方便。服务的方式有许多，如微笑服务；个性化服务；细微化服务；定制化服务；无差距、零缺陷服务；情感化服务；无NO服务；超值服务等。

每个餐厅的设施设备不同、员工素质的差异、星级高低不等、接待对象不一样，所选择的服务方式是有差别的，但一些共性的服务则是每家餐厅都应提供的，如微笑服务、礼貌服务等。

5. 娴熟的服务技能

服务技能，是指服务人员在接待服务工作中，应该掌握和具备的基本功。服务人员的操作技能娴熟与否，从一个侧面反映出其业务素质的高低和服务质量的好坏，娴熟的服务技能，是提高服务水平、保证服务质量的技术前提。

6. 科学的服务程序

服务程序是构成餐厅服务质量的重要内容之一。实践证明，娴熟的服务技能，加上科学的操作程序，是优质服务的基本保证。餐厅的服务程序是根据客人的要求和习惯，经过科学的归纳，编制出来的规范化作业顺序。按程序工作就能保证服务质量；而随心所欲，不按照规程办事就会给工作造成被动，影响工作效率，招致客人投诉。

7. 快速服务效率

服务效率是服务工作的时间概念，也是向宾客提供某种服务的时限。它不仅体现出服务人员的业务素质，也体现了餐厅的管理效率，尤其在当今社会“时间就是金钱”的时间价值观念下，服务效率高不仅能够为客人节省时间，而且能够为客人带来效率。

8. 专业化的员工

人们常常忽略服务质量的重要内容。没有专业化的员工，其他服务设备、服务项目都谈不上完好，服务技能也不可能娴熟。因此，专业化的员工是服务质量的根本保证。

服务中的微笑

客人投诉食街服务员在服务过程中缺乏微笑服务，且不能及时地解决客人的多种需求，令客人在用餐过程中有感不快。部门经理在例会上做出指示：①食街主管在员工例会前要求服务员站立微笑五分钟；②对食街服务员加强培训，提高服务质量，通过考核优胜劣肽；③要求管理人员及服务员做到“五步微笑法”，在至少五步之内面对客人时，必须对客人报以真诚的微笑，致以亲切的问候。

管理人员及服务员应从根本上去挖掘“微笑服务”的内涵。世界著名饭店之王希尔顿曾深刻剖析了“服务中的微笑”所带给他的成功秘诀。在激烈的市场竞争中，酒店服务者唯有用心去体会客人的感受，为其提供特色服务并持之以恒地坚持下去，才能赢得更多的客人。

二、餐饮服务质量的作用

1. 优质的餐饮服务质量有助于提升消费额，促进餐饮业发展

服务质量是顾客对服务的期望（即期望服务质量）与其实际感知的服务（即体验的服务质量）的对比。当感知超出期望时，服务被认为具有特别质量，否则服务就被认为是不符合客人的质量要求的。服务的无形性、差异性和不可分离等特性使服务质量的概念与有形产品的质量在内涵上有很大的不同。优质的服务会给顾客留下良好的印象，并吸引顾客再次消费。

2. 优质的餐饮服务质量对餐饮业发展的必要性

我国推行社会主义市场经济，目前我国的主要矛盾已成为“供需矛盾”。随着人民生活水平的逐步提高，服务质量已成为消费者购买商品和服务的重要因素。在我国的现代化建设中，服务质量的提高是能体现现代化的一个重要方面。同时，提高服务质量也是加强商业职业道德建设的需要。它有助于构筑商家的诚信体系，培养员工的敬业精神，塑造文明礼貌的职业形象，养成规范服务的良好职业习惯，是加强商业职业道德建设的重要途径。

3. 优质的餐饮服务质量是必须符合顾客需求的

服务质量是客户对服务的期望与其实际感知的服务的对比。它必须是针对顾客而言的。价值是要通过价格来实现的，如果顾客不消费，再昂贵的商品也无法实现它的价值。

任务实施

让学生通过企业调研掌握餐饮服务质量的概念及内容等相关知识并对其有感性认识，步骤如图 6－2 所示。

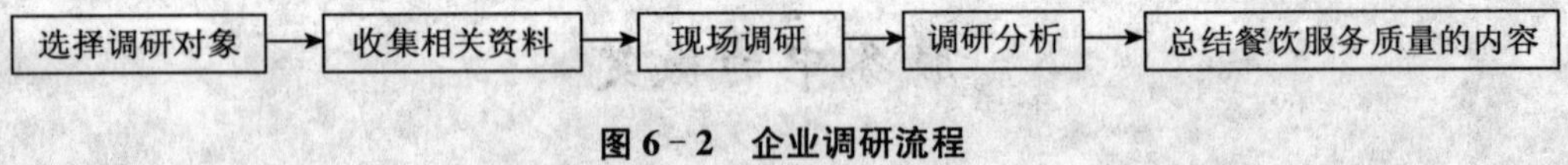

图 6－2　企业调研流程

企业调研是一项非常复杂的工作，只有用科学的程序指导，工作才能有条不紊地进行。本任务目的主要是根据调研总结研究餐饮服务质量的内容，一般情况下，可按以下五个步骤。

第一步：选择某餐饮企业作为调研对象

为了让学生对餐饮服务质量的内容及内涵有更加深刻的理解和认识，以小组为单位，根据所学的餐饮服务质量相关知识，通过收集、分析，最后选择某餐饮企业作为调研对象。

第二步：收集的相关资料与数据

在确定调研对象的基础上，了解、收集该企业的企业文化、企业形象、服务标准及服务质量管理的相关资料与数据，为下一步现场调研做好准备，使现场调研更有针对性。

第三步：现场调研

通过观察、体验、交流等方式到企业进行现场调研，并有针对性地进行分析，总结出该餐饮企业的餐饮服务特点及服务质量管理现状。

第四步：根据自己所收集的相关资料与调研，分析其餐饮服务的具体内容

根据自己所收集的相关资料与现场调研所得资料和信息，分析餐饮服务所包含的具体内容。

第五步：根据调研总结餐饮服务质量的内容

结合所学知识和企业调研的信息，分析、总结出餐饮服务质量的内容。

任务总结

餐饮服务是有形产品和无形劳务的有机结合，餐饮服务质量则是有形产品质量和无形产品质量的完美统一。而优质的餐饮服务质量是必须符合顾客需求的，有助于提升消费额，促进餐饮业发展的。

实训项目

实训目标

1. 通过实训使学生能够正确分析理解餐饮服务质量的作用；
2. 培养学生学会根据餐饮服务质量的具体内容分析实例。

内容与要求

选择一家餐饮企业，对其餐饮服务质量现状进行总结，根据自己所收集的相关资料与数据，分析其餐饮服务质量的内容。

组织与实施评价

1. 以项目团队为学习小组，小组规模一般是5～8人，分组时以组内异质，组间同质的原则为指导，小组的各项工作由小组长负责指挥协调；
2. 建立沟通协调机制，团队成员共同参与、协作完成任务；
3. 各项目团队根据实训内容互相进行交流、讨论，并点评；
4. 评价与总结：各项目团队提交实训报告，并根据报告进行评估。

评估指标及标准如表6－2所示。

表 6－2　　　　评分表

被考评人			考评地点			
考评内容		考评标准	分值/分	自我评价/分	小组评议/分	实际得分/分
专业知识技能掌握	餐饮服务质量的基本内容	理解	10			
	餐饮服务质量的作用	掌握	20			
	报告完成情况	掌握	20			
	报告汇报情况		10			
通用能力培养	学习态度	积极主动，不怕困难，勇于探索，态度认真	15			
	运用知识的能力	能够熟练自如地运用所学的知识进行分析	15			
	团队分工合作	能融入集体，愿意接受任务并积极完成	10			
合　计			100			

注：1. 实际得分＝自我评价×40％＋小组评价×60％。

2. 考评满分 100 分，60 分以下为不及格，60～74 分为及格，75～84 分为良好，85 分及以上为优秀。

任务三　餐饮服务质量管理

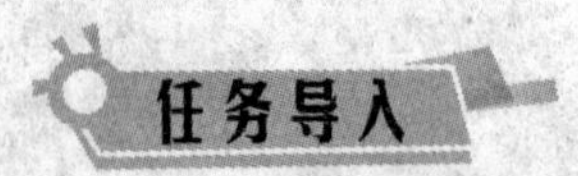

让人透不过气的周到服务

一天晚上，王先生陪着一位美国外宾来到上海某高级饭店的粤菜餐厅用晚餐。点菜后，一位服务小姐热情地为两位客人服务起来。她先为两位铺好餐巾，摆上碗碟、酒杯、餐具和餐前小菜，为外宾摆上刀叉，为两位客人斟满茶水、递上热毛巾，又为他们倒上啤酒、上汤、上饭。当一大盆“粟米羹”端上来以后，她先为客人报了汤名，接着便为他们盛汤，盛了一碗又一碗。一开始，外宾以为这是吃中餐的规矩，听王先生告诉他可以凭客自愿后，才在小姐要为他盛第 3 碗汤时谢绝了。小姐在服务期间满脸微笑，手疾眼快，一刻也不闲着；上菜后立即报菜名，见客人杯子空了马上添茶、斟酒，见菜碟里菜没有了立刻布菜，见骨刺皮壳多了随即更换骨碟……她站在两位旁边忙上忙下，并不时用英语礼貌地询问客人还有何需要，反倒搞得两位客人拘谨狼狈起来……

任务分析

餐饮服务质量控制的目的是促使餐厅的每一项工作都围绕着给宾客提供满意的服务来展开。如何把握“热情服务”与“无干扰服务”的尺度？如何评价服务人员的服务态度与服务质量？在一般情况下，又如何为客人提供优质服务？

通常意义上的餐饮质量包括有形产品质量和无形产品质量两个部分。其中，餐饮服务是客人能够直接感知的无形产品，因此，做好餐饮服务质量的控制和管理是提高餐饮质量的重要一环，也是在餐饮有形产品高度同质化的今天赢得顾客、提高顾客满意度的重要手段。目前，饭店餐饮服务工作在追求标准化和个性化两大目标的同时，仍旧存在一些有待解决的问题。但只要确定了餐饮部所要达到的质量水平，并制定出相应的控制方法，就能达到最终的管理目的。

知识准备

一、餐饮服务质量控制

1. 餐饮服务质量控制的基础

要进行有效的餐饮服务质量控制，必须具备三个基本条件。

(1) 制订服务规程

服务规程是餐饮服务所应达到的规格、程序和标准。是餐饮工作人员应当遵守的准则和服务工作的内部法规。

制订服务规程时，首先，必须根据消费者生活水平和对服务需求的特点来制定；其次，要根据服务的环节和顺序，确定每个环节服务人员的动作、语言、姿态、质量、时间，以及对用具、手续、意外处理、临时措施的要求等。同时，每套规程在开始和结束处，应有与相邻服务过程互相联系、相互衔接的规定。要用服务规程来统一各项服务工作，以达到服务质量的标准化、服务过程的程序化和服务方式的规范化。

(2) 收集质量信息

餐饮管理人员应该知道服务的结果并进行评估，即顾客对餐饮服务是否满意，有何意见和建议，从而采取改进服务、提高质量的措施。同时，通过巡视、统计报表、听取顾客意见等方式广泛收集服务质量信息，以便更加明确服务的目标和制订科学合理的服务规程。

(3) 员工培训与激励

企业之间竞争的实质是人才的竞争和员工素质的竞争。

当企业员工的素质下降，多数人会把原因归咎于不景气的“大环境”。实际不然，饭店应该通过良好的训练和有效的激励机制，发挥出人的潜能性、积极性和创造性，这样才能不断提高员工素质。没有经过良好培训的员工很难提供高质量的服务，同样，即使经过良好训练的员工，如果没有必要的精神激励和适当的物质刺激，也很难保证有工作积极性和主动性。餐饮企业要通过培训，不断提高员工业务技术、丰富业务知识，通过建立有效的激励机制，使员工奋发向上，把提高自身的素质变为自觉的行为。

打造能“随机应变”的服务队伍

5月19日下午2：30，中餐厅接到上级的紧急通知：晚上5：30中国国家羽毛球队在中餐厅摆庆功宴。接下来的3个小时，整个酒店各部门忙得不可开交，但大家互相协调、团结合作，如愿于5点钟部署好全部开宴准备工作。当酒店老总带领中国国家羽毛球队缓步进入中餐厅时，却发生了一件怪事：自客人进入中餐厅门口到餐台的一段路中间，由于实习生没有及时带位，使客人中的主客没有坐到主台，却随便坐到了末席，而那些记者和陪员却坐到了主台。此时，服务也出现了小小乱套，许多实习生服务员站在餐台旁边看着明星而慌了手脚，直到客人呼喊才回过神来。在整个宴会期间，由于事先调配工作做得不到位，导致了整个服务过程有点凌乱。

一个成功的餐饮经营，必须具备理想合适的环境，物有所值的产品和服务，灵活的推广促销、完善科学的管理和“随机应变”的服务队伍，其中缺少任一因素都有可能导致酒店经营的失败。在宴会和零点管理中，只有各个部门分工合作，团结协调才能为客人提供良好的服务和产品，进而为酒店创造更多的价值。

2. 餐饮服务质量控制的方法

根据现代全面质量管理的基本原理，结合餐饮服务的三个阶段，即准备阶段、执行阶段和结束阶段，餐饮服务质量的控制按时间顺序相应地分为预先控制、现场控制和反馈控制三个阶段。

（1）预先控制

预先控制是餐饮服务质量控制的第一阶段。所谓预先控制，就是为使服务结果达到预定的目标，在开餐前所做的一切管理上的努力。预先控制的目的是防止开餐服务中所使用的各种资源在质和量上产生偏差。

预先控制的主要内容包括以下四个方面。

①人力资源的预先控制。餐厅应根据自己的特点，灵活、合理安排人员班次及人员数量，以保证人力资源的充足和有效利用，使服务员以饱满的热情进入工作状态。

小资料

宴会服务应做到“八知”、“三了解”

“八知”：知宴请规模，知宴请标准，知开餐时间，知菜单内容，知宾主情况，知收费办法，知宴会主题，知主办地点。

“三了解”：了解宾客风俗习惯，了解宾客进餐方式，了解宾客特殊需要和爱好。

②物资资源的预先控制。开餐前必须按规格摆好餐台，准备好餐车、托盘、菜单、点菜单、订单、开瓶工具及工作台小物件等。另外，还必须备足相当数量的“翻台”用品，如桌布、餐巾、餐纸、刀叉、火柴、牙签、烟灰缸等物品。

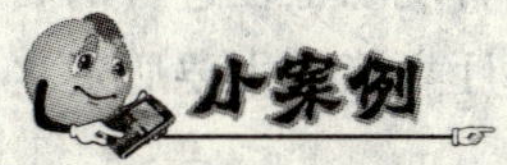

精美的餐具

一位翻译带领4位德国客人走进了西安某三星级饭店的中餐厅。入座后，服务员开始让他们点菜。客人要了一些菜，还要了啤酒、矿泉水等饮料。突然，一位客人发出诧异的声音。原来他的啤酒杯有一道裂缝，啤酒顺着裂缝流到了桌子上。翻译急忙让服务员过来换杯。另一位客人用手指着眼前的小碟子让服务员看，原来小碟子上有一个缺口。翻译赶忙检查了一遍桌上的餐具，发现碗、碟、瓷勺、啤酒杯等物均有不同程度的损坏，上面都有裂痕、缺口和瑕疵。翻译站起身把服务员叫到一旁说：“这里的餐具怎么都有毛病？这可会影响外宾的情绪啊！”“这批餐具早就该换了，最近太忙还没来得及更换。您看其他桌上的餐具也有毛病。”服务员红着脸解释着。“这可不是理由啊！难道这么大的饭店连几套像样的餐具都找不出来吗？”翻译有点火了。“您别着急，我马上给您换新的餐具。”服务员急忙改口。翻译和外宾交谈后又对服务员说道：“请你最好给我们换个地方，我的客人对这里的环境不太满意。”

经与餐厅经理商洽，最后将这几位客人安排在小宴会厅用餐，餐具也使用质量好的，并根据客人的要求摆上了刀叉。望着桌上精美的餐具，喝着可口的啤酒，这几位宾客终于露出了笑容。

餐前准备的内容实际上也是饭店餐饮文化的具体体现。饭店的物质条件、气氛、卫生、安全，餐厅的环境、温度、音乐背景，餐桌的布置，服务员的气质、服饰、礼貌、技巧等综合因素，构成了这种文化的氛围，显示了餐前准备程序的重要性。因此，餐前准备的过程，同时也是一个完善餐饮文化和体现饭店文明程度的过程。

③卫生质量的预先控制。是餐饮服务质量控制的重要一环。开餐前半小时从墙、天花板、灯具、通风口、地毯到餐具、转台、台布、餐椅、餐台摆设等餐厅卫生做最后一遍检查。若发现有不符合要求之处，迅速返工。目前，顾客关于餐饮企业卫生质量方面的投诉占了总投诉量的很大一部分，因此，进行卫生质量的预先控制尤为重要。

④事故的预先控制。餐厅主管在开餐前的巡视工作中，除了检查露面的物资配备和环境卫生外，还要注意餐厅中、餐厅与厨房之间的通道是否顺畅，地面是否有油污或水渍，对于不能及时清除的路面障碍或潜在危险因素，应要求服务员在工作时提醒顾客注意，防止出现顾客滑倒、踩踏等意外事件，同时，要核对前后台所接到的客情预报或宴会指令单是否一致，以避免因信息的传递失误而引起事故。还要了解当天的菜肴供应情况，如个别菜肴缺货，应让全体服务员知道，这样，一旦宾客点到该菜，服务员就可以及时向宾客解释、道歉，避免事后引起宾客不满。

（2）现场控制

现场控制是餐饮服务质量控制的第二阶段。所谓现场控制是指监督现场正在进行的餐饮服务，使其程序化、规范化，并迅速妥善地处理意外事件。这是餐厅主管的主要职责之一。餐饮部经理也应将现场控制作为管理工作的重要内容。

餐饮服务质量现场控制的主要内容涉及服务程序、上菜时机、意外事件及开餐期间的人力等方面。

①服务程序的控制。开餐期间，餐厅主管应始终在第一线，通过亲身观察、判断、监督、指挥服务员按标准程序服务，发现偏差，及时纠正。

②上菜时机的控制。掌握上菜时间要根据宾客用餐的速度、菜肴烹制时间等，做到恰到好处，既不要宾客等候太久，也不能将所有菜肴一下都上齐。尤其是大型宴会，每道菜的上菜时机应由餐厅主管，甚至餐饮部经理亲自掌握。

③意外事件的控制。餐饮服务是面对面的服务过，容易出现一些意外事件，引起宾客的投诉。一旦引起客人不满或投诉，主管一定要迅速采取弥补措施，以防止事态扩大，影响其他客人的用餐情绪。如果是由服务员方面原因引起的投诉，主管除向客人道歉外，还可在菜肴饮品上给予一定的补偿。发现有醉酒或将要醉酒的客人，应告诫服务员停止添加酒精性饮料；对已经醉酒的客人，要设法让其早点离开，以维持餐厅的气氛。

④人力控制。开餐期间，虽然实行分区看台负责制，服务员应在固定区域服务（一般可按照每个服务员每小时能接待20名散客的工作量来安排服务区域），但是，也应根据客情变化进行再次分工。如果某一区域的客人突然来得太多，就应从另外区域抽调员工支援，等情况正常后再将其调回原服务区域。

用餐高潮过后，应让一部分员工先去休息，留部分人工作，到了一定时间再交换，以提高工作效率。这种方法对于营业时间长的咖啡厅特别适用。

（3）反馈控制

反馈控制是餐饮服务质量控制的第三阶段。所谓反馈控制，就是通过质量信息的反馈，找出服务工作在准备阶段和执行阶段的不足，采取措施，加强预先控制和现场控制，

提高服务质量，使客人更加满意。

质量信息反馈由内部系统和外部系统构成。内部系统是指信息来自服务员和经理等有关人员。因此，在每餐结束后，应召开简短的总结会，总结经验及教训。信息反馈的外部系统是指来自就餐宾客的信息，为了及时获得客人的意见，餐桌可放置客人意见表，也可在客人用餐后主动征求客人意见。客人通过大堂、旅行社等反馈回来的投诉属于强反馈，应给予高度重视，保证以后不再发生类似的质量问题。

建立和健全两个信息反馈系统，餐饮服务质量才能不断提高，才能更好地满足客人的需求。

二、餐饮服务质量的监督检查

服务质量的控制和监督检查是餐饮管理工作的重要内容之一。在饭店服务质量系统中，部门和班组是执行系统的支柱，而以岗位责任制和各项操作程序为保证，以提供优质服务为主要内容。上对下逐级形成工作指令系统，下对上逐级形成反馈系统，将部门所制定的具体质量目标分解到班组和个人，由质量管理办公室或部门质量管理员协助部门经理负责对餐饮服务质量实施监督检查。

企业的竞争，归根结底是人才的竞争。因此，提高员工个人素质便是提高服务质量的最佳途径。

对服务质量进行监督检查和对员工进行长期不懈的培训是搞好餐饮经营管理的两大法宝。

1. 餐饮服务质量监督的内容

制定并负责执行各项管理制度和岗位规范，抓好礼貌待客，优质服务教育。实现服务质量标准化、规范化和程序化；通过反馈系统了解服务质量情况，及时总结工作中的正反典型事例并及时处理投诉；组织调查研究，提出改进和提高服务质量的方案、措施和建议，促进餐饮服务质量和经营管理水平的提高；分析管理工作中的薄弱环节，改革规章制度，整顿纪律，纠正不正之风；组织定期或不定期的现场检查，开展评比和优质服务竞赛活动。

2. 餐饮服务质量检查的主要项目

根据餐饮服务质量内容中的礼节礼貌、仪容仪表、服务态度、清洁卫生、服务技能和服务效率等方面的要求，将其归纳为服务规格、就餐环境、仪表仪容和工作纪律四项，并将其列表分述如表 6－3 所示。

表 6-3　　　　餐饮服务质量检查

检查项目	检查细则	等级			
		优	良	中	差
服务规格	1. 对进入餐厅的客人是否主动问候，表示欢迎				
	2. 迎接客人是否使用敬语				
	3. 使用敬语时是否点头致意				
	4. 在通道上行走是否妨碍客人				
	5. 是否协助客人入座				
	6. 对入席客人是否端茶送巾				
	7. 是否让客人等候过久				
	8. 回答客人提问是否清脆流利悦耳				
	9. 要跟客人讲话，是否先说“对不起，麻烦您了”等敬语				
	10. 发生疏忽或不妥时，是否向客人道歉				
	11. 告别结账离座的客人，是否说“谢谢”				
	12. 接受点菜时，是否仔细聆听并复述				
	13. 能够正确地解释菜单				
	14. 能够向客人提建议，进行适时推销				
	15. 能否根据点菜单准备好必要的餐具				
	16. 斟酒是否按操作规程进行				
	17. 递送物品是否使用托盘				
	18. 上菜时，是否主动介绍菜名				
	19. 客人招呼时，能够迅速到达餐桌旁				
	20. 撤换餐具时，是否发出过大声响				
	21. 是否及时、正确地更换烟灰缸				
	22. 结账是否迅速准确无误				
	23. 是否检查餐桌、餐椅及地面有无客人失落的物件				
	24. 是否在送客后马上翻台				
	25. 翻台时是否影响周围客人				
	26. 翻台时是否按操作规程作业				
	27. 与客人谈话是否点头行礼				
	28. 是否能根据菜单预先备好餐具及佐料				
	29. 拿玻璃杯是否叠放？是否握下半部				
	30. 领位、值台、上菜、斟酒时的站立、行走、操作等服务姿态是否合乎规程				

续 表

检查项目	检查细则	等级			
		优	良	中	差
就餐环境	1. 玻璃门窗及镜面是否清洁、无灰尘、无裂痕				
	2. 窗框、工作台、桌椅是否无灰尘和污渍				
	3. 地板有无碎屑及污痕				
	4. 墙面有无污痕或破损处				
	5. 盆景花卉有无枯萎带灰尘现象				
	6. 墙面装饰物有无破损				
	7. 天花板有无破损、漏水痕迹				
	8. 天花板是否清洁、有无污迹				
	9. 通风口是否清洁，通风是否正常				
	10. 灯泡灯管灯罩有无脱落、破损、污痕				
	11. 吊灯是否照明正常、是否完整无损				
	12. 餐厅内温度和通风是否正常				
	13. 餐厅通道有无障碍物				
	14. 餐桌椅有无破损、无灰尘、无污痕				
	15. 广告宣传品有无破损、灰尘及污痕				
	16. 菜单是否清洁，是否无缺页破损				
	17. 台面是否清洁卫生				
	18. 背景音乐是否适合就餐气氛				
	19. 背景音乐音量是否过大或过小				
	20. 总的环境是否能吸引客人				
仪表仪容	1. 服务员是否按规定着装并穿戴整齐				
	2. 制服是否合体、清洁、无破损油污				
	3. 标志牌是否端正地挂于左胸前				
	4. 服务员打扮是否过分				
	5. 服务员是否留有怪异发型				
	6. 男服务员是否蓄胡须、留大鬓角				
	7. 女服务员头发是否清洁				
	8. 外衣是否烫平挺括、无污边皱折				
	9. 指甲是否修剪整齐				
	10. 牙齿是否清洁				

续 表

检查项目	检查细则	等级			
		优	良	中	差
仪表仪容	11. 口中是否发出异味				
	12. 衣裤口袋中是否放有杂物				
	13. 女服务员是否涂有彩色指甲油				
	14. 女服务员发夹式样是否过于花哨				
	15. 除手表戒指外，是否还带其他首饰				
	16. 是否有浓妆艳抹现象				
	17. 使用香水是否过浓				
	18. 衬衫领口袖口是否清洁并扣好				
	19. 男服务员是否穿深色鞋袜				
	20. 女服务员着裙时是否穿肉色长袜				
工作纪律	1. 工作时间是否相聚闲谈或窃窃私语				
	2. 工作时间是否大声喧哗				
	3. 是否有人放下手中工作				
	4. 是否有人上班时打私人电话				
	5. 是否在柜台内或值班区域随意走动				
	6. 有无交手抱臂或手插口袋等不雅行为				
	7. 有无在前台吸烟、喝水、吃东西现象				
	8. 有无上班时间看书、干私事等行为				
	9. 有无在客人面前打哈欠、伸懒腰等行为				
	10. 值班是否倚、靠、趴在柜台上				
	11. 有无随背景音乐哼唱现象				
	12. 有无对客人指指点点的动作				
	13. 有无嘲笑客人现象				
	14. 有无在客人投诉时辩解的				
	15. 有无不理会客人询问的				
	16. 有无在态度上、动作上不礼貌的				
	17. 有无对客人过分亲热现象				
	18. 有无对熟客过分随便的现象				
	19. 对客人能否做到既一视同仁，又能提供个别服务				
	20. 能否对老、幼、伤残顾客提供方便服务，对特殊情况提供针对性服务				

这个检查表既可以作为常规管理的细则，又可将其数量化，作为餐厅与餐厅之间、员工与员工之间竞赛评比或员工考核的标准。在使用的时候，可视饭店本身的等级和本餐厅的具体情况增加或减少检查细则项目，还可将四大类检查项目分为四个检查表分别使用。在“等级”栏目中，也可将“优、良、中、差”分别改为得分标准，如将“优”改为4分，“良”改为3分，“中”改为2分，“差”改为1分，最后将四大项八十个细则得分总计进行评比。

一杯冰块

一天早晨，餐饮部小杨上早班，一切都正常地运转着。一位客人来到餐厅，交了餐券，选好所用的食品后，坐在18号桌旁用餐。“服务员，有开水吗?”这位先生看着小杨问道。

“有，马上就给您送过来。”小杨立刻给客人去倒开水。送去开水后，他依旧工作着。突然，客人的手机响起了急促的铃声，客人在接完电话后，马上就改变了吃饭的节奏，明显加快了速度，显然是有了什么急事。小杨看到后想：开水是刚送去的，温度一定还很高，喝急了是很容易烫着的。于是趁着客人还没来得及喝时，赶紧送去了一杯冰，放在了客人的面前微笑着说：“先生，这里有冰块，如果您觉得水有些烫，可以加一些。”客人有些意外地看了小杨一下，然后笑着对他说：“谢谢了。”以后的时间里，小杨留意到这位客人往杯子里放了冰块，先喝了一小口，试了一下水的温度，然后一饮而尽，喝完水后，只见他匆匆地用餐巾纸擦了一下嘴角，冲小杨微微笑了一下，就急急忙忙地走了。

餐饮服务直接影响着客人的满意度，而客人的需求又各有不同，因此，服务员要做到在规范化服务的同时，能够发现客人的潜在需求和特殊需求，只有这样才能真正提供让客人满意甚至是感动的优质服务。

3. 餐饮服务质量监督检查

要做好餐饮服务质量管理，就必须加强质量的监督检查。

（1）现场巡视与指导

餐饮经营的特点是使餐饮服务质量通过现场服务体现出来。所以，对餐饮服务质量的监督、控制，以及对提高服务质量加以指导，都要在工作现场进行。上海某酒店为部门经理配备了计步器，目的就是要他们走出办公室，深入现场。巡视工作现场已成为一种管理方式、管理风格，被称为“走动式管理”。

（2）质量监督检查

现场巡视和指导并不等于有组织地对服务质量进行检查、评估。设立质检机构，专司日常质量检查之责已越来越普遍。质检人员对员工的仪容仪表、工作状态、店规店纪的执行情况及对客服务的质量进行评价，纠正各种违反规定的做法，甚至对违纪员工进行处分。餐饮服务质量内容可以归纳为“服务规格”、“就餐环境”、“仪表内容”、“工作纪律”四个大项，将这些项目按顺序制定详细的检查表，既可作为餐厅常规管理的细则，又可以将其量化，作为餐厅之间、班组之间、个人之间进行竞赛评比、考核的依据。

三、提高餐饮服务质量的主要措施

在餐饮经营管理中，就必须进行科学合理的分析并采取有效的措施，不断提高餐饮服务质量。

1. 质量管理分析

对餐饮服务质量管理进行分析的目的是找出存在的质量问题，以便采取有效措施加以解决。常用的分析方法主要有 ABC 分析法、圆形百分比分析图法和因果分析图法。

(1) ABC 分析法

影响餐饮服务质量的因素很多，但在诸多因素中，总有一个或几个是主要问题，其他的则是次要问题。ABC 分析法就是从这些质量问题中找出主要问题的有效方法。

ABC 分析法的四个步骤：

第一，确定分析对象，如原始记录内容中的服务员工记录、顾客意见记录、质量检查记录和顾客投诉记录等如实反映质量问题的数据；

第二，根据质量问题分类画出排列图；

第三，通过各类问题所占比例找出主要问题；

第四，将分析结果总结出的问题分别采取措施加以解决。

(2) 圆形百分比分析图法

圆形百分比分析图法就是以圆形为表示方法，并以不同比例进行分割来表示各项所占的百分比。

例如，某餐厅在一周内随机调查了 100 位客人的餐饮服务意见，根据统计得出：满意率 75%，服务项目 13%，服务技能 8%，清洁卫生 3%，其他 1%。

按圆形百分比分析图法分析可知，本餐厅当前需要重点解决的服务质量问题是增加服务项目和提高服务技能。

(3) 因果分析图法

用 ABC 分析法可以找出服务中存在的主要质量问题。可是，这些问题产生的原因有哪些呢？因果分析图就是对质量问题产生的原因进行分析的方法。

影响服务质量的原因较多，一般把众多的原因归结为五大因素。即人（Man）、设施（Machine）、材料（Material）、方法（Method）和环境（Environment），称为 4M1E 因素。

①人。人是最关键的因素，首先，餐饮服务工作与顾客的健康、心理等密切相关，这是顾客十分关心的；其次，餐饮服务工作是面对人的工作，与顾客需求相联系。因此，作

为服务者的员工，对餐饮服务质量的优劣起着关键性的作用。

②设施。设施是饭店向顾客提高优质服务的物质基础。设施的配备与完好程度直接影响到顾客的满意度。

③材料。是指餐饮服务工作的所有材料，包括有形的物质材料（如食品材料）和无形的材料（如各种信息）。显然，这些材料对客人需求满意程度有直接影响。

④方法。服务方法既是规律的又是灵活的，它包括服务方式、服务程序、服务技巧以及管理的各种方法等。服务方法是影响餐饮质量的一个重要因素。

⑤环境。服务环境直接影响到顾客的需求满意度。环境差，使功能性、经济性、文明性等不能正确发挥，使安全性、时间性不易保障，使舒适性大为逊色。

因果分析是通过箭头线，将质量问题与原因之间的关系表示出来。

分析步骤：第一，找出质量问题，确定要分析的问题；第二，发动员工共同寻找产生质量问题的原因；第三，将找出的原因进行整理后，按原因大小画在图上。

在进行分析时，要深入调查，请各方面人员参加，以听取不同意见。对原因的分析应细到能采取具体解决措施为止。

2. 服务质量管理方法

提高餐饮服务质量需要一套完善的质量管理方法。在现代饭店的质量管理活动中，通常采用 PDCA 循环法对质量进行管理。

（1）PDCA 循环法的含义

所谓 PDCA 循环法，是指服务质量管理活动按照计划（Plan）、实施（Do）、检查（Check）和处理（Act）四个阶段来开展，并循环进行。

（2）运用 PDCA 循环解决质量问题

运用 PDCA 循环解决问题，分成四个阶段八个步骤进行。

①计划阶段。这一阶段的工作是制定治疗管理目标，包含四个步骤：

步骤一：分析质量现状，找出存在的问题。运用 ABC 分析法，找出主要问题；

步骤二：运用因果分析法，分析产生质量问题的原因；

步骤三：从分析出的原因中找出关键的原因；

步骤四：对所提出的主要质量问题，制订解决质量问题要达到的目标和计划，提出解决质量问题的具体措施和方法。

②实施阶段。这一阶段的工作是严格按照已定的目标和计划，认真付诸实施。

步骤五：按已定的目标、计划和措施执行。

③检查阶段。这一阶段的工作是对计划实施后产生的效果进行检查。

步骤六：再运用 ABC 分析法，将分析结果与步骤中发现的质量问题进行对比，以检查在步骤四中提出的提高和改进质量的各种措施和方法的效果。

④处理阶段。这一阶段，要把成功的经验形成标准，并总结失败的教训。

步骤七：对已解决的质量问题提出巩固措施，并使之标准化，以防止类似问题再次出现。对未取得成效的质量问题，也要总结经验教训，提出新的改进措施。

步骤八：提出在步骤一中出现而尚未解决的其他质量问题，并将这些问题转入下一个循环中去求得解决，从而与下一循环的步骤一衔接起来。

值得说明的是，PDCA 循环法的四个阶段八个步骤，必须按顺序进行，既不能缺少，也不能颠倒。

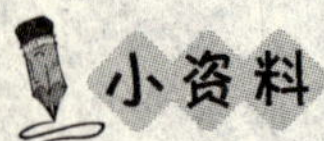

餐饮管理十法

激烈竞争的餐饮市场中，如何让自己的餐饮企业立于不败之地？如何树立餐饮品牌，走出一条成功之路？在新的市场经济下，一个成功餐饮企业其核心关键是什么？这些都是餐饮经营管理者们苦苦思索的问题。这需要新的餐饮管理模式，下面提出新餐饮管理十法，供餐饮管理者参考。

一个中心：以餐饮企业的经济效益为中心。

两个基本点：提高、稳定出品质量；节约、降低资源成本。

三个代表：代表科学营养的健康美食；代表大众、潮流的饮食文化；代表国际化、社会化、集团化的品牌。

四项基本原则：坚持优质稳定的出品；坚持热情友善的服务；坚持清洁卫生的环境；坚持物超所值的价位。

五点突出：树立超强的品牌；稳中求进的盈利报表；员工是企业最大的财富；稳定的组织和工作方法；为顾客及服务奉献的心态。

（留）住客源：树立顾客第一，服务先行的主导思想，建立以顾客为中心的客户数据库，关注顾客在用餐过程中的满意程度，严格完善每一个细节，留住客源。

（奇）兵制胜：出奇制胜的营销手段，广告攻势，建立工作有效的营销部门，在公益、电视、平面媒体、广播等多方面扩大企业的知名度，以达到最终引导顾客用餐消费的目的。

八方来客：分析本餐饮企业消费客源的主流人群，有针对性地提供他们需要的服务，制作出符合他们口味的美食，营造他们喜爱的环境氛围，从而在赢得主流客源的同时，带动其他群体客人用餐，达到八方来客、门庭若市的火暴场面。

九分等于零：把餐饮管理的每一个细节按学科的十分制划分，在激烈的餐饮市场竞争中，你能够评得九分，可能只是在某一个环节脱轨，在某一个细节有些误差，那么这个企业则面临着失败的危险。

十全十美：选址优越，定位准确，独具特色，环境优雅，原料充足，文化突出，出品优质，服务上乘，营销先进，科学管理。

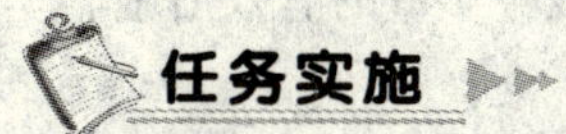

任务实施

通过对不同企业的调研，让学生发现服务质量管理中存在的问题，分析、总结提高餐饮服务质量的有效措施，具体步骤如图 6－3 所示。

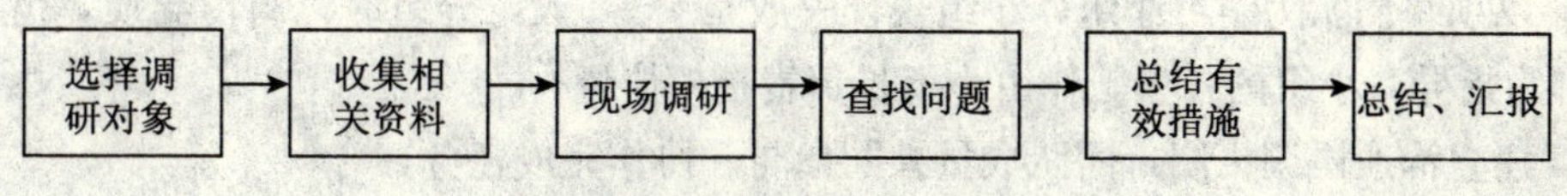

图 6－3 服务质量改进流程

第一步：选择某餐饮企业作为调研对象

餐饮服务质量的管理是餐饮企业常抓不懈的一项工作，学生通过本任务所学知识，选择某餐饮企业作为调研对象，有针对性地进行研究。

第二步：收集相关资料

在确定调研对象的基础上，了解、收集该企业的企业文化、服务标准及服务质量管理的相关资料与数据，为下一步现场调研做好准备，使现场调研更有针对性。

第三步：现场调研

根据自己所收集的相关资料，通过观察、体验、交流等方式到企业进行现场调研，并有针对性地进行分析，总结出该餐饮企业服务质量管理现状。

第四步：根据调研查找餐饮服务质量管理中存在的问题

在充分调研基础上，结合顾客反馈意见，查找出企业餐饮服务管理中存在的问题。

第五步：根据 PDCA 循环法提出提高餐饮服务质量的措施

结合所学的 PDCA 循环法，运用 PDCA 循环解决企业存在的服务质量问题，有针对性地提出可实施的提高餐饮服务质量的有效措施。

第六步：总结并进行汇报

在以上基础上，小组进行充分讨论，总结出该企业的特点、成功之处、存在问题及整改措施，并进行汇报，小组间进行点评。

任务总结

餐饮服务管理应包括餐饮服务软、硬环境氛围的设定和营造，餐饮服务方式的选用和确定，更应注重餐饮服务质量的管理，要有提高服务质量的措施，要运用科学的质量管理方法。

实训项目

实训目标

1. 通过实训使学生能够正确分析理解餐饮服务质量；

2. 培养学生学会运用餐饮服务质量控制方法，制定相应提高服务质量的有效措施。

内容与要求

选择某餐饮企业作为对象，进行服务质量调研，根据自己所收集的相关资料与数据，分析其餐饮服务中、质量控制中存在的问题并提出有效改进措施。

组织与实施评价

1. 以项目团队为学习小组，小组规模一般是 5～8 人，分组时以组内异质，组间同质的原则为指导，小组的各项工作由小组长负责指挥协调；

2. 建立沟通协调机制，团队成员共同参与、协作完成任务；

3. 各项目团队根据实训内容互相进行交流、讨论，并点评；

4. 评价与总结：各项目团队提交实训报告，并根据报告进行汇报。

评估指标及标准如表 6－4 所示。

表 6－4　　评分表

被考评人			考评地点			
考评内容		考评标准	分值/分	自我评价/分	小组评议/分	实际得分/分
专业知识技能掌握	餐饮服务质量控制的基础	了解	10			
	餐饮服务质量控制的方法	掌握	20			
	提高餐饮服务质量的主要措施	掌握	20			
	报告完成及汇报情况		10			
通用能力培养	学习态度	积极主动，不怕困难，勇于探索，态度认真	15			
	运用知识的能力	能够熟练自如地运用所学的知识进行分析	15			
	团队分工合作	能融入集体，愿意接受任务并积极完成	10			
合　计			100			

注：1. 实际得分＝自我评价×40％＋小组评价×60％。

2. 考评满分 100 分，60 分以下为不及格，60～74 分为及格，75～84 分为良好，85 分及以上为优秀。

复习思考题

一、填空题

1. 餐饮服务的特点有________、________、________、________。

2. 根据餐饮服务的三个阶段，餐饮服务质量控制可分为________、________、________。

3. 所谓PDCA循环法，是指服务质量管理活动按照________、________、________、________四个阶段来开展，并循环进行。

4. 每班次员工下班前，召开________，总结当班服务接待过程中的经验教训和存在的问题。因果分析图就是对质量问题产生的原因进行分析的方法。

5. 影响服务质量的原因较多，一般把众多的原因归结为五大因素。即人（Man）、设施（Machine）、材料（Material）、方法（Method）和环境（Environment），称为________因素。

二、选择题

1. 餐饮服务质量的预先控制的主要内容包括________。

A. 人力资源的预先控制　　B. 物质资源的预先控制

C. 卫生质量的预先控制　　D. 事故的预先控制

2. ________是指通过质量信息的反馈，找出服务工作在准备阶段和执行阶段的不足，采取措施加强预先控制和现场控制，提高服务质量，使客人更加满意。

A. 预先控制　　B. 现场控制　　C. 反馈控制　　D. 人力控制

3. 餐饮服务质量的特点有________。

A. 短暂性　　B. 关联性　　C. 一致性

D. 创造性　　E. 综合性

4. 对餐饮服务质量管理进行分析的目的是找出存在的质量问题，以便采取有效措施加以解决。常用的分析方法主要有________。

A. ABC分析法　　B. 圆形百分比分析图法

C. 因果分析图法　　D. PDCA循环法

5. 巡视工作现场已成为一种管理方式、管理风格，被称为________。

A. 现场控制　　B. 质量管理

C. 现象管理　　D. “走动式管理”

三、简答题

1. 简述餐饮服务质量的内容。

2. 简述餐饮服务质量控制的三个阶段。

3. 阐述餐饮服务质量检查的主要内容。

4. 简述餐饮服务质量控制的基础。

5. 试述提高餐饮服务质量的主要措施。

项目七　餐饮营销管理

学习目标

知识目标

1. 理解并掌握餐饮营销含义及销售过程的特点；
2. 了解餐饮产品营销的影响要素；
3. 熟悉餐饮销售计划及销售控制；
4. 理解餐饮产品的构成及营销策略；
5. 掌握餐饮产品定价目标及定价策略；
6. 熟知餐饮产品促销策略。

能力目标

1. 能够正确认识餐饮市场营销；
2. 能够分析餐饮市场营销的影响要素；
3. 能够灵活运用餐饮产品的定价策略并为其定价；
4. 能够设计餐饮产品经典广告语。

任务一　餐饮营销概述

任务导入

麦当劳的市场营销观念

麦当劳公司作为快餐汉堡包零售商，是一流的市场营销商，其 14000 家快餐店分布于全球 79 个国家，整个系统年销售额达到 30 多亿元。每天由 1900 万顾客经过著名的金色双拱标志，每年多达 96%的美国人在麦当劳用餐。现在麦当劳每秒销售 145 只汉堡包。

这一销售业绩应归功于其强劲的市场营销定位，即麦当劳知道怎样为顾客服务，以及怎样随消费者欲望的变化而进行调整。麦当劳的市场营销哲学完全浓缩于其座右铭 QSCV 之中，这四个字母分别代表质量（Quality）、服务（Service）、洁净（Clean）与价值

(Value)。顾客走进窗明几净的餐厅，来到友好的柜台服务员面前，很快便可以点到一份可口的快餐。店里没有让青少年聚集的电脑或电话，也没有烟灰缸或报纸架。所以，去麦当劳是一家子的事，对孩子特别有吸引力。麦当劳已掌握了为消费者服务的艺术，并细心把基本原理教给其职员和特许经销商。麦当劳通过不断地进行顾客调查来监督产品和服务质量，并且不遗余力地改进汉堡包生产方法以简便操作、降低成本、加快服务以及带给顾客更多的价值。除了这些努力之外，每一家麦当劳快餐店还通过社区参与和服务项目来成为附近地区的一分子。

在其位于美国以外的4700家快餐店中，麦当劳仔细地根据当地的口味和习惯来制定菜单。在日本供应玉米汤和叉烧汉堡，在罗马有通心粉色拉，在巴黎有配以葡萄酒和现场钢琴音乐的麦乐系列汉堡包。在牛被视为神圣的印度，麦当劳卖蔬菜汉堡包而不是牛肉汉堡。

麦当劳在莫斯科开出第一家快餐店时，就很快赢得了当地消费者的青睐。但是，为了在这个新市场达到其高水准的顾客服务标准，不得不克服一些巨大的障碍。它必须把麦当劳那些经受过时间考验的做事方法教授给供应商、职员甚至顾客。公司还在汉堡包大学中培训俄国经理，并要求630名新职员中的每一位都要接受16～20小时的基本知识培训。麦当劳还必须培训消费者，因为绝大多数莫斯科市民从来没见过快餐店。

在莫斯科开业的第一天，麦当劳为700名莫斯科孤儿举办开业聚会，并把开业当天的全部收益捐献给莫斯科儿童基金会。结果，这家新的莫斯科快餐店营造了一个非常成功的开端。

麦当劳对消费者的注重以使其成为世界上最大的快餐服务组织。现在，它已赢得了20%的美国快餐业务，并正迅速的向全球扩张。

任务分析

麦当劳的市场营销是以消费者需要和欲望为导向的经营哲学，是消费者主权论的体现。实现企业诸多目标的关键在于正确确定目标市场的需要和欲望，一切以消费者为中心，并且比竞争对手更有效、更有利地传送目标市场所期望满足的东西。

市场营销观念的产生，是市场营销哲学的一种质的飞跃和革命，它不仅改变了传统的旧观念的逻辑思维方式，而且在经营策略和方法上也有很大突破。它要求企业营销管理贯彻“顾客至上”的原则，将管理重心放在善于发现和了解目标顾客的需要，并千方百计去满足它，从而实现企业目标。

知识准备

随着餐饮业的竞争日趋激烈，传统的营销理念应经不能满足现在企业的发展。餐饮业营销观念也从原来的以自我为中心的产品生产观念、推销观念，逐步发展成为以顾客需求为依据的市场营销观念。

一、餐饮营销概述

餐饮营销是一种交换活动，它在餐饮市场上实现，并以满足市场需求为核心。餐饮营销是指餐饮经营者为使顾客满意并为实现餐饮经营目标而展开的一系列有计划、有组织的广泛活动。如餐饮市场调研、开发餐饮产品、餐饮产品定价、选择销售渠道及实施促销等一系列活动。

二、餐饮营销的影响要素

要想做好餐饮产品营销工作，首先必须了解真正影响到餐饮产品营销的基本因素。了解这些因素，才能使餐饮营销工作具有针对性。

1. 资深员工

餐饮企业必须选拔资深员工担任服务工作。因为餐饮营销是一项专业性非常强的工作，要求熟悉环境，熟悉客人，熟悉操作程序，掌握目标客源市场定位，对一些重要客人、常客及周边竞争状况应非常清晰。服务人员一上岗就要立即进入角色，能注意信息反馈和部门间的沟通，处事及时、迅速，有节奏，操作规范、高效。

2. 收集信息

信息就是生产力，通过信息了解消费者的心理需求，和相关部门一起实施营销措施，在服务上、产品上得以不断改进和完善。通过信息的沟通，可以拉近客我之间的距离，提高客人满意度。

3. 营销意识

餐饮服务人员要有强烈的营销意识。首先应掌握顾客的需求，了解客人的国籍、身份、消费能力、用餐特点以及个性化需求，并协调相关岗位，去满足顾客需求。在与客人交流中，保持良好的精神状态。接待中，及时了解需求细节，注意观察并正确判断主人和主宾，把信息及时反馈到管理人员处，以便前后台的服务协调统一。

4. 个性服务

个性服务即以客人为本，根据客人层次及需求上的差异，对不同客人采取不同的服务方式。这就要求服务人员有强烈的服务意识去主动接近客人，设身处地揣度客人心理，从而有针对性地提供服务。

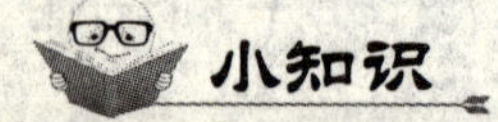

酒店个性化服务的内容

个性化服务以其鲜明的针对性、灵活性和超常性成为当代饭店服务的趋势，由它产生的顾客和酒店之间的亲和力也是酒店增强市场竞争力的要素。其中酒店个性化服务应当包

含以下几要素。

1. 灵活服务

灵活服务是酒店个性化服务中基本的服务。即不管是否有相应的规范，只要是顾客提出的要求是合理的，就要尽最大的可能去满足。因此，个性化服务首先就要求酒店服务员具备积极主动的服务意识，做到心诚、眼尖、心灵、腿勤、手快的灵活服务。

2. 癖好服务

癖好服务是比较有针对性的个性化服务。酒店在客史档案中记录储存顾客的癖好需求，并传递到各接待点以确保整个过程中“投其所好”，对于首次出现的癖好需求，则可通过及时的灵活服务予以满足。

3. 意外服务

“雪中送炭”的个性服务是酒店服务里必不可少的一项，这种意外服务最能体现酒店对顾客的情感传递。所谓“患难见知交”的俗语，是在宾客最需要帮助的时间，服务准确周到，其效果可事半功倍，使客人永远难忘。

4. 用心服务

“用心服务”是酒店个性化服务中至关重要的一项。酒店的服务质量不仅要做到礼貌、热情，还要从细微处着想；周到、细致的服务，需要服务员将其服务和酒店的事业融洽在一起。两者相融，能使服务员在服务中，产生高度的负责精神，提供有效的服务；表现出主动性和自觉性，了解顾客的需要，才会眼观六路耳听八方，用眼睛看去服务，用脑去想服务，用心用情去服务。

5. 超前服务

服务员要在服务中注意察言观色、揣摩顾客心理，按顾客要求、提供主动周到的服务。做到事前服务，服务于顾客开口之前，设身处地为顾客着想，用心服务，用实际行动去做。作为一个高档的精品酒店，那么它的餐饮服务也要具有一定的特色。餐饮是依靠传统的手艺为消费者服务，工种多、分工细、要求高、技术性强。每个环节配合十分重要，每个岗位都要合理安排，合理分工。这当然也要一个很好的团队去管理，并且要有特色、特殊的管理。

5. 客史档案

客史档案是餐饮企业在对客服务中对客人的自然情况、消费行为、信用状况、癖好和期望等做出的历史记录。它是现代餐饮企业经营管理的重要一环。

记录客史档案就是建立“客人资料库”，可以跟踪服务，要设法主动了解客人姓名、电话、地址、单位、职务及生日等，定期拜访交流，与客人建立深厚的感情合作关系。

6. 利用电子营销信息平台

现在的餐饮营销还应充分利用互联网的信息平台，对消费者的个性需求和餐饮活动的宣传做出快速的反应。对餐饮企业来说，网络营销蕴藏着无限的潜力，它将为餐饮企业带来新的思路。积极建设信息网络，重视网络营销，利用信息网络来开展营销工作，是餐饮企业面临的新课题。

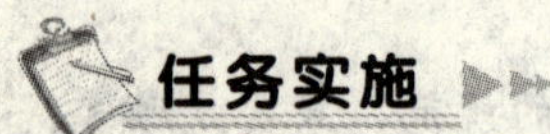

任务实施

做好餐饮营销工作的程序如图 7-1 所示。

图 7-1　做好餐饮营销工作的程序

第一步：人员选拔

餐饮营销是一项长期而艰巨的工作，企业必须选拔资深员工担任营销工作。餐饮营销人员始终要有强烈的营销意识，为达到推销产品的目的，首先要熟悉环境，熟悉客人，熟悉操作程序，掌握目标客源定位，对熟客、常客、消费大户以及周边竞争状况等应非常了解；其次要具备宣传、组织能力，能注意信息反馈和部门间的沟通，处事及时、迅速、敏捷。

第二步：收集信息

信息是生产力，有了信息，营销才有相应的对策及方式，才能迎接挑战、取得营销的成功。企业营销人员可以通过与客人面谈、电话沟通、网络信息平台等手段进行跟踪服务，了解信息、掌握消费者的动态。此项服务举措，将在培养会员式消费者中起到关键作用。另外，定期进行拜访，参与、融入客户生活中去，与客户建立起比较和谐的合作关系，使企业在市场竞争中立于不败之地。

第三步：提供服务

企业营销人员在服务过程中应以客人为本，根据客人层次及需求上的差异，对不同客人采取不同的服务方式。让客人受到尊重、关爱，获得宾至如归的感觉，使其在接受服务中感到物有所值。如客人爱吃的菜、服务要求、包厢位置、宴请目的、上菜速度要求，主食点心偏好、消费标准等。在服务过程中，服务员要“真情服务，用心做事”，做到人不动、眼睛动，注意每个角落变化，确保服务质量的到位和补位。

任务总结

餐饮营销是餐饮经营者为使顾客满意并为实现餐饮经营目标而开展的一系列有计划、有组织的、广泛的餐饮产品以及服务的活动。本项目主要阐述餐饮产品营销的无形性、不可分离性、差异性、不可储存性等特点以及影响餐饮产品营销的基本要素，主要包括资深员工、收集信息、营销意识、个性服务、客史档案、利用电子营销信息平台等。

实训项目

实训目标

1. 通过实训使学生能了餐饮产品营销的含义及特点；

2. 通过实训使学生掌握影响餐饮产品营销的基本要素。

内容与要求

选择一家餐饮企业，对餐饮企业服务进行观摩，然后再根据自己所收集的相关资料与数据，分析影响餐饮产品营销的基本要素的具体含义。

组织与实施评价

1. 以项目团队为学习小组，小组规模一般是5～8人，分组时以组内异质，组间同质的原则为指导，小组的各项工作由小组长负责指挥协调；

2. 建立沟通协调机制，团队成员共同参与、协作完成任务；

3. 各项目团队根据实训内容互相进行交流、讨论，并点评；

4. 评价与总结：各项目团队提交实训报告，并根据报告进行评估。

评估指标及标准如表7－1所示。

表7－1　　餐饮营销概述设计评分

被考评人			考评地点			
考评内容		考评标准	分值/分	自我评价/分	小组评议/分	实际得分/分
专业知识技能掌握	餐饮营销含义	理解并掌握	10			
	餐饮销售过程的特点	掌握	20			
	影响餐饮营销的基本要素	理解	20			
	报告完成情况		10			
通用能力培养	学习态度	积极主动，不怕困难，勇于探索，态度认真	15			
	运用知识的能力	能够熟练自如地运用所学的知识进行分析	15			
	团队分工合作	能融入集体，愿意接受任务并积极完成	10			
合　计			100			

注：1. 实际得分＝自我评价×40%＋小组评价×60%。

2. 考评满分100分，60分以下为不及格，60～74分为及格，75～84分为良好，85分及以上为优秀。

任务二　餐饮销售控制

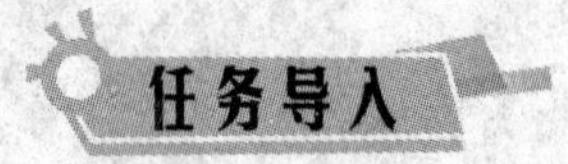

任务导入

点菜单控制管理

某饭店宴会厅接待了一个五桌的寿宴，接待完毕后，客人麻利地埋单。次日，寿宴客人到该饭店部门投诉，说寿宴当天宴席上没上鱼，并要讨个说法。经部门经理调查后，客人确实在预订时点了黄椒蒸鲈鱼，但在营业部下单时，因点菜员工作粗心，开漏了菜单，导致厨房无单无出品，引起客人投诉。

查明原因后，管理人员当即向客人赔礼道歉，并再三承认了错误，征询客人意见后，将五桌黄椒蒸鲈鱼的费用全部退还客人，部门内部也对当事人进行了批评和处罚。

任务分析

此投诉属于点菜员工作责任心不强、不仔细所造成，饭店应加强对点菜员的业务培训；每次宴会预订单及点菜单，下单人员须再三核对清楚，保证万无一失再下分单；各管理人员也须对各项细节工作严格把关。

知识准备

餐饮销售是餐饮产品的生产者向消费者提供产品和服务的过程。餐饮销售是餐饮业经营中的重要环节，餐饮销售控制的目的是保证厨房生产的菜品和餐厅向客人提供的服务都能产生收入。因此，对销售过程要严格控制，如果缺乏这个控制环节或控制不力，就有可能使企业蒙受损失，利润流失。

一、餐饮销售计划

1. 餐饮销售计划概念

餐饮销售计划是根据市场供求关系，在分析内外客观环境的基础上，对餐饮销售的任务和目标及其实现措施所做出的行动安排。

2. 餐饮销售计划的特点

(1) 目标性

从本质上说，计划管理就是确定目标，组织业务活动的开展，保证计划指标的实现。

因此，餐饮销售计划必须以餐饮经营战略为指导，分析客观环境，掌握市场供求关系的变化。在收集信息的基础上，做好各种预测。然后通过各种形式的计划，对餐饮人力资源管理、组织设计、成本控制、利润目标等做出全面合理的安排。这些指标一经确定和分解，就成为基层管理的具体目标，指导餐饮管理各项业务活动的开展。

(2) 层次性

餐饮销售计划从餐饮部门内部管理流程来看，主要包括食品原材料采购计划、厨房生产管理计划、各餐厅销售计划、成本计划等。各级、各部门、各餐厅的计划都是互相联系、互相依存的。

(3) 综合性

计划是一项综合性较强的工作，它涉及各部门与各环节、各项业务活动的开展。具体销售计划涉及采购、储藏、生产、销售、服务等内容。计划的贯彻执行涉及餐饮业务管理的全过程，体现在供、产、销活动的各个方面。因此，餐饮销售计划是以经济效益为中心、以业务经营活动为主体、以销售措施为保证的复杂的行动方案，具有较强的综合性。

(4) 专业性

餐饮经营计划是一项专业性、技术性较强的工作。在编制计划以前，要做好餐饮环境调查研究，分析经营环境，掌握市场供求关系的变化。在编制计划过程中，要做好销售预测和财政预算，合理安排各种指标。执行过程中又要利用信息反馈，掌握计划进展和可能出现的偏差，及时纠偏，发挥控制职能。

二、餐饮销售控制

1. 侵吞现款的表现形式

销售控制的目的是要保证厨房生产的菜品和餐厅向客人提供的菜品都能产生收入。那么企业进行销售控制，可以防止下列情况的发生。

(1) 侵吞现款

对就餐客人所点的食品和饮料不记账单，将向客人收取的现金私吞。

(2) 重复收款

对一位客人点的菜不记账单，用另一位客人的账单重复向两位客人收款，将一位客人的款额私吞。

(3) 不收费或少收费

对前来就餐的亲朋好友不记账也不收费，或者少记账少收费，使餐厅蒙受经济损失。

(4) 少计品种

对客人点的食品饮料少计品种或数量，而向客人收取全部价款，将二者的差额私吞。

(5) 欺骗顾客

在酒吧中，服务员将烈性酒冲淡或售给顾客的酒水分量不足，将每瓶酒超额量的收入私吞。

(6) 偷窃现金

收银员或服务员将现金柜的现金拿走并抽走账单，使账、钱核对时查不出短缺。

2. 点菜单控制

(1) 点菜单的内容

点菜单是餐厅服务员根据客人点菜的内容和要求开立的用于到厨房、吧台拿取菜肴、酒水等食品的书面凭证，同时也是餐饮企业收银员开具发票、收取餐饮账款的重要依据，是餐饮收入发生过程中所需的第一张单据。

①基本信息。点菜单上有日期、桌号、服务员姓名、客人数等。这些基本信息便于服务员为客人提供服务，以免将菜送错餐桌，并帮助辨别点菜单和餐桌的服务由谁负责。这样，如果在服务过程和收入核算过程中发现问题，便于追查责任。基本信息还可以用于管理决策，汇总这些信息能统计每天餐厅服务的客人数、各时间段服务的客人数及每个服务员服务的客人数。

②点菜信息。客人点菜单包括客人订的菜品和价格，是对厨房下达的指令，其金额是向客人收费的依据。点菜信息也是产品销售信息，汇总产品销售可以统计出餐厅每日的营业收入，并在销售过程中起着核算和控制营业收入的作用。在经营管理决策时，可利用点菜单上各种菜品的销售汇总信息，帮助确定菜品的生产计划和人员的配备安排。

③存根。有些餐厅客人点菜单下方有一联作存根。存根上面有客人点菜单的编号、日期、服务员姓名、账单总金额、收银员签字。服务员送交点菜单和客人的付款后，收银员在点菜单和存根上盖上“现金收讫”字样，并将存根撕下交服务员保存。此存根可作为服务员已交客人账单和付款的凭证，如再有账单和先进的短缺，应由收银员负责。点菜单式样见表7-2。

表7-2　　餐厅客人点菜单式样

台号	客人数	服务员	日期	账单编号
				NO.
序号	品名	数量	金额	
1				
2				
3				
4				
5				
6				
食品			房号或账号	
饮料				

续 表

				签名		
总计						
台号	客人数	服务员	收银员签字	金额	日期	账单编号
						NO.

点菜单内容应该精心设计，认真策划，才能使得餐厅营业的工作效率大大提高，从而达到提高服务质量、翻台率和上座率，提升餐饮销售收入的目的。

无线PDA点菜系统对餐饮业的作用

近年来，越来越多的餐厅开始使用无线PDA点菜系统（见图7-2）。服务员手持无线点菜机，只需输入菜品的代码或拼音简码，就可以完成点菜操作。该系统可同时支持多个餐台，还可以自动调出客户资料，如客人口味爱好、历史消费。如果来电客户最近有预订，系统也可以自动调出其预订单据，从而便于进行修改、取消等操作。相对于传统的点菜服务，无线点菜系统具有提高工作效率，提升服务质量，降低运营成本，提升企业形象等优点。

（2）点菜单的作用

有助于帮助服务员记忆客人所点菜品，以便向厨房下达生产指令，厨房凭单生产；点菜单上记录客人所点菜品，作为向客人收费的凭证；书面记载客人人数和所点菜品数量，利于生产计划、人员配备等；用点菜单核实收银员收款的准确性，核实菜品的出售是否产生收入；点菜单可作为餐厅营业收入的原始凭证，将点菜单上的金额汇总，可以统计出餐厅的营业收入，而且也是收取营业税的基础。

（3）点菜单的控制

①在接受客人点菜时，服务人员应认真填写点菜单，充分利用点菜单来控制成本。

②点菜单填写完毕，首先经过收款员签章，然后再送入厨房，未经收款员签章的点菜单上的任何菜品厨房都不予烹制。

③点菜单必须编号，以便在出现问题时查明原因，并采取相应的改进措施。

④严格控制点菜单，避免服务人员用同一份点菜单两次或多次从厨房取菜而将其中一次的现金贪污；更应避免服务人员在收款员签章后的点菜单上任意添加菜点造成成本增加。

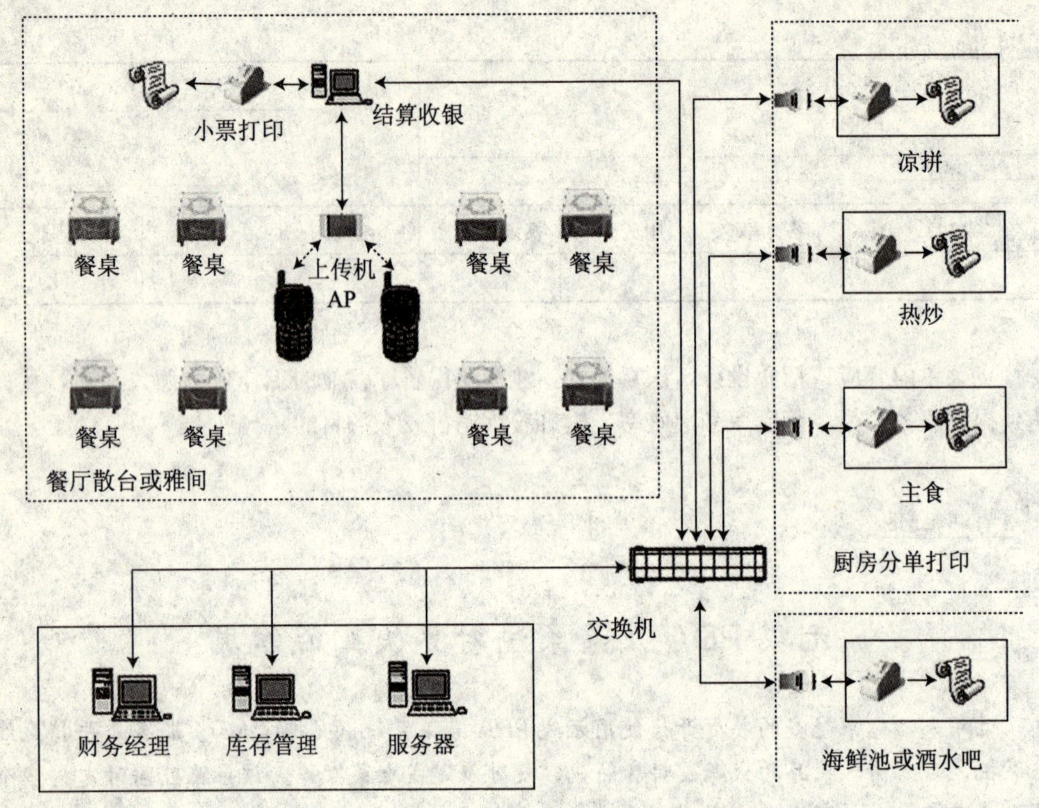

图 7-2　无线点菜系统工作流程

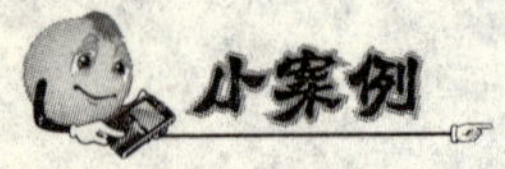

餐厅点菜单差错补救

武汉某酒店在给用完餐的客人结账时，点菜单上凭空多出 4 包中华烟（152 元）。双方相持 50 多分钟后，店方才承认自己工作失误，对耽误了顾客的时间表示歉意，并将餐费打折为 500 元，少收 400 多元，让客人满意离去。这件事实际上暴露了酒店服务工作存在漏洞，才会发生如此“低级”的错误，既延误了客人的时间，又减少了酒店的收入。幸而酒店采取的补救措施最终让客人满意，否则客人投诉、双方交涉、不利的口头宣传等都会给酒店带来更大的损失。此事件的教训是：酒店应明确各项服务工作的顺序衔接，做好服务过程的检查工作，如现场服务时提供的菜肴、烟酒等与点菜单的核对，客人用完餐结账时点菜单与账单的核对，这样环环相扣，才会尽量减少差错的发生。

3. 出菜检查员控制

大型饭店的餐厅，一般都需要在厨房中设置一名出菜检查员（在西方国家的饭店，出菜检查工作通常由厨师长亲自兼任）。出菜检查员不但要熟悉餐厅的菜品品种与价格，而且还要了解各种菜的质量标准。其岗位设在厨房通向餐厅的出口处。出菜检查员是厨房生产的控制员。主要责任如下：

①保证每张点菜单上的菜品都能及时生产，并保证服务员取菜、送菜正确；

②保证厨房只根据点菜单所列的菜名来生产，每份送出厨房的菜品都应在点菜单上有记载。这样可防止服务员或厨师无点菜单私自生产并擅自免费把食品送给熟人；

③有的餐厅要求出菜检查员检查客人点菜单上填的价格是否正确，防止服务员出于私利或粗心将价格写错；

④检查每份生产好的菜品的分量和质量是否符合标准；

⑤注意防止客人点菜单副联丢失。

4. 收银员控制

（1）常见的与收银有关的舞弊

①走单一般是指故意使整张账单走失，以达到私吞收入的目的；

②走数一般是指账单上某一项的数额或该项目数额中的一部分走失；

③走餐一般是指不开账单，也不收钱，白白走失餐厅收入；

④走汇是指餐厅收银员及有关人员私兑收进的本外币而使餐厅营业收入蒙受损失。

（2）常见的与收银有关的差错

餐厅收银工作比较繁杂，计算、汇总环节较多，不能完全保证营业收入永远正确，差错在所难免。主要表现在账单遗漏内容或计算错误；外汇折算错误；给予客人的优惠折扣错误等。

（3）收银控制

①收银环节的双岗制与轮岗制。双岗制是指在餐厅营业高峰期采用流水线方式进行收银，一人打单，一人收款，营业完或交班时进行直接登记，通过多人操作实现相互监控目的。轮岗制是定期在企业所属分店或连锁店之间轮换岗位，也可以达到防止集团性作弊的可能。

②摄像头监控法。在收银台安装摄像头，通过录像监控方法进行有效的监督。同时制定部门录像关键点抽查制度，安排管理人员进行不定期的抽查。

③单据核查法。企业安排专人对收银单据进行核查。企业必须设计和运用适当种类和数量的单据来控制餐饮收入的发生、取得和入库。这里需要强调的是单单相扣、环环相连。任何环节发生缺失，整个控制就可能脱节。

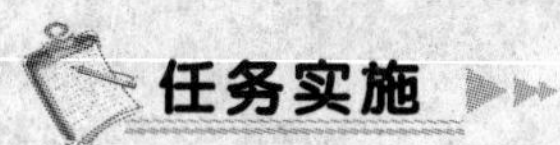

任务实施

餐饮销售控制的程序如图 7－3 所示。

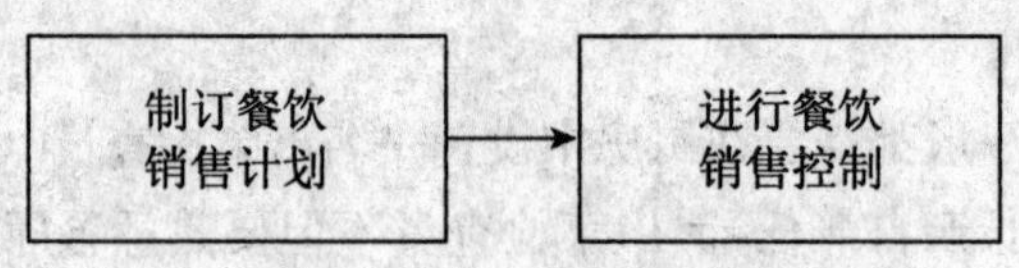

图 7-3 餐饮销售控制的程序

第一步：制订餐饮销售计划

餐饮销售计划是根据市场供求关系，在分析内外客观环境的基础上，对餐饮销售的任务和目标及其实现措施所做出的行动安排。餐饮营销是在一个不断发展的营销环境中进行的，所以企业要充分适应营销环境的变化，抓住时机，制订相应的餐饮销售计划。

第二步：进行餐饮销售控制

餐饮销售控制是从控制角度保证餐饮产品最终化为餐饮商品的过程。这一过程的圆满实现，需要餐饮经营管理人员，建立一个完整的餐饮销售控制体系。这个体系包括了对点菜单的控制、对出菜检查员的控制、对收银员的控制以及控制报表的建立等。控制目的是为了保证厨房生产的菜品和餐厅向客人提供的菜品都能产生收入，由此可见，企业对销售过程要严格控制。

任务总结

本任务主要包括餐饮销售计划及餐饮销售控制项目，如点菜单控制、出菜检查员控制、收银员控制及餐厅常见的一些舞弊现象。餐饮销售控制的目的就是要保证厨房生产的菜品和餐厅向客人提供的服务都能产生收入。因此，企业要对销售过程严格控制。

实训项目

实训目标

1. 通过实训使学生能了餐饮产品销售过程的特点及餐厅销售控制；

2. 通过实训使学生掌握餐厅销售控制的具体实施。

内容与要求

选择一家餐饮企业，对餐饮企业服务进行观摩，然后再根据自己所收集的相关资料与数据，分析如何对餐厅服务员、出菜检查员、收银员的一些舞弊行为进行控制。

组织与实施评价

1. 以项目团队为学习小组，小组规模一般是 5～8 人，分组时以组内异质，组间同质的原则为指导，小组的各项工作由小组长负责指挥协调；

2. 建立沟通协调机制，团队成员共同参与、协作完成任务；

3. 各项目团队根据实训内容互相进行交流、讨论，并点评；

4. 评价与总结：各项目团队提交实训报告，并根据报告进行评估。

评估指标及标准如表 7-3 所示。

表 7-3　　餐饮销售控制设计评分

被考评人			考评地点			
考评内容		考评标准	分值/分	自我评价/分	小组评议/分	实际得分/分
专业知识技能掌握	餐饮销售计划的概念	理解	15			
	餐饮销售计划的特点	理解	15			
	餐饮销售控制	理解	20			
	报告完成情况		10			
通用能力培养	学习态度	积极主动，不怕困难，勇于探索，态度认真	15			
	运用知识的能力	能够熟练自如地运用所学的知识进行分析	15			
	团队分工合作	能融入集体，愿意接受任务并积极完成	10			
合　计			100			

注：1. 实际得分＝自我评价×40%＋小组评价×60%。

2. 考评满分 100 分，60 分以下为不及格，60～74 分为及格，75～84 分为良好，85 分及以上为优秀。

任务三　餐饮营销策略

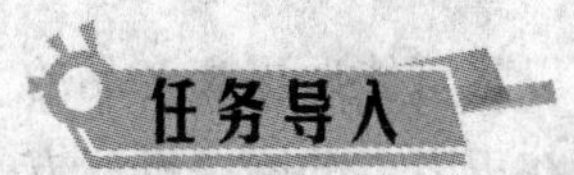

任务导入

王老吉网络营销案例

2008 年，生产王老吉凉茶的加多宝公司向汶川地震灾区捐款 1 亿元，受到社会各界的好评，王老吉也因此名利双收。

作为中国民营企业的王老吉，一下就捐款一个亿，真的太恨了，网友一致认为：不能再让王老吉的凉茶出现在超市的货架上，见一罐买一罐，坚决买空王老吉的凉茶，今年爸妈不收礼，收礼就收王老吉！支持国货，以后我就喝王老吉了，让王老吉的凉茶不够卖！让他们着急去吧！

这篇文章首次出现在天涯论坛就获得了极高的点击率，而后又被网友们疯狂转载。简单搜索一下，百度就出现了 3350 个结果——真是不小的数字！光是论坛的转载就超过

3000多条。惊人的转载量、回复量和点击量让这个帖子登上了各大论坛的首页，也引起了传统媒体的关注。

这个“正话反说”的“封杀王老吉”倡议，在天涯社区发出后，迅速成为最热门的帖子，很多网友刚看到标题后本来是要进去愤怒驳斥，但看到具体内容后却都是会心一笑并热情回帖。

的确，当全部的网民都在支持王老吉的时候，一篇这样标题的文章的确会让人不得不看。简单的几句文字，很平实，却很有煽动力，不但导致了网友疯狂的转载，更直接鼓动起了网民对于王老吉的购买热情。于是，王老吉在多个城市的终端都出现了断货的情况。

王老吉的网络推广方式所表现出的优势主要包括：

(1) 对比原理。王老吉在博客营销中制造消费者的第三方说话类文章，表达王石的一亿元与王老吉一亿元的要害分析，通过王老吉不为利益的捐款与王石处理危机公关的一亿捐款的对比，展现王老吉高度的社会责任感。

(2) 社会认同引导。大量报纸报道，王老吉在超市缺货，制造一种社会群体购买的效应，引导相似消费者进行购买。

(3) 短缺制造。这也是“封杀王老吉”事件制造的目的，要买赶紧，再不买就没了，这是与社会认同相配合的策略。

(4) 权威认证。王老吉低调捐款一亿元，权威财经和生活类报纸不断报道王老吉捐款事件引发消费者回报。

(5) 承诺与一致的制造。通过论坛口碑互动引导，让大家认为消费者对王老吉的口碑极度认可，之后的报纸也证实了这点，保持了承诺制造与事实制造的一致性。

任务分析

企业利用有新闻价值的事件，吸引媒体和广大用户的广注，可以尽可能地提高产品的知名度，树立良好的品牌形象，可以达到不战而屈人之兵的目的。在王老吉的网络推广方式之中，可以看到有一部分内容是网友自发的，正因为这一事件具有新闻事件性，自然而然的成为各大媒体和网友关注的热点。

知识准备

餐饮营销策略是餐饮企业管理过程中的一个重要部分。消费者的需求主要是通过到餐厅消费而满足的，餐饮营销活动所涉及的知识和技巧都必须围绕产品来应用，以产品为依托。餐饮营销策略主要包括产品策略、价格策略、促销策略及销售渠道策略。

一、产品策略

1. 餐饮产品的构成

在现代市场营销中，产品具有宽广的外延和深刻而丰富的内涵。从餐饮产品的构成来

说，整体产品一般包括五个层次的内容，即核心产品、形式产品、期望产品、延伸产品和潜在产品。

(1) 核心产品

核心产品是指消费者购买餐饮产品时所追求的实际利益，是消费者真正要买的东西，因而它是最基本、最主要的部分。餐厅的核心产品是食品和饮料等，从根本上说，每一种产品实质上都是为解决问题而提供的服务。

(2) 形式产品

形式产品是核心产品功能借以实现的形式，即向消费者提供的实体和服务的外在形象。如果形式产品是实物，通常表现为产品的色、香、味、形、器以及服务人员的态度等。形式产品说明了企业能提供给顾客何种产品，必须通过某种及具体的形式得以实现。

(3) 期望产品

一般来说，期望产品是一种行业的标准或惯例，也是与消费者的一种约定。它主要是指消费者在购买餐饮产品时通常希望和默认得到的与产品相关的一整套属性和条件，包括产品品牌影响力、企业文化等。如用餐过程中，服务场所清洁的环境，厨房出菜的速度，菜肴的质量，所用菜肴的卫生、安全等。

(4) 延伸产品

延伸产品是消费者在购买产品时所获得的全部附加服务和利益。如在餐厅里，免费提供菜肴酒水信息和顾客咨询，对个别客人提供专门的医护服务、特殊的语言翻译服务等。与期望产品相比，延伸产品是企业用来争夺顾客的重要环节和手段，也是用来实现产品差异化的重要手段。

(5) 潜在产品

潜在产品即具有变化与改进潜质的产品部分，也就是可能发展成为未来最终产品的潜在状态的产品，也就是指此种产品最终可能的所有的增加和改变，是企业努力寻求的满足顾客并使自己与其他竞争者区别开来的新方法。

从以上五个产品结构内容十分清晰地体现了以顾客为中心的现代营销理念。企业的经营活动只有确立产品整体概念，才能在真正意义上贯彻现代营销理念，才能在市场竞争中获得优势。

2. 餐饮产品的营销策略

产品策略是餐饮管理市场营销的基础，是市场供给的本质表现。餐饮产品策略除产品本身以外，还应包括提供产品的环境和条件。

餐饮管理要正确运用产品策略，关键是要抓住五个环节：

(1) 餐饮管理者应根据市场需求和企业自身技术力量，选好经营风味，安排花色品种，形成产品组合，并随时根据客人需求变化做好产品必要的调整；

(2) 要加强厨房和餐厅的联系，为顾客提供优良的就餐环境，从而扩大产品销售，实现餐饮产品的交换价值；

(3) 要保证食品原材料供应，做好生产过程的组织管理，确保产品色、香、味、型并重，坚持以产品特色取胜；

(4) 餐饮管理者要做好餐厅服务过程的组织管理，切实提高工作人员服务质量，树立餐厅形象，提高企业声誉；

(5) 餐饮管理者要根据市场需求变化和企业设施条件，采用灵活多样的销售方式，将餐厅销售和食品展销、文化娱乐、宴会推销、会议推销、大中型餐饮推销等活动结合起来，使企业餐饮产品市场交易方式和交易活动更加多样化。

二、价格策略

餐饮产品价格是联结市场供给和市场需求的纽带和桥梁，是影响餐饮市场营销的重要条件。在餐饮市场营销活动中，价格属于运动参数，它的变化既影响供给，又影响需求。餐饮产品价格制定是否合理及其策略运用的恰当与否，直接关系到餐饮企业产品营销组合的科学性、合理性。

1. 餐饮产品定价目标

一般来说，由于经营环境的变化，餐饮企业在不同时期不同的条件下其定价目标是不同的。企业经营的复杂与特殊决定了定价目标的多元化。

(1) 追求利润最大化

当某种餐饮产品在市场上享有很高的声誉，在竞争中处于非常有利的地位时，餐饮企业可选用追求利润最大化的产品定价目标。追求利润最大化的定价目标并不意味着餐饮企业要制定最高的产品价格，企业必须对产品的需求和成本函数做出精确的预测，并据此制定适当的价格。

(2) 注重销售

在有些情况下，餐饮企业由于经营的需要，在定价时追求增加客源和菜品的销售数量。如有些餐厅所处的地点于僻静，或餐厅的知名度较低，酒店为了吸引客源，增加菜单的吸引力，往往在一段时间内将价格定得较低，使顾客喜欢光顾从而使餐厅的知名度提高。餐饮企业应根据产品的市场供求和竞争状况以及自身的经营水平，通过制定适当的价格来实现增加销售量的目标。

(3) 稳定价格

企业按照稳定价格的目标定价，一般不会轻易地提高餐饮产品的价格或降低价格，以避免价格大战带来的不利影响，保持稳定的利润，树立良好的企业形象。以稳定价格为定价目标的餐饮企业，通常是资源充足、实力雄厚并在行业中具有举足轻重地位的大型餐饮企业。

(4) 维持生存

在市场不景气或竞争激烈的情况下有些酒店的餐厅为了生存，在制定产品价格时，通常是通过采取降低产品价格的方法来争取顾客，扩大该产品销售，并恢复或达到一定水平的市场占有率，以避免被竞争对手挤出市场的危险。

2. 餐饮产品定价策略

餐饮产品定价策略是指餐饮企业根据餐饮市场的具体情况，从定价目标出发，灵活运用各种手段，使其适应市场的不同情况，以实现企业的营销目标。

（1）撇脂定价策略

这是一种高价格策略，企业的产品投入市场初期，会受到就餐客人的广泛欢迎，趁价格弹性较小时的机会，制定高价，创造出自己产品的名贵形象，获得丰厚利润。当企业产品在销售量逐渐呈现下滑趋势时，还有降低价格的余地来吸引对价格敏感的下一层次的消费者。

撇脂价格策略目的是在短时间内获取高额利润，它使餐饮企业可以较快收回产品生产经营成本。这种定价策略作为一种短期的价格策略，适用于独特的技术、不易仿制的餐饮新产品。

（2）渗透定价策略

这是一种低价格策略，即在新产品上市初期把价定得低些，待产品渗入市场，销路打开后，再提高价格。渗透定价策略设定最初低价，以便迅速和深入地进入市场，从而快速吸引来大量的消费者，赢得较大的市场份额。较高的销售额能够降低成本，从而使企业能够进一步减价。

渗透定价策略可以使新产品迅速占领市场，同时微利阻止了竞争者进入，增强了企业的市场竞争能力。

（3）尾数定价策略

尾数定价策略是指在确定产品零售价格时，以零头数结尾，使用户在心理上有一种便宜的感觉，或是按照风俗习惯的要求，价格尾数取吉利数字，以扩大销售。

利用“尾数定价”，可以使消费者产生特殊的心理效应：首先是感觉便宜。标价99.95元的产品和100.05元的产品，虽仅相差0.1元，但前者给消费者的感觉是还不到100元，后者却使人认为100多元，因此前者给消费者一种价格偏低的感觉，使之易于接受；其次是精确。带有尾数的定价可以使消费者认为商品定价是非常认真、精确，进而产生一种信任感。另外还图个吉利。某些数字常被赋予一些独特的含义，例如，我国消费者普遍喜欢尾数为6和8的价格，认为这样的数字比较吉利，企业可以根据不同民族和地区人们的喜好，灵活确定价格的尾数。

（4）整数定价策略

整数定价策略与尾数定价策略相反，即在指定产品价格时按整数而非尾数定价。这种定价策略实质上是利用了消费者按质论价的心理、自尊心理与炫耀心理。

整数定价策略是利用顾客“一分钱一分货”的心理，针对的是消费者的求名，求方便心理，将商品价格有意定为整数，由于同类型产品，生产者众多，花色品种各异，在许多交易中，消费者往往只能将价格作为判别产品质量、性能的指示器。同时，在众多尾数定价的商品中，整数能给人一种方便、简洁的印象。

（5）声望定价策略

声望定价是根据餐饮产品在客人心目中的声望、信任度和产品在人们心目中的社会地位来确定价格的一种策略。它可以满足某些客人的特殊欲望，如地位、财富、名望和自我形象等，还可以通过价格显示名贵优质。声望定价策略一般适用于知名度较高、市场影响较大、深受客人欢迎的产品。

采用这种定价策略应慎重，事先要进行详细的市场调查，考察消费者实力，研究市场所能接受的最高价格限度等。另外，一定要保证这类产品的质量，做到质价相符，这样才能维持企业声誉，并保证消费者的利益。

(6) 折扣定价策略

折扣让价策略是将餐饮产品价格和市场推销结合起来，分别采用数量折扣、现金折扣、实物折扣等手段以稳定和扩大市场销售份额。同时，根据季节变化，采用季节折扣调节供求关系。

数量折扣是企业根据顾客购买产品数量的多少给予大小不同的价格折扣。一般来说，顾客购买的产品数量越多，其价格折扣越大；现金折扣是企业对按约定日期用现金付款或提前付款的顾客给予一定的价格折扣。折扣的大小一般根据付款期间的利息和风险成本等因素来确定；实物折扣是企业对于顾客采用给予实物的形式进行激励的一种折扣策略。

三、促销策略

促销策略是餐饮企业采用不同的促销手段宣传企业产品，广泛组织客源，扩大产品销售。它是餐饮产品从经营者手中转化为就餐客人实际消费的重要条件。

1. 人员推销策略

(1) 人员推销的含义

人员推销是餐饮企业推销人员直接向顾客提供信息，劝说顾客购买本餐厅产品和服务的过程。这是一种古老的推销方式，直到目前仍然是大多数企业常采用的促销方式。餐饮服务人员是饭店与顾客之间的桥梁和纽带，对企业和顾客均负有责任，因此，企业产品推销是每位职工的责任。

(2) 人员推销特点

针对性强，能直接促成交易。推销人员直接与顾客接触，可以有针对性地宣传介绍企业相关信息，解答疑问，增强顾客的购买信心；利于双方培养和建立人际关系。客我之间通过直接交流和沟通，可以加强双方的了解与信任，从而建立良好的供需关系；兼做市场调研，反馈市场信息。推销人员活跃在市场最前线，可以及时将各种信息反馈给企业，便于企业及时调整策略。

(3) 人员推销程序

餐饮人员推销程序如图 7－4 所示。

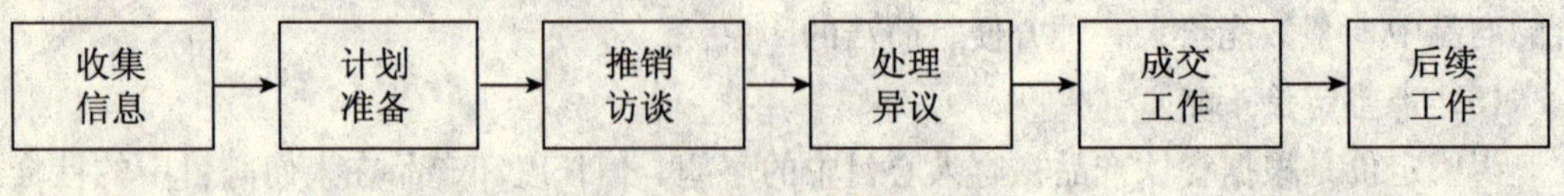

图 7－4 餐饮人员推销程序

第一步：收集信息

餐饮企业推销人员要建立各种资料信息库，注意市场变化，寻找推销机会。比如一些大公司、大企业的庆典、开幕式、年度会议等信息。

第二步：计划准备

推销前做好准备工作，备齐各种餐饮资料，如菜单、照片、图片及荣誉证书等。

第三步：推销访谈

人员推销有上门推销、电话推销、顾客上门洽谈等方式。推销员要使用各种谈话方式和技巧传递餐饮企业产品信息，使顾客产生购买欲望。

第四步：处理异议

对于顾客提出的各种异议，如产品异议、价格异议等，销售人员要有针对性地加以处理，最终说服顾客，促成交易。

第五步：成交工作

推销人员要学会察言观色，善于把握推销时机，达成交易。

第六步：后续工作

达成交易后继续要做好服务工作，妥善处理各种问题，使顾客满意；利用顾客的间接宣传争取更多的新顾客。

2. 广告推销策略

(1) 广告含义

广告是在一般营销策略的基础上，餐饮企业以付费的形式，通过一定形式的媒体，把有关餐饮产品的信息广泛地向公众传递的宣传手段。如通过电视、互联网、报纸杂志等刊登企业广告传递餐饮企业信息。

(2) 广告分类

根据广告媒介的使用，可以将广告划分为不同的类别。

印刷媒介广告，也称为平面媒体广告，即刊登于报纸、杂志、招贴、海报、宣传单、包装等媒介上的广告。

电子媒介广告，是以电子媒介如广播、电视、电影等为传播载体的广告。

户外媒介广告，是利用路牌、交通工具、霓虹灯等户外媒介所作的广告；还有利用热气球、飞艇甚至云层等作为媒介的空中广告。

直邮广告，通过邮寄途径将传单、商品目录、订购单、产品信息等形式的广告直接传递给特定的组织或个人。

销售现场广告，就是企业通过实物展示、演示等方式进行广告信息的传播。有橱窗展示、商品陈列、条幅、展板等形式。

数字互联媒介广告，是利用互联网作为传播载体的新兴广告形式。

(3) 餐饮广告信息决策程序

有效的餐厅广告能对潜在客人的消费态度，消费行为产生影响，能为餐厅产品创造良好的形象，并为餐厅创造销售收入。

①识别就餐对象。企业要有针对性地设计广告，要了解消费者的地理分布、收入，以及对本餐厅的态度及心理状况。

②确定广告目的。餐饮广告的目标应该与餐饮营销目标及餐饮总目标一致，广告目标的不同，会引起广告的主题、正文及其他内容各不相同。

③突出广告魅力。设计能打动、吸引人的广告词和广告提纲，突出企业自身的风格和特点。

④确定广告预算。在餐饮实际促销活动中，许多企业常常使用广告的期望收入来估计预算费用，或用上一年的广告收入来确定下一年的广告预算费用。也有些企业用期望的利润作为估计广告预算费用的依据。还有些企业凭借自己的直觉或经验来确定广告的预算费用。

⑤选择广告媒介。不同的广告媒介具有不同的特点，企业应选择有效、适用的广告媒介进行产品宣传。

⑥广告制作、审查、执行、评估。优秀的广告应该是由广告标题、副标题、正文、插图、音响效果、识别标志等这些内容所组成的一个协调的整体。广告经过一段时间的宣传后，广告人员便可根据事先确定好的检查方法来评估餐饮广告的实际效果。这一步工作能为餐饮广告人员在以后的广告决策中提供方便。

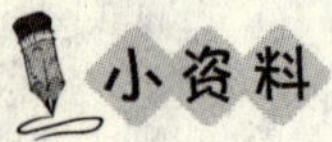

经典广告词创意

美满婚姻“水边”始——水边饭店

意境悠闲，意味不凡——北京意大利餐厅

法国情怀在北京——北京马克西姆餐厅

如果您不满意，请告诉我们，如果您满意，请告诉您朋友——北京天天渔港饭店

安心坐下来吃一碗吧！既便宜又好吃——安心快餐店

集中外烹饪之精华，汇南北清真之大成—— 汇成清真饭庄

昔日帝王宫，今朝贵宾楼——北京贵宾楼饭店

港式火锅，惟我独有——港式火锅城

食在仙岛众口可调，乐在仙岛服务周到——仙岛旋转歌舞餐厅

您没想到的，我们都为您想到了——品一品食品总汇

3. 餐饮营业推广

餐饮营业推广主要是指餐饮企业为了尽快引起目标市场对本产品作出迅速反应而采取的短时期的刺激措施。餐饮营业推广的形式多种多样，变化较快，企业应根据市场类型、销售目标、竞争环境以及每种推广形式的费用来进行选择。目前主要流行的几种形式。

（1）现场展示

主要包括现场陈列展示和现场示范展示。现场陈列展示主要是在餐厅展示餐饮产品实物或照片能使消费者对产品有更具体的了解，及其购买欲望。现场示范展示主要是在餐厅进行制作表演，如烹饪一份菜肴，调试一杯鸡尾酒。目的为提高生产过程的透明度和营造餐厅氛围。

（2）免费赠送

这种活动吸引力强度极大，主要有赠送产品、纪念品等。利用赠品进行推销是企业可使用的一种重要的营业推广手段，企业在赠品选择上应有创造性和新颖性，在赠送方式上尽可能突出参与性和趣味性。

（3）优惠营业推广

优惠营业推广其核心是餐饮企业让利，消费者省钱。例如，折价券、折扣优惠券、退款优惠等。

（4）赠奖营业推广

赠奖营业推广也称有奖销售，即餐饮企业通过给购买者一定奖项的办法来促进购买行为。赠奖一般通过抽奖、兑奖的方式进行。

四、销售渠道策略

餐饮产品销售渠道是餐饮市场营销组合的主要因素之一，也是餐饮企业产品实现其价值的重要环节之一。企业要使自身产品和服务能为消费者所接受，就需要通过一定的销售渠道，将产品和服务转移到消费者手中。

1. 餐饮产品销售渠道的含义

餐饮产品销售渠道是指餐饮产品从餐饮企业向消费者转移过程中，所经过的一切取得使用权转移或协助使用权转移的中介组织和个人，是餐饮产品使用权转移过程中，由各个流通环节连接起来而形成的通道。

2. 餐饮产品销售渠道的类型

通常人们总是根据企业产品销售过程中是否涉及中间环节，而将其分为直接渠道和间接渠道。

（1）直接渠道

直接渠道（Direct Channel）是指没有渠道中间商参与的一种渠道结构，也可以理解为是一种销售渠道结构的特殊情况。在直接渠道中，餐饮企业产品或服务直接由生产者销售给消费者，如图 7－5 所示。

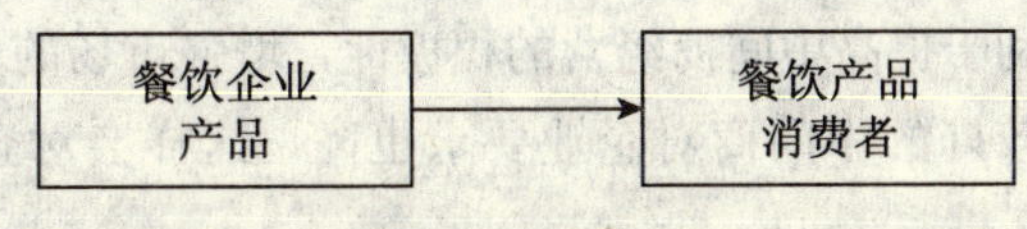

图 7－5　直接渠道

（2）间接渠道

间接渠道（Indirect Channel）是指餐饮企业通过流通领域的中间环节把产品销售给消费者的渠道。其基本模式如图 7－6 所示。间接渠道是社会分工的结果，主要包括经销商、代理商、批发商、零售商等。

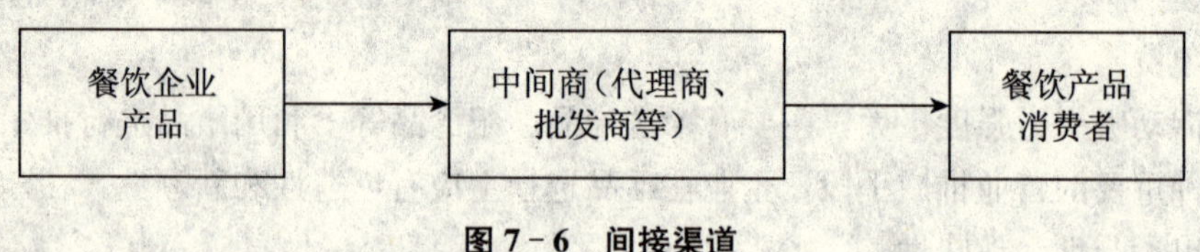

图 7－6　间接渠道

3. 餐饮产品销售渠道的策略选择

（1）餐饮产品销售渠道的长度选择策略

在渠道销售中，中间环节的多少表示了渠道的长度。销售渠道“长度”的选择，从餐饮企业生产商角度看，渠道环节越多，商品流通的周期越长，控制就越困难，所以要尽量减少不必要的销售环节，以选择短渠道为好。但渠道选择不是绝对的，要视具体的情况来定，如企业应根据自身条件、产品因素、市场因素等选择渠道长度。

一般来说，短渠道优于长渠道，主要优点是企业产品直销，即直接以“出厂价”销售，给顾客以价格较为便宜的感觉；在相同的产品售价下，长度较长的间接渠道中佣金和批发价格的存在无疑会减少企业的收入；较长的销售渠道所经过的中间环节较多，会影响产品生产者与消费者直接信息沟通的速度和质量；选择直销还有利于企业对市场的控制，能使企业迅速掌握市场供求关系和竞争状况的变化，及时调整市场营销策略。

（2）餐饮产品销售渠道的宽度选择策略

销售渠道的宽度，即市场覆盖面的大小。在销售渠道中，是以企业在销售同一层次上使用中间商的多少表示了渠道的宽度。根据产品、市场、中间商、企业具体情况，对渠道中间商数目选择可以采用三种策略。

①广泛性销售策略。企业通过尽可能多的中间商或分销点来销售其产品。因为，这类产品市场需求面广泛，顾客要求购买方便，一般较少重视品牌。选择这种策略可以扩大产品的销售面和销售量。缺点是销售费用太高，并且企业易对产品营销失去控制，同时可能会因某一渠道成员服务质量的失误，而给产品整体形象带来负面影响。

②选择性销售策略。企业在某地区市场有选择地使用几家信誉较好的中间商来销售其产品。优点在于有利于合作双方互相配合和监督，共同对顾客负责；中间商数目较少，可以减少经销商之间的盲目竞争，有利于提高产品的声誉；合作可以配合得更加默切，建立更密切的业务关系，有利于提高中间商经营的积极性，增强市场的竞争力。但是由于双方的选择是双向的，信誉较好的中间商对企业要求也高，这样会对企业市场规模造成一定影响。

③独家销售策略。企业在某地区市场只选择一家信誉卓越、销售能力强的中间商来经

销其产品。对生产商来说，优点是易于控制市场的销售价格和数量，密切与中间商的协作关系，有利于带动其他新产品上市。缺点是市场风险较大，如果中间商发生变化，企业就会遭到较大的损失。

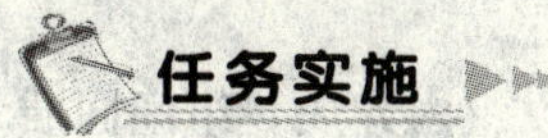

任务实施

餐饮营销策略任务实施的过程如图 7－7 所示。

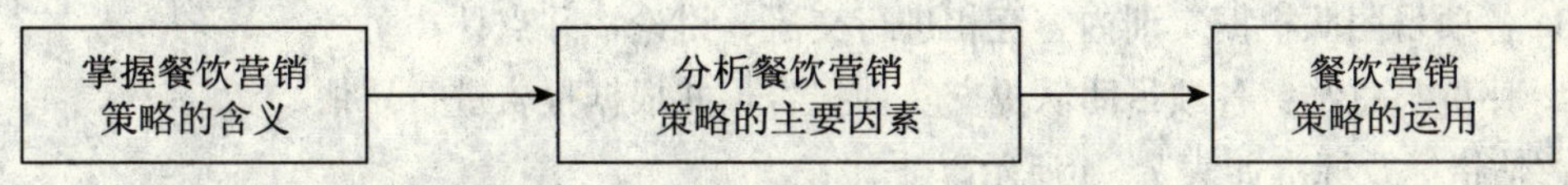

图 7－7　餐饮营销策略任务实施的过程

第一步：掌握餐饮营销策略的含义

餐饮产品营销策略，就是在市场供给和需求之间实现产品和劳务交换所采取的各种措施和手段。它涉及市场供给和市场需求两个方面，反映在餐饮业务经营活动的全过程。通过对其含义的分析，加深对它的理解和认知。

第二步：分析餐饮营销策略的主要因素

餐饮营销策略主要包括产品策略、价格策略、促销策略及销售渠道策略。通过分析能够正确认识到：产品策略是餐饮营销的基础，直接影响其他营销策略的实施；价格策略关系餐饮市场对餐饮产品的接受程度并影响市场的需求和企业的利益；促销策略是企业实现经营效益的必要保证；销售渠道策略则是餐饮企业实现其产品价值的重要环节。

第三步：餐饮营销策略的运用

餐饮企业要依靠餐厅一整套营销活动，不断地跟踪顾客需求的变化，及时调整餐厅整体经营活动和营销策略，努力满足顾客需要，通过顾客的满意来实现餐饮经营目标，达到消费者利益与经营者利益的一致。

任务总结

餐饮营销策略主要包括产品策略、价格策略、促销策略、销售渠道策略。餐饮企业在进行产品销售决策时，要科学、全面、充分地分析考虑各个策略的内涵，才能作出合理的策略选择。

实训项目

实训目标

1. 通过实训使学生能够正确分析理解餐饮营销策略；
2. 培养学生学会针对不同的餐饮产品选择不同的销售渠道。

内容与要求

选择一家餐饮企业，对某一产品进行研究，然后再根据自己所收集的相关资料与数据，分析餐饮企业应该选择怎样的产品销售渠道销售其产品。

组织与实施评价

1. 以项目团队为学习小组，小组规模一般是5～8人，分组时以组内异质，组间同质的原则为指导，小组的各项工作由小组长负责指挥协调；

2. 建立沟通协调机制，团队成员共同参与、协作完成任务；

3. 各项目团队根据实训内容互相进行交流、讨论，并点评；

4. 评价与总结：各项目团队提交实训报告，并根据报告进行评估。

评估指标及标准如表7-4所示。

表7-4 餐饮销售策略设计评分

被考评人			考评地点			
考评内容		考评标准	分值/分	自我评价/分	小组评议/分	实际得分/分
专业知识技能掌握	餐饮产品构成及其策略	掌握	20			
	餐饮价格策略	掌握	15			
	餐饮促销、销售渠道策略	掌握	15			
	报告完成情况		10			
通用能力培养	学习态度	积极主动，不怕困难，勇于探索，态度认真	15			
	运用知识的能力	能够熟练自如地运用所学的知识进行分析	15			
	团队分工合作	能融入集体，愿意接受任务并积极完成	10			
合　计			100			

注：1. 实际得分＝自我评价×40%＋小组评价×60%。

2. 考评满分100分，60分以下为不及格，60～74分为及格，75～84分为良好，85分及以上为优秀。

复习思考题

一、填空题

1. ________是指餐饮经营者为使顾客满意并为实现餐饮经营目标而展开的一系列有计划、有组织的活动。

2. 在现代市场营销中，产品具有宽广的外延和深刻而丰富的内涵。从餐饮产品的构成来说，整体产品一般包括五个层次的内容，即________、________、________、延伸产品和潜在产品。

3. ________是餐饮企业采用不同的促销手段宣传企业产品，广泛组织客源，扩大产品销售。

4. ________是在一般营销策略的基础上，餐饮企业以付费的形式，通过一定形式的媒体，把有关餐饮产品的信息广泛地向公众传递的宣传手段。

5. ________也称有奖销售，即餐饮企业通过给购买者一定奖项的办法来促进购买行为。

二、选择题

1. 企业在确定产品零售价格时，以零头数结尾，或是按照风俗习惯的要求，价格尾数取吉利数字，以扩大销售。这种定价策略属于________。

A. 撇脂定价策略　　B. 渗透定价策略
C. 尾数定价策略　　D. 整数定价策略

2. 餐饮产品推销过程中，直接向顾客提供信息，劝说顾客购买本餐厅产品和服务的过程，这种推销方式属于________。

A. 人员推销　　B. 广告推销　　C. 营业推广　　D. 现场推销

3. 餐饮营业推广的形式多种多样，目前主要流行的几种形式________。

A. 现场展示　　B. 免费赠送
C. 优惠营业推广　　D. 赠奖营业推广

4. 侵吞现款的表现形式主要包括________。

A. 侵吞现款、重复收款　　B. 偷窃现金、少计品种
C. 欺骗顾客　　D. 不收费或少收费

5. 餐饮销售计划的特点________。

A. 目标性　　B. 层次性　　C. 综合性　　D. 专业性

三、简答题

1. 简述餐饮营销的影响要素。
2. 简述餐饮产品定价目标。
3. 简述餐饮产品定价策略。
4. 简述餐饮营业推广的几种形式。
5. 简述餐饮营销策略。

项目八　餐饮成本控制管理

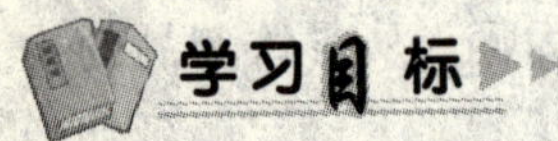

学习目标

知识目标

1. 了解餐饮成本的基本概念，掌握餐饮成本的构成、分类和特点；
2. 了解餐饮成本核算的概念；
3. 熟悉原料和产品成本核算的工作步骤和方法；
4. 了解餐饮成本控制的内容及控制要素；
5. 掌握餐饮成本控制的方法和步骤。

能力目标

1. 能够进行餐饮成本核算；
2. 能够运用所学知识，对餐饮成本进行有效管理；
3. 能够运用所学知识，努力使餐饮产品在满足顾客需求的同时取得最大的经济效益。

任务一　餐饮成本的构成与特点

任务导入

值班鱼

赵先生和常先生来到北京某星级饭店的中餐厅就餐。餐间，赵先生指着一盘“翡翠虾仁”对常先生说：“这道菜他们做得不对。菜中的虾仁应该用色泽浓绿的菜汁，再浇上热油，方能显出‘翡翠’的效果。这里的厨师为了省事，只在盘中配了一些青菜，并没有用菜汁处理虾仁，所以不是真正的‘翡翠虾仁’。”常先生听后连连点头，对赵先生的餐饮知识十分佩服。

当他们要的“清蒸鲑鱼”上桌后，赵先生尝了一口，皱起眉头又对常先生说：“这条鱼不是咱们看到的那条活鱼，很可能是一条冻鱼，肉质发紧，根本嚼不动，那条‘值班鱼’早就放回鱼缸去了。”

“‘值班鱼’，哈哈……”常先生被赵先生的幽默语言逗乐了。

“咱们找服务员换条鱼吧?”常先生对赵先生说。他们把服务员叫过来，提出了对“翡翠虾仁”和“清蒸鲑鱼”的疑问，并要求退换鲑鱼。

闻讯赶来的餐厅经理向他们解释，由于厨师的问题，虾仁没有做好。鱼是绝对新鲜的，只是火候太大，所以嚼不动。“这样吧，鱼和虾的价格不算在餐费之内，感谢你们对我们提出的意见，我们一定努力改进。”经理最后对他们说。

由于没有按菜谱的要求制作“翡翠虾仁”以及“清蒸鲑鱼”的肉质和口感不符合要求，造成了餐厅的名誉损失和经济损失。

任务分析

随着国内餐饮市场竞争日趋激烈，餐饮企业的高利润时代已成为过去。餐饮企业必须通过加强企业内部各环节的成本控制，达到降本增效的目的。

知识准备

在餐饮企业中，为何有些餐饮企业看着生意很好，但最终却赢利很小，甚至出现亏损的状况？虽然原因众多，但很大程度上与产品的价格以及成本的控制有着密切联系。这也是餐饮企业日常管理的重要内容之一，它将直接影响企业经营的好坏。这正是了解和掌握餐饮成本构成及特点、餐饮成本的核算、餐饮成本控制与分析等方面内容的客观基础。

一、餐饮成本概念及构成

1. 餐饮成本的概念

餐饮成本是指餐饮企业在生产和销售各类餐饮产品时所占用和耗费的各项费用总额，简单地说，餐饮成本就是餐饮销售总额减去利润后的所有支出。

2. 餐饮成本的构成

餐饮成本构成费用项目主要由表 8－1 所示。

表 8－1　　餐饮成本构成费用项目

费用项目	比重/%
原材料（食品、饮料）	50
燃料	1
物料用品	1～2
低值易耗品摊销	3
工资管理费用	15～20
福利	2

续 表

费用项目	比重/%
水电费	4
企业管理费用	1
其他支出费用	2.5
合计	79.5～85.5

在以上各项内容中，餐饮原材料成本和人工成本为最主要的成本。

二、餐饮成本的分类

成本分类是为做好成本核算和成本管理服务的。成本核算和成本管理的方法和目的不同，成本分类也不一样，餐饮产品的成本和其他成本一样，可以按照多种标准从不同角度分成不同的种类。

1. 按成本管理分类

从成本的管理角度划分，可以分为可控成本和不可控成本、标准成本和实际成本。

（1）可控成本和不可控成本

可控成本（Controllable Costs）是指餐饮管理中，短时间内通过管理人员和部门职工的主观努力能够改变和控制数额的成本。对餐饮管理人员来说，变动成本，如食品饮料的原料成本等，一般为可控成本。管理人员若变换每份菜的份额，或在原料的采购、验收、储存、生产等环节加强控制，则食品饮料的原料成本数额会发生变化。大多数半变动成本也可以控制。某些固定成本也属可控成本。如，办公费、差旅费、推销广告费等。

不可控成本（Uncontrollable Costs）是指通过部门管理人员和职工的主观努力短期内无法改变或很难加以控制的成本。如折旧费、大修理费、贷款利息和正式职工的固定工资费用等。

（2）标准成本和实际成本

标准成本（Standard Costs）是指在正常和高效率经营情况下，餐饮生产和服务应占用的成本指标。为了控制成本，餐饮企业通常要确定单位标准成本。如每份菜的标准成本、分摊到每位客人的平均标准成本、标准成本率、标准成本总额等，标准成本的实用价值取决于所制定的标准符合实际的程度。

建立成本标准最常用的方法，是从企业以往的实际成本中抽取平均值或者平均百分比率作为标准成本额或标准成本率。其目的一是为了用于控制实际成本；二是用于决策，如每份菜的标准成本也是其定价的依据；三是使成本计算更合理；四是减少成本会计的工作量（具体举例如表 8-2～表 8-5 所示）。

表 8-2 标准成本单举例

直接材料成本

材料编号	材料名称和规格	计量单位	标准用量	标准单价	标准成本
从略	A	千克	20	5.00	100.00
	B	千克	20	4.00	40.00
	C	件	1	30.00	30.00
小计					170.00

表 8-3 标准成本单举例

直接人工成本

编号	作业名称	作业等级	标准工时数	标准工资率	标准工资
1	从略	2 级	5	0.50	2.50
2		2 级	4	0.50	2.50
3		2 级	6	0.50	2.50
4		2 级	7	0.50	2.50
5		2 级	3	0.50	2.50
小计					12.50

确定标准人工费用的基础是规定标准的劳动定额和标准的职工配备数。标准直接人工费的计算是将直接人工时数乘以每小时人工费用而得。直接人工费用不仅包括工资，而且还包括各项福利、费用，如房屋补贴、伙食补贴、带工资休假费用、交通补贴、工作餐和工作服等。

表 8-4 标准成本单举例

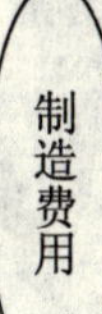

费用名称	标准工时数	标准分配率	标准成本
变动制造费用	25	1.50	37.50
固定制造费用	25	2.00	50.00
小计			87.50

表 8-5 标准成本单举例

标准成本汇总

直接材料成本	170.00
直接人工费用	12.50
制造费用	87.50
标准成本（每件）	270.00
修订记录：	

实际成本（Actual Costs）是餐饮经营过程中实际消耗的成本。标准成本和实际成本之间的差额为成本差异。如果实际成本大于标准成本，则称为逆差，反之为顺差。

2. 按餐饮成本性质分类

按成本性质划分，可分为固定成本、变动成本和半变动成本。固定成本和变动成本是根据成本对产销量的依赖关系来分类的，它反映了餐饮产品的成本性质。

固定成本（Fixed Costs）是指在一定时期和一定经营条件下，其总量不随餐饮产品产量或销售量发生变化的那部分成本。这些成本费用即使在饭店没有销售量的情况下也必须支出。在餐饮成本构成中，劳动工资、折旧费用、还本付息费用、管理费用等在一定时期和一定经营条件下，是相对稳定的，所以称为固定成本。但固定成本也并不是绝对的不随生产量的变化而变化，当生产量增加到超出现有生产能力、需要设置新设备时，某些固定成本会随产量的增加而变化。正因为固定成本对销售量的变化保持相对不变，故当销售量增加时单位产品所负担的固定成本会减少。

变动成本（Variable Costs）则是指在一定时期和一定经营条件下，随产品生产和销售量的变化而变化的那部分成本。在餐饮成本构成中，食品原材料成本、水电费用、燃料消耗、洗涤费用等总是随着产品的产销量而变化，所以称为变动成本。这类产品在随产量增加、变动成本总额增加时，其单位数量产品的变动成本保持相对不变。

半变动成本是指部分随产品生产和销售量的变动而变动的成本，但它的增减量不完全是按比例变化。如餐具、灶具费用、水费、电费等。半变动成本可分为两部分，一部分是随着产量变化而相对不变的固定成本，另一部分是随着产量变化而成正比例变化的变动成本。对于全部雇佣领取固定工资的正式职工的餐饮企业来说，人工费及相关费用为固定成本，但如餐厅在营业量较大时雇用临时工，则人工费不完全为固定成本而是半变动成本。

成本要素与产销量之间的关系，如图 8-1 所示。

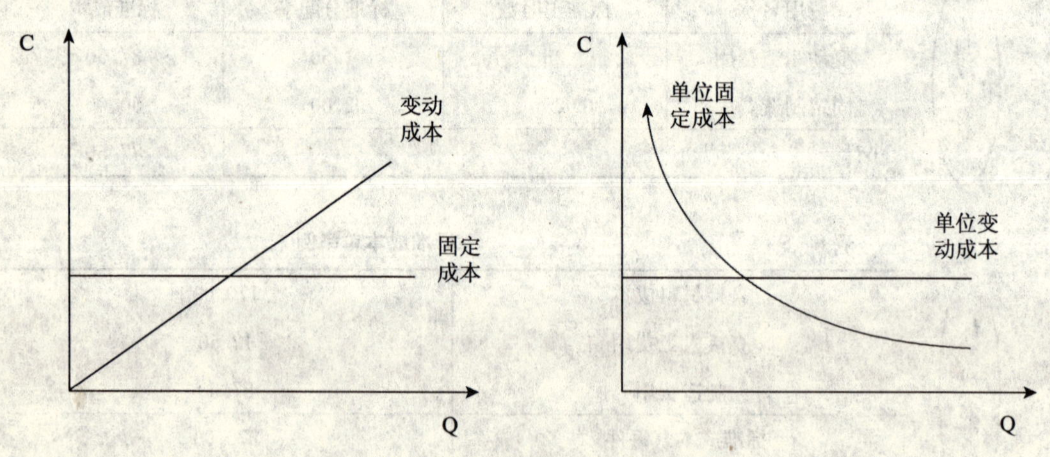

图 8-1　成本要素与产销量之间的关系

3. 按成本与产品的形成关系分类

按成本与产品的形成关系划分可分为直接成本和间接成本两种。

直接成本是指在产品生产中直接耗用，不需分摊即可加入到产品成本中去的那部分成本。如直接材料、直接人工、直接耗费等。

间接成本是指需要通过分摊才能加入到产品成本中去的各种耗费。如销售费用、维修费用、管理费用消耗等。

4. 按成本和决策的关系分类

按成本和决策的关系划分可分为边际成本和机会成本。

边际成本是指增加一定产销量所追加的成本。在餐饮管理中，经营者要增加餐饮产品的产销量，以增加收入。但同时，其成本也会相对增加。当固定成本得到全部补偿时，成本的增加又会相对减少，从而增加利润。但产销量的增加不是没有限制的，当超过一定限度时，市场供求关系变化，成本份额也会发生变化，从而使利润减少。从经营决策来看，当边际成本和边际收入相等时，利润最大。所以，边际成本是确定餐饮产品产销量的重要决策依据。

机会成本是从多种方案中选择一个最佳方案时，被放弃的次优方案所丧失的潜在利益。

三、餐饮成本的特点

1. 变动成本比重大

在餐饮的成本费用中，变动成本和费用占营业收入的比例很大，这就意味着餐饮价格的折扣不能像客房价格折扣幅度那么大。

2. 可控成本比重大

由于餐饮产品大多是根据顾客的需要进行小批量加工生产，且大部分产品需由服务员直接向顾客提供服务，故餐饮成本费用中的大部分是餐饮管理人员能控制的，其发生额的多少直接与管理人员对成本控制的好坏相关。这个特点说明对餐饮成本进行控制十分重要。

3. 成本泄露点多

成本泄露点是指餐饮经营活动过程已经造成的或可能造成的成本流失的环节。餐饮管理中，涉及食品饮料的成本控制、餐饮的推销和销售控制过程中的众多环节：菜单计划—采购—验收—储存—发料—加工切配和烹调—餐饮服务—餐饮推销—销售控制—成本核算，如果管理不善就会成为成本泄露点。这个特点要求在餐饮管理过程中对每个工作环节都严格管理。

四、餐饮成本率的计算

成本率是表示成本和销售额二者关系的概念，是成本与销售额之比，是成本控制最重要的指标。

1. 成本率在成本控制中的作用

(1) 可以方便地对两期或两期以上的成本率进行比较;

(2) 可以方便地对两个或两个以上的部门进行比较。

2. 餐饮成本中成本率的计算公式

成本率＝成本÷销售额×100％

食品成本率、饮料成本率、人工成本率的计算方法为：

食品成本率＝食品成本÷食品销售额×100％

饮料成本率＝饮料成本÷饮料销售额×100％

人工成本率＝人工成本÷总销售额×100％

表 8-6　　某饭店餐饮部 2007 年某天主要成本要素

项　目	金额/元
一、营业收入	8400
其中：食品销售额	6000
饮料销售额	2400
二、营业成本	4200
其中：食品成本	3000
饮料成本	1200
三、经营毛利	4200
毛利率	50％
四、营业费用	3024
其中：人工成本	1512
折旧费	500
其他营业费	1012
五、营业利润	1176

计算餐饮的食品成本率、饮料成本率和人工成本率。

食品成本率＝食品成本÷食品销售额×100％＝3000÷6000×100％＝50％

酒水成本率＝酒水成本÷酒水销售额×100％＝1200÷2400×100％＝50％

人工成本率＝人工成本÷总销售额×100％ ＝1512÷8400×100％＝18％

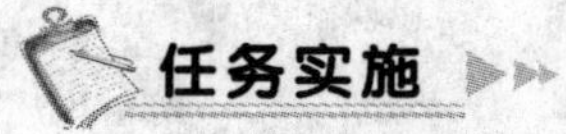

任务实施

餐饮成本率的计算步骤如图 8－2 所示。

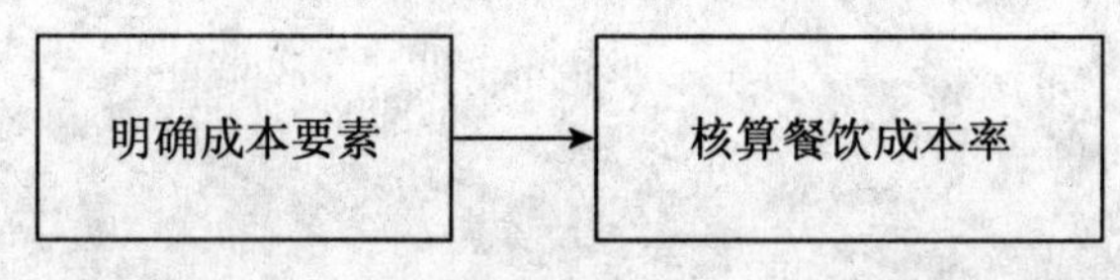

图 8－2　餐饮成本率的计算步骤

第一步：明确成本要素

了解明确饭店餐饮部的主要成本要素，及餐饮构成的项目及相关金额。

第二步：核算餐饮成本率

根据餐饮成本中成本率的计算公式计算不同项目的成本率。

任务总结

餐饮成本是指餐饮企业在生产和销售各类餐饮产品时所占用和耗费的各项费用总额，通过对餐饮成本率的计算可以更好地了解餐饮经营情况。

实训项目

实训目标

1. 了解餐饮成本概念、成本结构特征；

2. 能够对餐饮成本从原材料、营业费用、人工费用等方面进行核算。

内容与要求

寻找具体的案例，对餐饮成本从原材料、营业费用、人工费用等方面进行核算。（具体标准：案例真实；核算餐饮产品成本正确。）

组织与实施评价

1. 以项目团队为学习小组，小组规模一般是 5～8 人，分组时以组内异质，组间同质的原则为指导，小组的各项工作由小组长负责指挥协调；

2. 分组后确定要核算的案例，团队成员共同参与、协作完成任务；

3. 各小组针对特定饭店餐饮产品成本，从原材料、营业费用、人工费用等方面进行核算；

4. 课堂进行小结，互评及教师点评相结合。

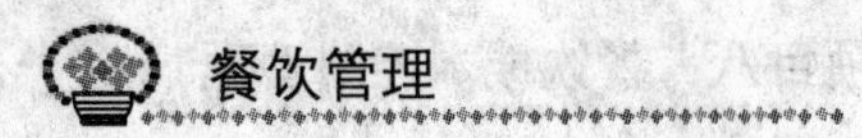

任务二　餐饮成本核算

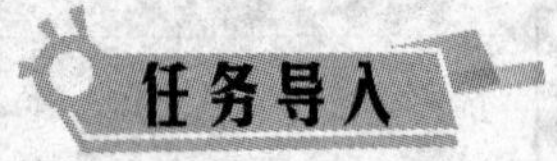

一次成功的成本分析会议

某精品川菜馆的餐厅，以经营精品川菜为主，营业面积800多平方米，10个包间，300多个餐位。自5月开业以来，生意节节攀高，每晚21：00后的夜宵生意也不错。奇怪的是，每月的销售收入在不断提高，但月底结算时餐厅利润却没有明显增长。

经过相关部门共同对当月的营业收入、营业成本、营业费用、部门利润等四个方面作对比研究，经分析发现多方面的问题，如采购问题：无计划采购造成成本浪费太大，无竞争性采购，缺少对供应商进行评估和市场信息调查；采购监控系统未有效建立起来，对采购过程也控制不严。

这次成本分析会取得很大的成功。一些原先对成本控制不甚了解的管理人员，开始研究起如何降低成本来。为了能在以后的成本分析会上向大家如实报告，一些新的制度纷纷出台。如每天做好成本日报表，月末累计综合成本率与当月经营情况的成本率相差不得超过±2%，以制度形式加强标准成本卡的制作、酒水的控制和考核等。另外采购部还制定了关于成本核算的其他一些制度和奖惩条例。这些条例符合实际情况，行之有效。

任务分析

餐饮成本核算是餐饮成本控制的必要手段。食品饮料的成本核算，能及时帮助管理人员掌握食品饮料的成本消耗额，核实仓库存货额，尽可能消灭食品饮料成本的泄露点，是控制食品饮料成本，提高经济效益的必要手段。

小型饭店一般只是每月进行一次食品饮料成本核算，大型饭店除了成本月报外，还要进行日成本核算和成本日报，以便于及时检查经营情况。

知识准备

成本核算对于企业的经营管理起着重要的作用，可以综合反映企业的经营情况。它能够促使企业的各生产部门不断提高操作技术和经营服务水平，降低产品的单位成本，提高企业的服务质量和经济效益。

一、餐饮成本核算的方法

1. 顺序结转法

根据产品生产步骤来核算成本，适用于分步加工、最后烹制的餐饮产品成本核算。方法是将产品的每一生产步骤都作为成本核算对象，依次将上一步骤的成本转入下一步骤的成本，逐步计算出产品成本。如以鸭肉为原材料的菜肴，光鸭加工得到分档原料，先计算出分档原料成本。分档原料再加工得到烹制时的净料。这时将分档原料的成本结转为净料成本。净料在烹制时还要加配料和调料，顺序转入，最后得到产品成本。

2. 平行结转法

这种方法也是根据产品的生产步骤来核算成本。但它和顺序结转法的区别是在生产过程中，食品原材料成本是平行发生的。原料加工一般一步到位，形成净料或直接使用的食品原材料。这时，只要将各个生产步骤的原料成本相加，即可得到产品成本。如汤爆双脆，直接用猪肚、鸭肫、高汤、配料和调料，只要分别核算出猪肚、鸭肫、高汤、配料和调料成本，然后相加，即可得到产品成本。

3. 订单核算法

这种方法是按产品生产批量或客人订单来核算成本。前者如生产包子、点心、酱肉等。这类产品大多是批量生产的，其成本核算只要先核算出每批产品各种原材料成本，然后相加，即可得到批量产品成本和单位产品成本。后者如团体包餐、宴会订餐和会议用餐。这时，餐饮产品生产也是批量进行的。其成本核算只要以订单为基础，分别核算出各种食品原材料成本，然后核算出总成本即可。

4. 分类核算法

这种方法是按产品类别来核算成本。主要适用于产品类别和花色品种较多的零点餐厅。其方法是根据产品类别、性质、耗用原料的加工方式不同，将原料成本分成若干档次，先分类核算出不同档次或不同类别的总成本，再按单位产品用量核算其主料、配料和调料成本，然后相加，即可得到单位产品成本。

二、餐饮原材料成本核算

1. 主、辅料成本计算

(1) 净料率的计算及其应用

净料率是指原材料加工后的重量与加工前毛料的重量的比率。也称出材率、拆卸率、涨发率。它是餐饮业在长期经营过程中总结出的规律，在净料处理技术水平和原料规格质量相同的情况下，原料的净料重量和毛料重量间形成一定的比例关系，通过这种比例关系来计算净料重量。原材料的规格质量和净料的处理技术是决定净料率高低的两大因素。

$$\text{净料率（\%）}=\frac{\text{净料重量}}{\text{毛料重量}}\times 100\%$$

(2) 损耗率的计算与应用

与净料率相对应，是指原料在加工处理后损耗的原料重量与加工前原料重量的比率。

$$损耗率=\frac{损耗重量}{毛料重量}\times100\%=1-净料率$$

$$毛料重量=\frac{净料重量}{净料率}$$

例 1 厨房购回一只鸡，重 2.5 千克，经厨师加工处理后，得到净肉 1.5 千克，那么这只鸡的净料率和损耗率分别为多少？如果购进这种鸡 30 千克，能得到多少净料？

$$净料率（\%）=\frac{净料重量}{毛料重量}\times100\%$$

$$=\frac{1.5}{2.5}\times100\%=60\%$$

$$损耗率=\frac{损耗重量}{毛料重量}\times100\%=1-净料率$$

$$=1-60\%=40\%$$

2. 净料单位成本的计算

毛料是指最初进购的原料，净料是指经过初加工处理的原料。

餐饮产品成本核算是从原料加工开始的。根据加工方法和处理程度的不同净料分为生料、半制品（无味半制品、调味半制品）、成品三类。食品原材料种类不同，加工方式和出料要求不同，其成本核算的具体方法也不一样。主要有四种情况：

(1) 一料一档成本核算

一种原材料经过加工处理后只有一种净料，下脚料已无法利用。其成本核算是以毛料价值为基础，直接核算净料成本。主要为生料的成本核算。核算公式为：

$$净料单位成本=\frac{毛料价\times毛料重量}{净料重量}$$

$$出料率=\frac{净料重量}{毛料重量}$$

例 2 厨房用萝卜 20 千克和香菇 7 千克做原料，萝卜进价 1.1 元/千克，香菇进价 60 元/千克。经加工处理后，得到萝卜净料 19 千克，水发香菇 56 千克。请分别确定两种原料的单位成本和出料率。

萝卜的单位成本＝20×1.1÷19＝1.16（元/千克）

香菇的单位成本＝ 7×60÷56＝7.5（元/千克）

萝卜的出料率＝19÷20×100％ ＝ 95％

香菇的出料率＝56÷7×100％ ＝ 800％

(2) 一料多档成本核算

一种原材料经加工处理后可以得到两种以上的净料或半成品，这时，要分别核算不同档次的原料成本。食品原材料加工处理形成不同的档次后，各档原料的价值是不相同的。为此，要分别确定不同档次的原材料的价值比率，然后才能核算其分档原料成本。也要用于生料的成本核算，其核算公式为：

$$\text{分档原料单位成本}=\frac{\text{毛料价格}\times\text{毛料重量}\times\text{各档原料价值比率}}{\text{各档净料重量}}$$

例 3　猪腿 15 千克，单价为 15.54 元/千克，共计 233.1 元，经拆卸分档，得到精肉 8 千克，肥膘 4 千克，肉皮 1.5 千克，筒骨 1.3 千克，各档原料其价值比率分别为 64%、19%、11%、6%。请核算精肉原料单位成本。

$$\text{精肉单位成本}=\frac{233.1\times64\%}{8}=18.65\text{（元/千克）}$$

或

$$\text{净料单位成本}=\frac{\text{毛料总值}-\text{（其他各档价款总和}+\text{下脚料价款）}}{\text{某档净料重量}}$$

(3) 多料一档成本核算

多种原材料经加工处理后，得到一种净料或半成品，这种情况主要适用于批量生产的餐饮产品成本核算。厨房在生产过程中，某些批量生产的餐饮产品，尽管各种原材料的加工方式不同，但加工后的原料最终混合成一种净料。这时，只要将各种原材料的实际成本汇总，即可核算出单位成本。多用于半成品和成品的成本核算。

半成品是经过初步熟制处理或调味的净料。根据在加工过程中是否耗用了调味品，可分为无味半制品和调味半制品。其核算公式为：

①无味半成品单位成本计算：

$$\text{无味半成本}=\frac{\text{毛料总值}-\text{下脚料价款}-\text{废料总值}}{\text{无味半成品重量}}$$

②调味半制品是指加放了调料的净料或经过调味和熟制的净料。其核算公式为：

$$\text{调味半成品成本}=\frac{\text{毛料总值}-\text{下脚料、废料总值}+\text{调味品总值}}{\text{调味半成品重量}}$$

例 4　厨房购进 20 千克牛肉，每千克 20 元。经分档、加工后，得符合用料规格的牛肉 18 千克，牛筋 0.5 千克，每千克 30 元，其他下脚料和废料计价 5 元，牛肉经卤制后损耗 30%，计算卤制牛肉的单位成本。如果加调味品价值为 20 元，计算调味卤制牛肉的单位成本。

$$\text{无味卤制牛肉成本}=\frac{20\times20-0.5\times30-5}{18-18\times30\%}=30.16\text{（元/千克）}$$

$$\text{调味卤制牛肉成本}=\frac{20\times20-0.5\times30-5+20}{18-18\times30\%}=31.75\text{（元/千克）}$$

③成品单位成本计算：

$$\text{成品单位成本}=\frac{\text{毛料总值}-\text{下脚料、废料总值}+\text{调味品总值}}{\text{成品重量}}$$

如果上例中调味品重量是 1 千克，而且标准烹饪后切割折损率是 10%，那么成品卤制牛肉的单位成本是多少？

$$\text{成品卤制牛肉成本}=\frac{20\times20-0.5\times30-5+20}{18-18\times30\%-20\times10\%+1}=34.48\text{（元/千克）}$$

(4) 多料多档成本核算

指多种原材料经过加工处理后，得到一种以上的净料或半成品。这种情况主要适用于餐饮产品的再加工或分类使用。其成本核算方法是先分档核定原料成本，再确定净料或半成品价值比，最后核定分档原料或半成品成本。其核算公式为：

$$成本=\frac{\sum 分档原料价格\times 分档毛料重量\times 分档原料或半成品价值比}{分档原料或半成品重量}$$

三、餐饮产品成本核算

餐饮产品的成本核算就是指烹调品种所有耗用净料成本的总和。也即是在核算各种原料净料成本的基础上，按照品种配菜的标准，计算出各种用量净料成本的总和。

根据品种制作的类型，产品成本核算可分为两种，一种是单件产品成本核算，另一种是批量产品成本核算。

1. 单件产品成本核算

单个品种成本核算就是把构成某个品种的主料成本、配料成本和调味料成本全部加起来，就是单位品种成本，它适用于厨房部的品种计算。计算公式是：

单位品种成本＝主料成本＋配料成本＋调味料成本

例 5 "碧绿鲜带子"，鲜带子每 500 克的进价是 21 元，净料率是 95%，用量是 150 克，西兰花每 500 克的进价是 2 元，净料率是 65%，用量是 200 克，调味料成本是 1 元，求该品种成本。

鲜带子净料成本＝（21÷95%）×（150÷500）＝6.63（元）

西兰花净料成本＝（2÷65%）×（200÷500）＝1.23（元）

原料总成本＝6.63＋1.23＋1＝8.86（元）

这是一个较标准的品种成本核算，即是将各种主料、配料的每 500 克净料成本乘以用量，然后按照品种标准成本配置（无论有多少种主配料）相加到一起就是该品种的原料总成本。

2. 批量产品成本核算

批量产品成本核算就是按批量制作的产品所使用的原料总成本除以制作出来的产品数量，其结果就是单位产品成本。它适用于点心部品种制作和烧卤部的品种制作。批量品种成本核算的公式是：

$$单位品种成本=\frac{本批品种所耗用的原料总成本}{产品数量}$$

例 6 猪肉包子 60 个，用料：面粉 1 千克，进价为 2 元/千克；猪肉 500 克，单价为 15 元/千克；酱油 150 克，单价为 4 元；味精 3 克，葱末 50 克，姜末 5 克，作价 0.45 元，求猪肉包子的单位成本。

制作这批猪肉包子的总成本是：

2＋（0.5×15）＋4＋0.45＝13.95（元）

则猪肉包子的单位成本为：

13.95/60＝0.23（元/个）

相对来说，批量制作的品种成本核算比单个品种成本的计算要简单一点。

批量产品成本核算是根据一批产品的生产数量和各种原料实际消耗进行的。其成本核算方法包括三个步骤：

根据实际生产耗用，核算本批产品各种原材料成本和单位产品成本；比较单位产品实际成本和标准成本，计算成本误差；填写生产成本记录表。若成本误差较大，应分析原因，采取控制措施。

四、团队成本核算

1. 分析《团队（会议）用餐通知单》，明确成本核算前提条件

《团队（或会议）用餐通知单》是根据客人预订要求制定的。其内容包括用餐人数、餐费标准、起止时间、餐费安排、酒水标准和客人禁忌或特殊要求等。它既是团队或会议成本核算的客观依据，也是其成本核算的前提条件。因此，正式进行成本核算前，管理人员都要掌握和分析《团队（或会议）用餐通知单》的有关内容和数据，才能正确进行成本核算。

2. 计算团队或会议用餐的餐费标准，确定食品原材料成本

团队或会议用餐的费用按人天标准下达。由此可根据用餐人数和天数，确定总餐费标准。但在实际工作中，团队或会议用餐又是按早、中、晚三餐安排的。因此，其餐费标准还要根据每人每天的费用标准，按事先规定的比例分配到每个餐次。然后再按费用标准，确定每人、每个餐次可安排的费用。在这一过程中，还要考虑到团队或会议用餐的毛利率，确定食品原材料成本。

五、部门成本核算

1. 餐饮成本日核算与成本日报表

餐饮成本的日核算并不是十分精确，有的原料不一定每日采购，也许隔日采购，当日从库房里发出的原料也不会每日都正好用完，有些原料在使用日以前就领出来了。如盐及其他调料，也许一周领一次，以免天天去领；有些大块肉领来可用几天。上述情况都会使计算的日成本额偏离真实的消耗情况。因此，为了减少由于人为的原因使成本额的计算出现高低波动的状况，有必要统计成本的累积值数据，这样数日后的累积值就会更精确，如表 8－7 所示。

表 8－7　　餐饮成本日核算与成本日报表

项　目	当　日	本周累计	上周累计
营业收入	5400.00 元	18450.00 元	12700.00 元
食品成本	2180.00 元	7356.00 元	5345.00 元
食品成本率	40.4%	39.9%	42.1%

2. 食品成本月核算与成本月报表

食品成本月核算就是计算一个月内食品销售成本。通常需要为餐饮部门设一个专职核算员，每天营业结束后或第二天早晨对当天或前一天营业收入和各种原料进货、领料的原始记录及时进行盘存清点，做到日清月结，便可计算出月食品成本。

餐饮成本月报表有两种编制方法，一种是领料单确认成本法，一种是实地盘点法。

六、餐饮产品成本分析

1. 餐饮产品成本分析含义

餐饮产品成本分析其目的是在保证餐饮产品销售的基础上，使成本达到理想水平。

餐饮成本分析是对餐饮经营活动过程中发生的成本及其控制结果按照一定的原则，采用一定的方法，利用成本计划、成本核算和其他有关资料，分析成本目标的执行情况，并与同行业成本以及与标准成本进行对比分析的活动，是餐饮成本控制的重要内容。

2. 餐饮成本分析的意义

餐饮成本分析是由餐饮管理者或财务部门管理人员或专职成本分析人员对餐饮部门的成本控制状况进行全面、系统地分析，找出成本漏洞，提出改进成本控制措施的一系列活动。对餐饮企业成本控制的效果如何，是否还有潜力可挖，要进行科学的分析才能得出结论。餐饮部门从何处进行成本控制，采取什么方法进行成本控制也取决于深入细致的成本分析。

3. 餐饮成本分析的内容

餐饮成本分析主要包括：餐饮原料采购成本分析、餐饮原料验收成本分析、餐饮原料存储成本分析、餐饮食品加工生产成本分析、餐饮市场营销成本分析、饮料成本分析、餐饮企业资产使用成本分析（重点是固定资产、低值易耗品和物料用品的成本分析）、餐饮企业资金运营成本分析、餐饮企业用工成本分析、餐饮企业综合成本分析等。

4. 餐饮成本分析方法

餐饮成本分析方法有直观分析法、流程分析法、表格分析法等，餐饮企业可以根据自身规模、管理模式选择采用。直观分析法是采用观察员工的工作情况、各部门之间的关系、员工劳动强度大小、物料消耗是否有浪费等情况，在此基础上进行成本分析。流程分析法，即通过对物流、资金流、生产工艺流程等进行全过程成本分析，发现问题，解决问题。另外还有表格分析法，即利用各种报表，检查发现漏洞，采取弥补完善措施。

进行同行业、同规模、同档次餐饮经营比较分析，或通过抽取本餐饮企业餐饮一项或几项成本控制的实际情况进行分析，以点观面等，都可达到成本分析的目的。

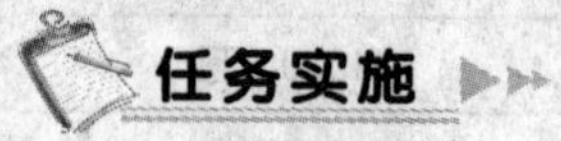

餐饮成本核算的工作步骤如图 8-3 所示。

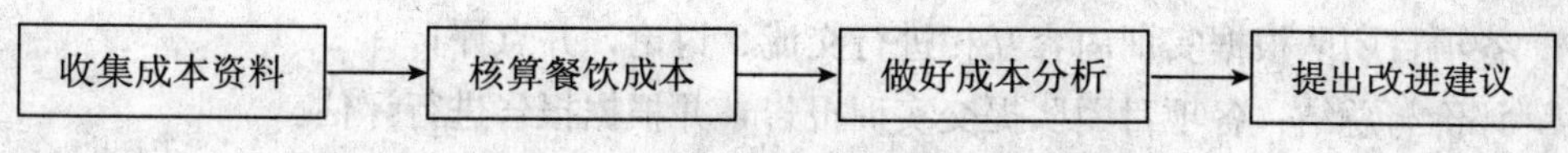

图 8－3　餐饮成本核算的工作步骤

第一步：收集成本资料

企业的餐饮成本控制员应该定期将核算好的上一期的成本情况尽快向管理人员反映，以便于及时发现问题，查明原因，采取改进措施。

第二步：核算餐饮成本

运用成本核算的方法对餐饮生产过程中的不同原材料进行定期核算，掌握近期餐饮生产方面存在的各种问题，如原材料使用是否合理，销售定价是否合理等。

第三步：做好成本分析

按照一定的原则，采用一定的方法，利用成本计划、成本核算和其他有关资料，分析成本目标的执行情况，将计划成本指标与标准成本指标进行对比，了解该项指标完成情况，发现餐饮成本控制存在的问题和主要的成本控制漏洞，查明成本偏差的原因，加大成本控制的力度，提高成本控制水平。

第四步：提出改进建议

根据餐饮成本分析，制定相关的管理制度和措施，寻求成本控制的有效途径，以便采取针对性的控制措施，降低产品单位成本，提高服务质量和经济效益。

任务总结

通过餐饮成本核算，可以综合反映企业的经营情况。如原材料使用是否合理，销售定价是否合理等，促使企业各生产部门不断提高操作技术和经营服务水平。

实训项目

实训目标

1. 通过实训使学生能够对不同餐饮原料进行成本核算；

2. 培养学生运用餐饮成本核算相关知识进行餐饮成本的核算和分析，并提出改进意见的能力。

内容与要求

选择某餐饮企业作为研究对象，根据自己所收集的相关资料与核算数据，分析其存在的问题并提出改进建议。

组织与实施评价

1. 以项目团队为学习小组，小组规模一般是 5～8 人，分组时以组内异质，组间同质的原则为指导，小组的各项工作由小组长负责指挥协调；

2. 建立沟通协调机制，团队成员共同参与、协作完成任务；

3. 各项目团队根据实训内容互相进行交流、讨论，并点评；

4. 评价与总结：各项目团队提交实训报告，并根据报告进行评估。

评估指标及标准如表 8-8 所示。

表 8-8　　餐饮成本核算设计评分表

被考评人			考评地点			
考评内容		考评标准	分值/分	自我评价/分	小组评议/分	实际得分/分
专业知识技能掌握	餐饮成本核算的方法	理解	15			
	餐饮原材料成本核算	掌握	20			
	餐饮产品的成本核算	理解	15			
	报告完成情况		10			
通用能力培养	学习态度	积极主动，不怕困难，勇于探索，态度认真	15			
	运用知识的能力	能够熟练自如地运用所学的知识进行分析	15			
	团队分工合作	能融入集体，愿意接受任务并积极完成	10			
合　计			100			

注：1. 实际得分＝自我评价×40%＋小组评价×60%。

2. 考评满分 100 分，60 分以下为不及格，60～74 分为及格，75～84 分为良好，85 分及以上为优秀。

任务三　餐饮成本控制

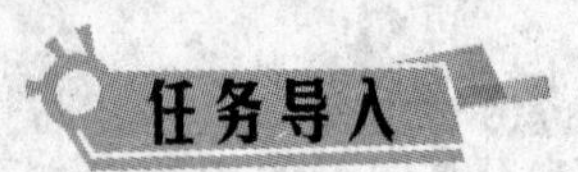

为什么这儿的价格便宜

上海高阳宾馆和虹口城同属于一家管理公司，每月有两次常规大调查：餐饮部、财务部和采购部派人前往附近的农贸市场和批发市场进行调研。“高阳人”一个摊一个摊地询问各种原料和食品的价格，不住地在笔记本上记录。就在同时，“虹口城”派出的员工也在做相同的工作，在一家家商店做调查，也作了大量的记录。

第二天，两路人马集中在宾馆会议室，交流市场调查信息，会后各方都向财务部递交

一份书面报告。“高阳调查到的黄鱼、带鱼等价格低于虹口城；虹口城调查到的猪肉、鸡蛋等比较便宜，其他干果价格差不多。”财务部经理比较后得出简要结论。

次日，采购部人员分别去市场查看货物质量，进行综合比较后，结合供应商信息，最终确定下个月主要原料和食品的供应渠道。并由供应商提供样品加以封存，待大批进货时进行抽样比较。此外，他们每周还组织市场小调查。难怪客人普遍反映，两处饭店的菜肴价格比周围其他同等酒店和餐馆的价格便宜。

任务分析

餐饮成本控制是餐饮管理的重要组成部分，成本是餐饮经营损耗的最低界限，是餐饮产品价格的基础。面对日益激烈的市场竞争，餐饮在管理特别是成本控制管理上应给予充分的重视，以降低经营成本。

知识准备

餐饮成本控制是借助于成本记录的数据，对成本进行核算、分析，并通过各业务环节，想方设法控制成本支出的一系列完整过程。餐饮成本控制作为餐饮管理的组成部分，它是餐饮企业提高经济效益的一个重要途径。以恰当的成本，生产出顾客最为满意的产品，是餐饮成本控制的宗旨。

一、餐饮成本控制的概念和内容

1. 餐饮成本控制的概念

餐饮成本控制指在餐饮经营中，管理人员按照饭店规定的成本标准，对餐饮各成本因素进行监督和调节，及时揭示偏差，采取措施，加以纠正并将餐饮实际成本控制在计划范围之内，保证实现企业成本目标。

广义的餐饮成本控制包括运营前控制、运营中控制和运营后控制。

狭义的餐饮成本控制指餐饮运营中的控制，包括餐饮生产和销售过程中的成本控制。

2. 餐饮成本控制意义

（1）是提高餐饮盈利水平的基本手段

科学的餐饮成本控制可提高餐饮经营管理水平，减少物质和劳动消耗，使企业获得较大的经济效益，提高饭店竞争力。

（2）是增强餐饮企业竞争能力的主要手段

餐饮成本控制关系到餐饮的质量和价格、营业收入和利润、顾客的利益和需求。成功的餐饮成本控制对市场有吸引力，可从竞争对手中夺取市场、扩大餐饮销售量，获得成本竞争优势。

（3）体现管理水平，是培养餐饮管理人员的有效途径

3. 餐饮成本控制内容

餐饮成本是指饭店在生产和销售各类餐饮产品时所支出的各项费用总额，包括食品原料成

本、人工成本和经营费用三部分。这就决定了餐饮成本的控制也必须从以下三个方面着手。

(1) 食品成本控制

食品成本属于变动成本，包括主料、配料和调料成本。通常由食品原料的采购成本和使用成本两个因素构成。包括食品原料采购控制和食品原料使用控制。

(2) 人工成本控制

是对工资总额、职工数量、工资率等的控制。职工数量指负责餐饮经营的全体职工数量。工资率指餐饮经营的全体职工工资总额除以工时总额。

(3) 经营费用控制

在餐饮经营中，除了食品成本和人工成本外，其他的成本称为经营费用。包括能源费，设备折旧费、保养维修费，餐具、用具和低值易耗品费，排污费、绿化费及因销售发生的各项费用。建立经营费用指标，定期评价经营费用的使用情况。

二、餐饮成本的控制要素

1. 控制目标

控制目标是管理者在成本控制前期所进行的成本预测、成本决策和成本计划并通过科学的方法制定。

2. 控制主体

控制主体指饭店餐饮成本控制的责任人集合。控制主体包括饭店财务人员、食品采购员和餐饮总监、厨师等。

3. 控制客体

控制客体指餐饮经营过程中所发生的各项成本和费用。

4. 成本信息

餐饮成本控制工作的首要任务就是做好成本信息的收集、传递、总结和反馈并保证信息的准确性。

5. 控制系统

餐饮成本控制系统常由 7 个环节和 3 个阶段构成。它们紧密衔接、互相配合、互相促进，在空间上并存，在时间上连续，共同推动餐饮成本管理的完善和深入，构成了结构严密、体系完整的成本控制系统。如图 8-4 所示。

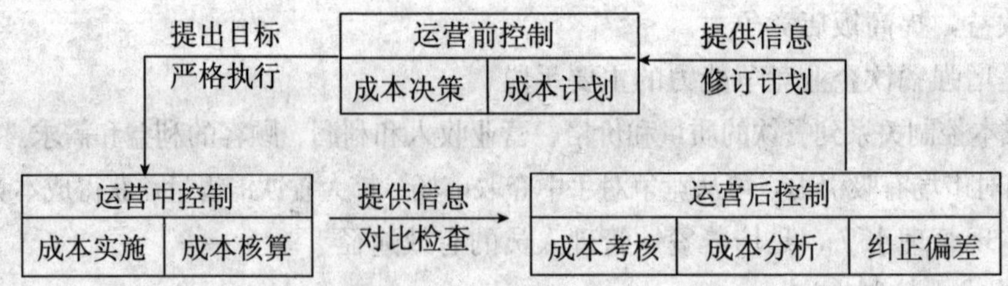

图 8-4 餐饮成本控制系统

第一步：运营前控制

运营前控制包括餐饮成本决策和餐饮成本计划，是在餐饮产品投产前，进行的产品成本预测和规划。

第二步：运营中控制

运营中控制包括餐饮成本实施和餐饮成本核算，是在餐饮成本发生过程中，进行的成本控制。

第三步：运营后控制

运营后控制包括餐饮成本考核、餐饮成本分析和纠正偏差，是将揭示的餐饮成本差异进行汇总和分析，查明差异产生的原因，确定责任归属，采取措施。

三、餐饮成本控制的方法和途径

控制方法是指根据所要达到的餐饮成本目标所采用的手段和方法。根据餐饮成本管理策略，不同的餐饮成本控制环节有不同的控制方法或手段。

1. 餐饮成本控制的基本方法

(1) 预算控制法

预算控制，就是以分项目、分阶段的预算指标数据作为成本费用支出的依据，通过分析对比，找出差异，并采用相应的改进措施，实施饭店成本控制。

(2) 制度控制法

制度控制法，即饭店通过建立和健全餐饮成本控制制度，形成正常的成本管理机制，以有效控制餐饮成本。首先是制定全面可行的制度，各项开支消耗的审批制度，各种原料、材料的采购、验收、保管、领发制度等；其次是维护制度的严肃性，加强监督检查，保证贯彻。

(3) 标准成本控制法

标准成本控制法实际上就是单位成本消耗定额，标准成本控制就是依据饭店制定的目标成本，对成本形成过程进行监督，并通过餐厅的每日定期的成本与营业情况报告、管理者现场考察等反馈系统，及时揭示餐饮成本的差异及其原因，实行成本控制。

2. 餐饮成本的日常控制

餐饮成本主要由食品原料成本、人工成本和经营费用构成，其主要考核指标是餐饮成本率。目前，我国餐饮企业的餐饮成本率平均在40%～50%。要控制餐饮成本，就要从以下几个方面做起。

(1) 原料采购阶段

食品原料采购管理是餐饮成本控制的首要环节，它直接影响餐饮经营效益，影响餐饮成本的形成。在进行食品原材料采购时，制定标准采购规格，对具体商品的质量、尺寸、重量和价格进行要求，严把质量关。通过比较供应商的信誉度、原料质量和价格等因素确定原料采购的种类和数量并以最理想的采购成本为基础，从而提高原材料的利用率，降低单位成本，如表8-9所示。

表 8－9　　餐饮采购成本控制

年　月　日　　报告部门：　报告期：　制表人：

原料	采购计划		实际采购		价格差	数量差	成本差
	数量	价格	数量	价格			
1							
2							
3							
……							
N							
合计							

（2）原料储存阶段

应建立最佳库存量和储存管理制度。库存控制的目的是通过科学的库存管理措施，以最低的库存量保证酒店的运营。其目的是降低库存，加大现金流量。库房成本控制是在每月盘点的基础上进行的。在库房管理中，要制订食品和饮料库存资金占用计划，由此形成库房标准成本占用，管理人员通过库房盘点来掌握库存余额及其资金占用，分析库房资金占用差额。如表 8－10 和表 8－11 所示。

表 8－10　　库房成本控制报告

年　月　日　　报告部门：　月度：　制表人：

食品原料（饮料）	标准库存		本月盘点					价格差	数量差	成本差
	数量	价格	上月结存	本月入库	本月出库	盘点余额	价格			
1										
2										
3										
……										
N										

标准可存资金占用：

实际库存资金占用：

表 8-11　　酒水销售成本控制报告

酒吧：　报告期：　制表人：　日期：

酒水名称	标准成本		实际成本		标准成本	实际成本	成本差额	成本率差额
	成本率	每瓶售价	销售量	每瓶成本				
1								
2								
3								
……								
N								
合计								

做好库存管理就必须建立最佳库存量和储存管理制度，具体来说主要有以下几个方面：

通过定期盘点制度。严格控制采购物资的库存量，以最低的资金量保证营业正常进行。做好发货管理工作。做好保质期管理工作，建立严格的报损丢失制度，避免投诉事件的发生。月底进行盘点。

(3) 餐饮生产阶段

生产成本控制是餐饮成本控制的关键环节之一，包括食品原料使用控制和能源使用控制。生产阶段，应对食品菜肴的成本支出实行定额管理，制定标准分量和标准菜谱，根据食谱控制餐饮生产成本。如表 8-12 所示。

表 8-12　　餐饮产品生产成本控制报告

厨房：　计算期：　制表人：

产品	标准成本		实际成本		标准成本	实际成本	成本差额	成本率差额
	成本率	菜单价格	生产量	单位成本				
1								
2								
3								
……								
N								
合计								

生产过程中建立生产标准和控制方法，对某些经常容易出现生产问题的环节重点管理、重点检查。提高各种原材料的综合利用率，物尽其用，降低损耗；对边角料加以再利用，使原料的利用率达到最大化，更有效地控制成本。做好水电燃料费用的控制。做好餐具的耗损率控制。同时，及时关注价格信息的变动，针对不同季节的原材料价格变动情况，定期预报价格变动并提前调整出品价格，有效稳定了毛利率。

(4) 餐饮服务阶段

及时获取顾客满意度的信息，用理想的和较低的服务成本达到顾客期望的服务质量水平。及时做好菜点销售统计报表，把握顾客对菜点的需求程度，认真分析客源情况，注意细分市场需求。同时正确分析、比较菜点销售统计日报表、月报表，把握销售方向，切实分析菜点销售量的影响因素。

(5) 人工成本控制

人工成本主要包括用工数量和职工的工资率控制。所谓用工数量主要指用于餐饮生产和经营的工作时间数量，职工的工资率是餐饮生产和经营全部职工的工资总额除以职工生产和经营的工时总额。人工成本控制就是对餐饮生产和经营总工时、工作人员的工资总额、用工操作标准、劳动生产率等方面进行控制。现代化的餐饮经营和管理应从实际生产和技术出发，充分挖掘职工潜力，合理地进行定员编制，控制非生产和经营用工，防止人浮于事，以定员、定额为依据控制餐饮生产和经营职工人数，使工资总额稳定在合理的水平上。

积极提高劳动生产率。控制餐饮劳动力成本的最终目的，是提高餐厅的劳动生产率，获得最佳经济效益。在日常管理过程中，餐厅常用两个指标来衡量劳动生产率：人均毛利额和劳动分配率。

人均毛利额是衡量员工人均创造的效益。人均毛利额越大，说明餐饮实体的劳动力成本率就越低，经济效益就越好。可以用以下公式来计算：

$$人均毛利额=\frac{销售额-食品饮料原料成本}{员工总人数}$$

劳动分配率表示人工费用占毛利额的比例。劳动分配率的数值与劳动生产率成反比，劳动分配率越低，说明餐饮实体的劳动力成本率越低，而劳动生产率越高。

$$劳动分配率=\frac{人工费用}{毛利额}\times 100\%$$

3. 餐饮成本控制途径

基于提高产品质量和顾客满意度为前提，对餐饮功能和各质量因素进行价值分析，以理想的成本实现产品必要的质量指标和水平，提高饭店餐饮产品竞争力和经济效益。

在提高产品价值的前提下，采用适宜的食品成本，改进菜肴结构和生产工艺，合理使用食品原料，提高边角料利用率，合理使用能源，加强食品原料采购、验收、储存和发放管理。

在较低的餐饮成本前提下，提高产品价值和功能。

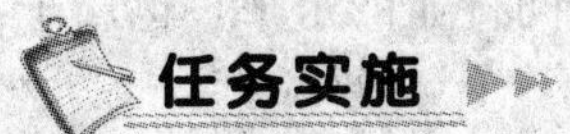

餐饮成本控制的程序如图 8－5 所示。

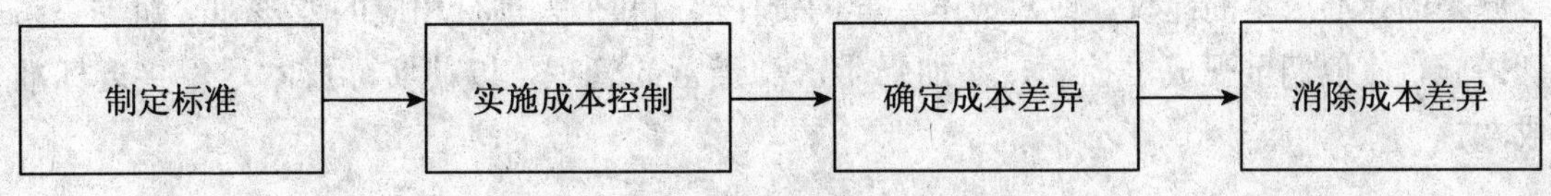

图 8－5　餐饮成本控制的程序

餐饮成本控制是一个复杂的系统工程，只有用科学的程序指导，才能对餐饮成本进行全面、系统的控制，实现降低成本的目的。一般情况下，餐饮成本控制的程序分为以下四个步骤：

第一步：制定标准

1. 质量标准

质量标准包括原料、产品和工作质量标准。从某种意义上讲，确定质量标准是一个评定等级的过程。如食品原料有不同的等级，要做好采购工作，管理人员必须规定应选购哪种等级的食品原料。

2. 数量标准

数量标准指数量、分量等计量标准。如管理人员必须确定每份菜肴的分量、每杯饮料的容量、员工生产产量等数量标准。

3. 成本标准

成本标准通常称标准成本。标准成本是对各项成本和费用开支所规定的数量界限。此外，被制定出的标准成本必须有竞争力。管理人员可通过测试，确定标准成本。如某种酒每瓶成本为 8 元，有 32 盎司，每杯酒为 1 盎司，因此，每杯酒的标准成本为 0.25 元。

4. 标准程序

标准程序指日常工作中，生产某种产品或从事某种工作应采用的方法、步骤和技巧。管理人员必须为食品和饮料控制循环的各个阶段制定标准程序。

第二步：实施成本控制

依据餐厅制订的标准成本，对成本形成的全过程进行监督，并通过餐厅的每日或定期的成本与经营情况报告及管理人员现场考察等信息反馈系统及时揭示餐饮成本的差异，管理人员不能只看报表，一定要对餐饮产品的实际成本进行抽查和定期评估。

第三步：确定成本差异

成本差异是标准成本和实际成本的差额。管理人员通过对餐饮产品的制作和销售中的实际成本和标准成本的比较，计算出成本差额（包括高于标准成本或低于标准成本两个方面）并分析差异的原因和责任，以便为消除这种成本差异做好准备。此外，本企业的食品成本高于市场上同级别餐厅的食品成本或企业的餐饮经营成本高于同行业的水平，也属于成本差异。酒店必须及时消除这种差异，否则，会导致经营失败。

第四步：消除成本差异

餐厅的管理人员和厨师长通过组织职工挖掘潜力，提出降低或改进成本的新措施或修订原来的标准成本的建议，或对成本差异的责任部门和个人进行相应的考核和奖罚等一系列措施，使他们重视成本控制，并加强生产和经营的管理，以使实际成本尽量接近标准成本。

任务总结

餐饮成本控制贯穿于餐饮成本形成的全过程，即凡是在餐饮制作和经营成本形成的任何过程中影响成本的因素，都应成为餐饮成本控制的内容。餐饮成本形成的全过程包括食品原料的采购、储存和发放，菜肴的加工、烹调和销售（服务）等。所以，餐饮成本的控制点较多，而每一个控制点都应当有自己的控制措施，否则，这些控制点便成了泄露点。

实训项目

实训目标

1. 通过实训使学生能够正确分析餐饮经营中影响餐饮成本的各个因素；

2. 培养学生学会运用餐饮成本控制的相关知识进行餐饮成本控制的能力。

内容与要求

选择某餐饮企业作为研究对象，根据自己所收集的相关资料与数据，分析其是如何进行餐饮成本控制的，采取了哪些控制方法。

组织与实施评价

1. 以项目团队为学习小组，小组规模一般是5～8人，分组时以组内异质，组间同质的原则为指导，小组的各项工作由小组长负责指挥协调；

2. 建立沟通协调机制，团队成员共同参与、协作完成任务；

3. 各项目团队根据实训内容互相进行交流、讨论，并点评；

4. 评价与总结：各项目团队提交实训报告，并根据报告进行评估。

评估指标及标准如表8－13所示。

表 8-13　　　　　　　　　　　　**餐饮成本控制设计评分**

被考评人			考评地点			
考评内容		考评标准	分值/分	自我评价/分	小组评议/分	实际得分/分
专业知识技能掌握	餐饮成本控制的作用	了解	10			
	餐饮成本控制的概念	掌握	20			
	餐饮成本控制的方法	掌握	20			
	报告完成情况		10			
通用能力培养	学习态度	积极主动，不怕困难，勇于探索，态度认真	15			
	运用知识的能力	能够熟练自如地运用所学的知识进行分析	15			
	团队分工合作	能融入集体，愿意接受任务并积极完成	10			
合计			100			

注：1. 实际得分＝自我评价×40%＋小组评价×60%。

2. 考评满分 100 分，60 分以下为不及格，60～74 分为及格，75～84 分为良好，85 分及以上为优秀。

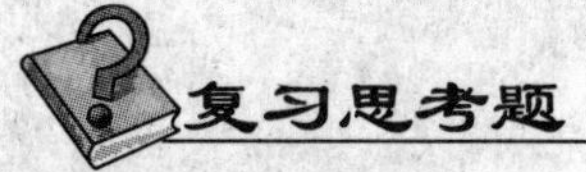

复习思考题

一、填空题

1. 餐饮成本构成中，最主要的成本为：________和________。

2. 按成本性质划分，餐饮成本可分为：________和________。

3. 餐饮成本核算的方法有：________、________、________和________四种方法。

4. 餐饮成本控制含义有广义和狭义之分。广义的餐饮成本控制包括、________、________和________。狭义的餐饮成本控制仅指________，包括餐饮生产和销售过程中的成本控制。

5. 餐饮成本控制系统常由 7 个环节和 3 个阶段构成。7 个环节包括________、________、成本实施、________、成本考核、________和纠正偏差。

二、选择题

1. 从成本的管理角度划分，餐饮成本可分为________。

A. 可控成本　　B. 不可控成本　　C. 标准成本　　D. 实际成本

2. 下列属于间接成本的是________。

A. 员工工资　　B. 原材料支出　　C. 固定资产折旧　　D. 外购半成品

3. 按成本和决策的关系分类________。

A. 边际成本　　B. 间接成本　　C. 机会成本　　D. 直接成本

4. 下列关于净料率表述正确的是________。

A. 净料率（%）$=\frac{\text{净料重量}}{\text{毛料重量}}\times 100\%$　　B. 毛料重量$=\frac{\text{净料重量}}{\text{净料率}}$

C. 耗损率＝1－净料率　　D. 毛料重量$=\frac{\text{耗损重量}}{\text{净料率}}$

5. 餐饮成本控制的基本方法有________。

A. 预算控制法　　B. 制度控制法

C. 标准成本控制法　　D. 日成本核算法

三、简答题

1. 餐饮成本的特点是什么?
2. 简述餐饮产品成本分析的含义。
3. 简述餐饮成本控制的意义。
4. 简述餐饮成本控制的构成要素。
5. 简述餐饮成本控制的内容。

项目九　餐饮人力资源管理

知识目标

1. 了解餐饮劳动的特点及劳动过程的组织；
2. 熟悉员工招聘录用的形式、程序以及对员工的培训和考核办法；
3. 掌握劳动报酬的发放目标与形式。

能力目标

1. 能够模拟员工招聘的方法步骤；
2. 能够设计员工培训方案；
3. 能够设计员工考核方案。

任务一　餐饮人力资源管理概述

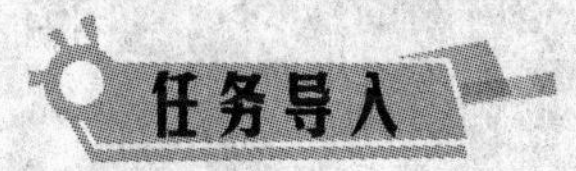

麦当劳对员工的培养方式

对麦当劳来说，人才是最大的资源。麦当劳珍视每一位员工的成长和贡献，并积极为员工创造学习发展和个人成长的机会，具体体现在以下两个方面。

1. 丰富的培训机会

麦当劳非常重视员工培训，并为此投入了大量的精力和财力。据统计，一位麦当劳餐厅经理的诞生，需要接受超过450小时的训练，而企业至少需要投入100万元，其中包括在麦当劳训练中心接受营运及管理方面的培训、派往中国香港的汉堡大学接受专业训练等。对于不同岗位的员工，麦当劳都有不同的培训计划，帮助其成为全方位发展的优秀人才。

此外，麦当劳还为员工提供了诸多的激励活动。每个季度，公司举办各种员工活动，如郊游、礼品拍卖会等。这些激励活动，为麦当劳的员工提供了宽广的发展空间，使他们增长见识，完善自我，同时有助于保持更旺盛的工作热情。

2. 完善的薪酬制度

在员工薪酬福利上，麦当劳的有两条原则，一是保持工资在市场上有一定的竞争力，这包括至少每年进行一次薪酬方面的调查；更重要的是，麦当劳倡导员工以自己的工作表现和绩效来实现收入的增加。麦当劳按工作表现付酬，每年的绩效考核和工资挂钩。这样的薪酬制度，能为员工提供一个积极向上的工作氛围，员工能不断自我加压，然后不断提升自我。

任务分析

麦当劳的用人之道说明，酒店人力资源管理需要从员工招聘、培训、薪酬等各个方面完成对员工劳动过程的组织，通过强化培训，采用行之有效的激励措施，来调动员工劳动的积极性，达到在员工不断成长的同时，提高劳动生产率，促进企业发展的目的。

知识准备

要搞好餐饮人力资源管理，首先要全面了解餐饮劳动的特点，熟悉餐饮人力资源管理的任务与内容，进而更好地组织餐饮劳动。

一、餐饮劳动的特点

1. 间隙性

餐饮劳动与顾客购买餐饮产品活动的连续性相关联，购买活动是时断时续的，餐饮劳动也是不连续的劳动。

2. 不均衡性

餐饮劳动的强度取决于一定时间内顾客流量的均衡程度。在单位用工人数不变的情况下，顾客流量大，员工劳动强度就大；顾客流量小，员工就比较轻松。

3. 不定型性

餐饮劳动因人而异，带有很大程度的灵活性。员工的个人技术水平及熟练程度不同，在一定时间内接待的顾客人数不同，创造的劳动成果也不同。一个训练有素的员工几分钟就能摆好的一个餐台，新手也许二十几分钟也摆不到位。

4. 劳动的集体性

大中型饭店的餐饮劳动，很难由少数几个人甚至一个人独立完成，一次餐饮活动需要有预定、迎宾、烹饪、传菜、桌边服务、收银、送客等一系列服务，需要各个部门分工协作，共同完成。

5. 评价的综合性

餐饮劳动效果的评价是社会效果、经济效果的综合性评价：一方面反映企业所做出的贡献即饭菜质量；另一方面反映为顾客的服务水平即服务质量。

二、餐饮人力资源管理的内容

人力资源部的工作是通过招聘、录用、培训、选拔、调配、调整、流动、考核、奖惩、工资福利、劳动保险、劳动争议等各项管理活动来完成管理目标，并不断提高员工的整体素质，有效地组织员工、充分调动员工的工作积极性、创造性，最终实现酒店的总体目标。

1. 员工招聘、录用工作

酒店的管理离不开人、财、物、信息等资源，在诸资源中，唯有人力资源部最为宝贵，因此，建立并完善“人员替补、梯队系统”是人力资源部的重要工作。人力资源部门应根据酒店经营发展的需求，结合酒店实际情况，调查各部门的岗位分布、人员安置情况，制定出较为完善合理、科学的岗位人员编制，根据编制，采取不同形式的招聘方式，吸收有经验的管理人才及有朝气的大中专毕业生加入到企业中来。

2. 核定各部门人员编制

根据各部门的实际情况、班次安排、酒店营业场地、本地劳工供求等状况结合酒店人力编制规律核定各部门定员、定编情况。

3. 确立薪酬福利体系

根据酒店组织架构，结合当地同行业薪资福利水平，编制本酒店薪酬福利体系，核算人力成本。

4. 制定和完善人力资源部运作手册

根据本地实际情况制定或完善人力资源部运作手册，规范人力资源政策程序，其中包括人事运作手册（人员选聘、劳动纪律、薪酬绩效、员工福利、人事规划等）、培训运作手册（培训范畴、培训管理、培训规划等）、后勤运作手册（宿舍管理规定、就餐管理规定等）、员工手册等，并整理各部门各岗位的岗位职责，以便为下一步人员招聘拟定任用标准。

5. 企业文化建设及员工的培训、考核工作

培训同时做好企业文化建设工作，加强初期团队建设工作，利用现有场地及资源定期举办文娱活动；制作企业文化宣传栏，及时向员工通告酒店信息、筹备状况、行业资讯、先进奖励、过失处罚等情况，让员工能及时了解本酒店情况，增强企业凝聚力；参与周边社区公益活动，加强员工的企业认同感，同时为酒店创建良好口碑；组织员工外出活动，提升员工企业荣誉感。

准备酒店公共培训资料，收集各部门培训计划，制订全酒店培训计划；根据各部门培训计划，准备培训所需物品、场地，确定培训师资力量，审核各部门培训资料，统一培训中的标准；根据部门培训进度，在部门完成普及性培训后，实施岗位资格认证考试，再参考培训考核成绩及日常培训中表现，筛选合格员工，淘汰不符合岗位要求人员；同时做好合格员工的提升培训及人员补充工作。根据酒店筹备情况，控制培训进度，实行员工上岗考核，确保酒店各部门各岗位员工百分之百合格上岗。

6. 日常管理

负责公司日常管理工作，包括酒店人员信息统计、协助办理员工健康证、员工入职离职手续、上报酒店人员动态、培训记录、考勤管理及协调集团公司与酒店的各项工作交接等多项管理工作。

三、餐饮劳动过程组织

1. 员工劳动和业务活动需要与客人的活动规律相结合

(1) 明确划分工种职责

人力资源管理是对社会劳动过程中人与事之间的相互关系进行管理，而不是直接管理社会劳动过程，也不是简单地对人或事进行管理。它是谋求社会劳动过程中人与事、人与人、人与组织的相互适应，做到事得其人，人尽其才。明确划分工种职责，有利于调动员工的劳动积极性，提高服务质量和劳动效率。

(2) 加强劳动协作，保证各项劳动之间的衔接和协调

餐饮服务遵循一个原则就是100－1＝0，只有各个部门各个环节统一协调，加强各部门之间的密切联系，共同为客人提供高质量、高效率、优质周到的服务，才能最终达到客人的满意。

(3) 合理制订各项工作程序

餐饮服务有一系列规范化的服务流程，包括餐前、餐中、餐后服务，这要求餐饮服务也要按一定的程序来安排，以顾客的活动规律为线索，以利于提高劳动效率，减少工时消耗。

2. 将员工劳动和物质技术设备结合起来

物质技术设备是员工劳动得以进行的物质条件，是提高劳动效率的保障。

根据餐饮等级规格、接待能力和收费标准，配备好与之相适应的物质技术设备。要保证包括低值易耗品和物料用品在内的各种物资用品的供应。合理进行库存管理，既要保证物料供应，又要减少库存积压。

3. 将员工劳动和劳动力的组织结合起来

餐饮劳动按班组进行，餐厅班次有早班、中班、夜班、插班等，各班组工作量不同，用工人数也不同。合理安排班次，及时掌握接待服务过程的信息变化，搞好上下班之间的衔接，才能保证顾客的需要，提高服务质量和劳动效率。

四、餐饮人力资源管理的意义

餐饮人力资源管理对于餐饮企业的生存和发展至关重要，餐饮企业餐饮人力资源管理更加关注与利润有关的竞争力、赢利能力、生存和员工灵活性等。

1. 餐饮人力资源管理是现代科学管理的重要手段

搞好餐饮人力资源管理不仅能够提高职工的积极性，最大限度地发挥每个员工的作用，而且能够减轻管理人员负担，节省人力成本。

2. 搞好餐饮人力资源管理是提高餐饮服务质量的关键

通过加强对员工的招聘、培训、监督、考核、激励等一系列有效的管理，可以提高员工的劳动素质，增强企业内部凝聚力，塑造一支充满活力和战斗力的团队，进而为顾客提供优质高效的服务。

3. 搞好餐饮人力资源管理是竞争的需要

餐饮业是一个竞争力很强的企业，餐饮业竞争的核心是人才竞争，因此搞好餐饮人力资源管理，才能使企业在激烈的竞争中，树立自己鲜明的形象，提供全方位的优质服务，使企业处于不败之地。

4. 搞好餐饮人力资源管理是提高餐饮管理水平的重要保证

对酒店的人力资源进行有效的整合和管理，在人事政策和制度的制定，员工的招聘、考核、激励、纪律管理等系列日常管理业务中，调动员工工作积极性，提高员工劳动素质，增强企业内部凝聚力，塑造一支充满活力和战斗力的团队，为企业实现经营目标和经济效益提供强有力的人事保障。因此，加强人力资源管理对酒店具有极重要的意义。

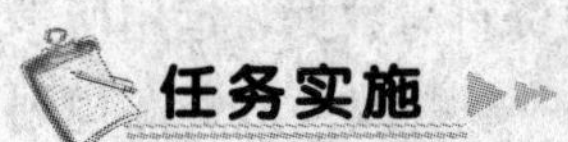

餐饮人力资源管理的认知过程如图 9－1 所示。

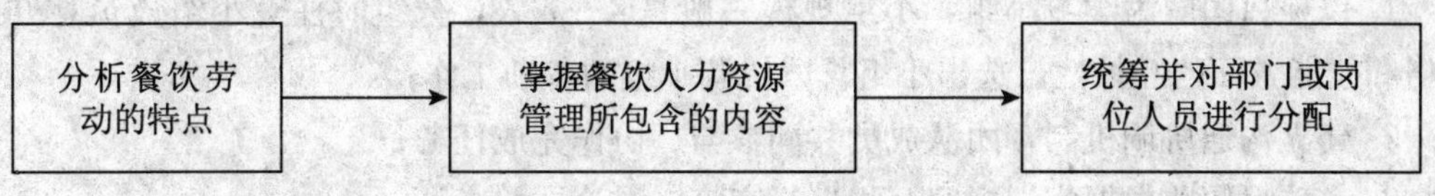

图 9－1　餐饮人力资源管理的认知过程

第一步：分析餐饮劳动的特点

了解餐饮劳动的特点，是搞好餐饮人力资源管理的基础。餐饮管理人员，要根据餐饮劳动的特点制定相应的管理措施。如餐饮劳动具有不连续性，餐饮员工排班的时间，也要具有相应的间歇性。

第二步：掌握餐饮人力资源管理所包含的内容

人力资源管理是解决招人、用人、留人、育人的问题，建立企业人力资源规划；制定人员配置架构、招聘面试体系；制定员工薪酬福利体系；进行考核、晋升；完成员工培训是餐饮人力资源管理的主要内容。

第三步：统筹并对部门或岗位人员进行分配

对各部门人员进行规划，拟订招募计划与需求，对空缺的各岗位人员进行招募，把新招募的人员，安排到适宜的岗位。

任务总结

人力资源是一切资源中最重要的资源，有效地发挥人力资源的核心作用，制定合理的人力资源策略，对于提高企业的核心竞争力具有重要意义。餐饮行业人力资源管理者，在招聘、培训、绩效考核、薪酬管理等方面管理得当，是企业生产得以顺利进行及迅猛发展的重要保障。

实训项目

实训目标

锻炼同学的实际动手操作能力，掌握人力资源管理的基本操作技能，为将来从事人力资源管理工作及类似的工作打下坚实的基础。

内容与要求

选择某酒店或餐饮企业作为研究对象，根据自己所收集的相关资料与数据，运用所学的人力资源管理知识，在每位同学积极参与的情况下，每组制定一个餐饮人力资源规划方案。

组织与实施评价

1. 以项目团队为学习小组，小组规模一般是 4～7 人，分组时注意小组成员在知识、性格和技能方面的互补性，选出小组长以协调小组的各项工作；

2. 建立沟通协调机制，团队成员共同参与、协作完成任务；

3. 各项目团队根据实训内容互相进行交流、讨论，并点评；

4. 评价与总结：各项目团队提交一份人力资源管理规划方案，并根据方案进行评估。评估指标及标准如表 9－1 所示。

表 9－1　　人力资源规划方案评分表

被考评人			考评地点			
考评内容		考评标准	分值/分	自我评价/分	小组评议/分	实际得分/分
专业知识技能掌握	餐饮劳动的特点	掌握	10			
	餐饮人力资源管理内容	熟练掌握	20			
	餐饮人力资源管理的意义	熟悉	10			
	方案完成情况		20			

续　表

被考评人			考评地点			
考评内容		考评标准	分值/分	自我评价/分	小组评议/分	实际得分/分
通用能力培养	学习态度	积极主动，不怕困难，勇于探索	15			
	团队分工合作	能融入集体，愿意接受任务并积极完成	15			
	道德自律	自觉遵守纪律，有责任心和荣誉感	10			
合　计			100			

注：1. 实际得分＝自我评价×40%＋小组评价×60%。

2. 考评满分100分，60分以下为不及格，60～74分为及格，75～84分为良好，85分及以上为优秀。

任务二　餐饮员工招聘与培训

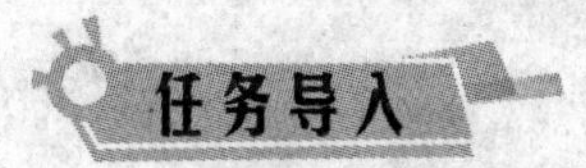

丽嘉—卡尔顿酒店员工倒数七日培训

作为一家在全世界范围内不断扩张的豪华酒店，如何让每一家新酒店的“酒店软件”迅速达到豪华酒店的高标准，对于其他酒店而言或许是个难题，但丽嘉—卡尔顿有它自己的一套方法，那就是著名的“倒数七日”培训。

“倒数七日”培训的前两天全部用于让员工适应丽嘉—卡尔顿的酒店文化，后面的五天则用于专项技能训练和模拟服务。

第一天：向新员工介绍

第一天，新成员加入他们所属的部门，参加酒店门口所谓的“动员会”。每个小组举着标语喊着口号，竞相比着谁的声音响亮。最后，新员工观看录像。录像的前一段是一些领导讲述酒店的历史、理念及价值观，后一段记录了丽嘉—卡尔顿发展的里程碑，其中包括他们所获得过的奖项和他们新开的酒店。

第二天：部门展望会议

第二天，每个新员工被介绍到他所属的部门。丽嘉—卡尔顿提供的不仅仅是房间和餐

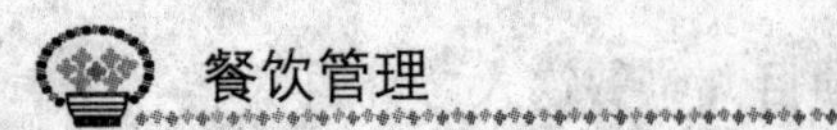

饮，而是服务，一种让客人感觉良好的服务。如何做到，除了重视细微工作之外，最重要的是要有这样的服务理念。

第三至第七天：技能训练

第三和第四天，员工接受穿戴制服、仪表仪容方面的培训，还能接触每日的整顿队伍过程。所有员工有机会参加关于预期及处理顾客需要的会议，同时各部门继续阐释其工作理念及目标。员工对自己工作领域内的总体定位有了大致的概念，接受了安全知识，还要观看一些产品展示。第四天，所有员工学习“处理顾客难题”的标准程序。在训练中，他们学会怎样从常规工作中立即离开，帮助顾客解决问题，用他们的能力找到合适的处理方法，以及怎样与相关部门联系进一步解决问题。

倒数七日的最后三天进行部门技术训练。员工详细地学习丽嘉—卡尔顿标准，每位员工都要求掌握其所属部门的主要工作流程。员工轮流到位，穿上整套制服，模拟在顾客前工作。法人督导委员会监督从客房到餐厅每个模拟过程，按照丽嘉—卡尔顿严格的要求，在服务的每个环节寻找错误。检查结果会反馈给培训专家，再由培训专家进行额外的一对一专项训练。

第八天：动员会

在倒数七日与盛大开业之间的那天，员工们穿着便装，参加丽嘉—卡尔顿长达两小时的动员会。动员会总结七日来的培训，并对未来提出要求和希望，每个员工将满怀信心地等待投入新的工作。动员会代表着过渡期与正式营业的区分，第二天，丽嘉—卡尔顿酒店将正式开张。

任务分析

丽嘉—卡尔顿在全国范围内开设连锁豪华酒店，如何保证每一家新酒店开业便能提供高水平的服务？在七天内将几百个新员工培训成达到丽嘉—卡尔顿标准的员工是件具有挑战性的工作，不仅提高员工的技能，更重要的是要让员工认同酒店的理念，如果让您来设计倒数七日计划，您会在文化熏陶和技能提高两方面如何分配时间，理由是什么？这要通过进一步了解餐饮员工招聘与培训的知识来达到。

知识准备

员工培训的目的是为了树立受训员工良好的工作作风，掌握工作技巧，提高工作效率。让员工经过培训与学习，了解该公司的企业文化、管理模式、岗位职责，并熟悉掌握岗位工作流程、提高其本职业务技能，将其培养成符合企业要求的合格员工。但如何达到这种目的？需要学习和了解培训的形式、培训计划的制订和实施等相关知识。

一、餐饮招聘的渠道

员工招聘，是指通过各种方式，把具有一定技巧、能力和其他特性的申请人吸引到企

业空缺岗位上的过程。餐饮招聘的渠道包括内部招聘和外部招聘两种。

1. 内部招聘

内部招聘既可以解决缺员问题，又可以调动餐饮员工的积极性，增强企业凝聚力、竞争力，这对于挖掘员工的潜力，激发工作兴趣和积极性，节约人力资源成本，促进餐饮业发展有重要的意义。

内部招聘的方法主要有推荐选拔、竞争考试和人员调动等方法。推荐选拔，一般由上级主管人员向人力资源管理部门推荐候选人，通过对候选人的审查、考核、岗前培训等一系列程序，把符合条件的人员安排在新的工作岗位上；竞争考试，是通过各种内部媒体，公开空缺职位，吸引人员来应聘，并通过考试录用；人员调动，包括“调换”和“轮换”两种方式。

2. 外部招聘

外部招聘能够吸收“新鲜血液”；有利于带来新的观念和思维；有助于拓宽企业的视野；比培训专业人员要廉价和快速；在企业内没有业已形成的政治支持者。

外部招聘的方式有以下几种：

(1) 校园招聘

①定向招收。这是饭店招聘录用的主要形式，即饭店与职业培训学校共同协商，共同面试，招收定向培训生。

②对于应届生和暑期临时工的招聘可以在校园直接进行。方式主要有学校招聘，主要通过参加应届毕业生洽谈会、在学校举办招聘讲座、发布招聘张贴等形式。

(2) 广告招聘

可选择的广告媒体很多，如电视、报纸、杂志等，一方面，广告招聘可以很好的建立企业的形象；另一方面，信息传播范围广，速度快，获得的应聘人员的信息量大，层次丰富。网络招聘也属于广告招聘的一项。

(3) 熟人推荐

通过酒店的员工、客户、合作伙伴等熟人推荐人选，这种方式的好处在于对候选人比较了解，但问题在于可能在企业内形成小团体，不利于管理。

(4) 职业介绍机构招聘

①人才交流中心招聘。通过人才交流中心人才资料库选择人员，用人单位可以很方便在资料库中查询条件基本相符的人员资料，有针对性强、费用低廉等优点。

②洽谈会招聘。随着人才交流市场的日益完善，洽谈会呈现出向专业方向发展的趋势。

(5) 网络招聘

在网上招聘的优势主要体现在下列方面：资源丰富，收费低，速度快，针对性强，兼有很好的广告效果。但是这种招聘的最大缺点是会收到大量垃圾邮件和垃圾简历。

二、招聘与录用的程序

1. 制订招聘计划

用人部门根据公司定员编制及实际情况提出用人计划，详细填报《人员需求申请表》

交人力资源部，人力资源部根据公司在职员工情况确定员工招聘渠道，经总经理审批，同意后实施招聘事宜。确定招聘的对象、来源和途径。

2. 应聘人员材料准备

详细填写公司《应聘职位登记表》，人力资源部检查填写情况是否符合要求，收集、归整应聘人员资料，具体收集资料有：身份证、学历证书、职称证书复印件（验原件），还需要近照、健康证等。

3. 确定应试的时间和地点

在酒店人力资源日益激烈竞争的背景下，选择适当的招聘时间与应聘地点，在某种程度上会直接或间接地影响应聘者的情绪，增加招聘的成功率。

4. 初试

饭店通过直观印象对应聘人员的第一次筛选，并通过沟通对应聘人员的学习和工作经历以及应聘人员对拟应聘的岗位、工作条件、工作环境、工资待遇等方面的预期要求做初步的了解。

5. 审核材料

对初试合格的应聘者，饭店对他们的有关资料作进一步的审核及综合分析。

6. 正式面试

通过面对面的接触，进一步了解应聘者，并决定是否录用应聘者。用人部门对应聘人员进行综合评价，考核应聘人员是否符合岗位任职要求，对有特殊要求的岗位进行笔试，并将结果交至人力资源部。

7. 综合判断与体检

正式面试结束后，将各种资料整理，如应聘者申请书、参考资料、面谈记录等，做出综合判断并决定是否录用，面试合格的应聘人员在公司指定医院进行身体检查，符合国家规定餐饮行业从业人员健康要求。

8. 录用

审核确定无误及体检合格以后，人力资源部办理相关入职手续，开具《录用通知书》，用人部门负责人签署录用人员薪资登记交人事部审核、总经理审批后，由人力资源部统一备案。

三、餐饮员工培训

员工培训是指由某个组织或个人，根据某一部分人员在某一时期的工作需要，通过书面、口头传达和沟通或者其他沟通方式，对这些员工进行教育和示范，以达到更新员工的知识、理念，提高员工的综合素质，影响和改变员工的行为方式，期望提升竞争力，促进组织或团队更快速、更健康发展的行为。

1. 餐饮员工培训的内容

（1）职业道德、仪容仪表、礼节礼貌、从业素质、团体精神；

（2）餐厅的基本概念、专业知识、本餐厅须知；

（3）服务技能、行业规范的训练；

(4) 普通话、外语的应用能力；

(5) 员工守则、岗位职责、操作规则；

(6) 餐饮工作所需的各种知识。包括卫生知识、安全知识、推销知识、酒品知识、政策法规知识、菜肴知识以及有关的经济、地理、历史等知识；

(7) 宾客投诉的处理、各种工作情况的应付、人际沟通、案例分析；

(8) 餐厅电气设备服务、器具、工具的使用与保养；

(9) 对管理人员还应着重餐饮企业运作知识、领导艺术、协调与督导知识等的培训；

(10) 民俗社交和人际关系等社会常识。

2. 餐饮培训的分类

(1) 入职培训

①餐厅（或酒店，下同）情况。

②工作条件。上班时间、就餐时间、假期安排、考勤制度、薪酬制度、退休金制度以及保险制度等。

③生活设备。洗手间、宿舍、食堂、休息室、更衣室等生活设施。

④工作同事。管理人员与同事的姓名和人员安排情况，部门之间的联系、工作内容和岗位职责及其重要性等。

⑤规章制度。店纪、店规。

⑥思想方面。职业道德、礼貌礼节等。

(2) 在岗培训

在岗培训是指在职员工以提高本岗位工作能力为主的不脱产的培训活动。

在岗培训的特点是：

①培训对象是已具有一定理论知识和岗位实践经验的在职员工，参加培训一般不离岗；

②培训内容以解决岗位工作所需的知识、技能为主，有针对性，培训内容比岗前培训更深一个层次，是岗前培训的继续和发展；

③在岗培训贯穿员工工作的全过程，是一项长期性、经常性的任务。

(3) 转岗培训

转岗培训是指因工作需要或其他原因将餐饮员工从一个岗位转向另一个岗位，为使转岗人员尽快适应新的工作环境，取得新岗位资格所进行的培训活动。

(4) 晋级培训

晋级培训是指在将餐饮员工提拔到更高职位前，为使其能力达到晋升职位的规范要求而进行的培训活动。

(5) 脱产培训

脱产培训是指让部分员工暂时离开工作岗位，就某个专题有计划有系统地进行培训，多用于在职管理人员和员工中潜质较好、各方面表现都比较优秀的人员。

(6) 其他培训形式

其他培训形式有自学、开业前培训、补救性培训等。

3. 餐饮培训的实施

（1）培训需求分析

培训需求分析可根据客人意见反馈表、市场营销调查、回头客情况、员工代表会议记录、经营利润报表、成本损耗报告、卫生检查记录等方面的资料来预测。当客人不满、服务员士气低落、高消耗、低效率、卫生达不到要求时，就意味着需要培训。

制定“培训需求分析”时，要列出问题，并分析产生问题的原因，确定需要培训的项目；要回顾相关的标准，找出差距，制定出新的标准。

（2）选择培训者

餐饮部或饭店有重点地培养自己的培训教师或必要时外请专家培训都是可取的。

在实施培训时，要有训导师的特质，有教学的愿望，具备所需的培训知识，具有示范和表达能力。培训时要有幽默感，以创造便于初、中级服务员学习的气氛。要有耐心，使他们感到培训是为了帮助他们提高。另外，训导师还要使自己能够得到学员的尊重，这样才有利于初、中级服务员专注地投入培训。

（3）确定培训项目

为了能准确做到根据餐厅营业情况确定培训项目，餐厅管理人员应根据培训的人员组成、培训需求分析等来确定与之相对应的培训项目。

（4）确定培训方式

根据培训对象及培训目标选择灵活实用的培训方式。一般来说包括三个层次，即知识培训、技能培训和素质培训。

知识培训是组织培训中的第一层次，如餐饮服务常识、员工手册、职业道德知识等，可采用教学讲授式。技能培训是组织培训中的第二个层次，也是目前酒店内最重视的一个培训项目，是指能使某些事情发生的操作能力，如摆台，铺床等。技能培训，应注重动手能力，宜采用现场观摩、操作、指导、练习、技能测试等一系列方法进行培训。素质培训是组织培训的最高层次，它建立在知识与技能培训的基础之上，还包括形体训练、礼仪礼貌、管理知识等综合知识，宜采用模拟情景、角色扮演、情景分析等方式培训。

（5）培训工作的实施

①指导性培训。确定培训目标、分解培训项目、培训具体工作的落实、四步培训法：讲解—示范—尝试—跟踪辅导，培训考核。

②知识性培训。主要以讲座形式进行。

③专题性培训。角色扮演法、情景培训法，对话培训法。

（6）培训效果的评估

每次培训结束前，应发放简单的培训评估表。填写评估表，可以采用不填写姓名的方法，鼓励学员说实话。评估内容包括：课程达到预期的目标吗？课程内容充实吗？教授方法满意吗？课程内容有助于你的工作吗？受训者在培训后有哪些变化？课程中你最感兴趣和最不感兴趣的内容是什么？你对课程改进的意见是什么等。

4. 培训的注意事项

(1) 注意培训应学以致用

培训所传授的知识、技能等应该是员工工作中急需了解和掌握的，学习以后能很快应用到工作实践中去。切忌空洞地讲理论，从概念到概念，而应紧密结合受训者的岗位需要和个人需要，从需要出发，理论联系实际。

(2) 注意培训内容的针对性

在培训过程中，无论是培训内容、形式、方法、进度等都应从新员工的实际情况出发，要适应其年龄特征、工作经历、岗位要求、现有的知识水平和服务技能等，使培训工作具有较强的针对性。

(3) 注意整体差异

员工的本身经历会对他们的学习产生影响，参与培训的员工有不同的经历，有很多员工或多或少接受过不同档次、不同培训人员的培训。这些经历，会影响到他们的学习和对培训的看法，而培训就是与他们的经历结合起来，与酒店的实际结合起来。

(4) 注意培训的持续性

定期举行培训学习是很有必要的。负责培训的人员应在服务的第一线，经常发现一些带有共同性的，妨碍服务质量提高的种种倾向，同时检查上期培训的成果落实情况。培训工作不是解决现在的问题，不是等到问题出现后才去解决。培训是要在问题产生之前就把它们消灭掉。

(5) 注意考核结果的应用

根据培训宗旨、目标以及培训标准，运用科学的评估手段，对培训活动的全过程及其结果进行评价、鉴别和监督。通过评估，实事求是地评价培训的效果，肯定培训取得的成绩，发现存在的问题。

(6) 注意培训中激励手段的运用

每一位主管培训的人员，都应了解和掌握员工接受培训的原因，使之与培训紧密联系在一起，激励学员加倍努力学习。新员工的培训，除了给酒店新员工必要的鼓励外，明确职位薪酬待遇等入职后的细节问题，让酒店员工感受到公司对自己的重视和企望。同时，给酒店员工恰当的工作定位，为酒店员工规划职业发展前景，这对于酒店新员工来说可能比高薪更具诱惑力。

模拟招聘面试程序如图 9-2 所示。

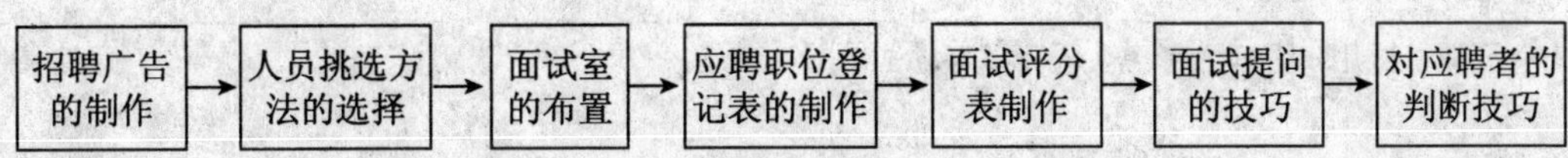

图 9-2　模拟招聘面试程序

模拟招聘面试的程序分为以下七个步骤：

第一步：招聘广告的制作

根据招聘岗位所需的求职者，选择广告媒体。广告设计要具有吸引力，能够将符合条件的人员吸引到组织，是成功招聘的第一步。招聘信息要清楚，能够让应聘者了解招聘岗位的工作职责、岗位要求、工作时间、工作环境、工资待遇等。广告内容要真实。

第二步：人员挑选方法的选择

首先选择内部招聘还是外部招聘，其次再选择各自招聘的方式方法。

第三步：面试室的布置

根据人员挑选的方法，布置与之相适应的面试室。

第四步：应聘职位登记表的制作

根据不同应聘职位的要求，设计相应的应聘职位登记表。

收集应聘资料：简历、身份证、学历证、业绩证书等原件及复印件、1寸照片等。

第五步：面试评分表制作，具体内容如表9-2所示

表9-2　　面试记录表

一、基本信息：

应聘部门		姓名		申请职位	
申请渠道		期望薪资		可到职时间	

二、面试评价（5—非常满意，4—比较满意，3—可以接受，2—不太满意，1—非常不满意，0—无法判断）

评价项目	评分	具体说明及评价意见	备注
教育、培训与资格认证			
所具经历与应聘岗位吻合度			
专业知识与技能水平			
语言表达及人际交往能力			
性格特点			
外在气质			
兴趣爱好			
其他要求			
前来公司服务的意志			
总体印象			

三、总评

□拟予试用　□列入考虑　□不予考虑

面谈考官：　　日期：

总经理意见：

第六步：面试提问的技巧

根据面试的内容，选择适宜的面试题目，力求通过典型的问题，初步测试出应聘者的适合相应的职位应具有的能力与素质。

如在考察组织协调能力时，可以询问一些他以前组织过的活动。在面试提问中要注意应聘者的动机问题。在面试提问过程中，还要注意应聘者的回答是否准确和真实。有些应聘者会有意无意的夸大自己的优点，忽略自己的缺点。

第七步：对应聘者的判断技巧

根据应聘者提供的简历以及对面试题目的回答情况，进行综合分析，判断应聘者是否符合相应的岗位要求，最终决定是否可以录用，判断技巧可参照以下小资料。

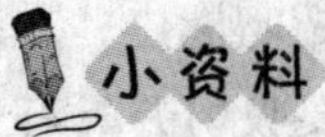
小资料

从简历判断应聘者的12个方法

对于人力资源管理者来说，无论是网络招聘还是现场招聘，无疑都会经历阅“历”无数从何淘汰的困惑，丰富的人力资源经验的人事部门人员是如何针对简历来了解应聘者的情况，哪些地方需要确认或者说根据简历就能判断此人是否合适的12条总结。

1. 书写规范。字迹潦草，涂改超过3处，一般说明此人比效粗心（如果是现场填写的简历）。

2. 年龄、职级、待遇是否匹配。中层管理者一般在25岁以上，高层一般在30岁以上，超过40岁还是中层管理的，需慎重考虑其发展潜力。待遇水平可参考所在地工资状况。非在合理范围内的，需仔细确认或在条件允许下做背景调查。

3. 填写是否完整。对未填写的空白处，如知情且无须保密内容出现2处以上未填写，可认为此人求职态度较随意。

4. 工作经历连续性。如有出现工作经历断层，一般为个人创业、身体健康状况或找不到工作，需详细了解原因及去向。

5. 工作稳定性。在一家企业工作2年（普工1年）为合格，3～5年可视为稳定，1次以上出现1年（或以内）换一家企业的，可视为稳定性差或工作能力不胜任要求。

6. 企业背景。如果从知名企业到不知名企业，职位或收入层次一样的话，可能是能力水平有问题。如果从不知名企业到知名企业，如果层位上有很大的提升，则可能有水分存在，需认真考查。如果5年以上都在小规模非规范化企业工作，此人层面、水平都不会太高。

7. 行业经历。如果几份工作都是跨行业跳槽，则此人职业规划、自身定位模糊。

8. 教育背景。学历不必说了，管理类职位最好要有专业培训经历及证书。

9. 家庭背景。可结合教育背景，进一步确认此人大致层次。其配偶职业、学历层次很关键。

10. 待遇要求。可判断此人的求职意向，如要求待遇明显高于职位提供范围，则说明求职者有一定投机心理。如要求过低，可能为求职者对自己信心不足。

11. 离职原因。可判断此人的价值取向、发展欲望。

12. 工作职责。如与任职岗位能力有明显偏离，则可能为虚假经历。

任务总结

人力资源部员工招聘的成功与否，直接影响酒店今后的服务水平，因此要周密地筹备员工招聘，严格把关，务必找到合适的人选并把其放在合适的岗位。通过报纸刊登招聘广告及到各旅游院校联系等方式，向社会传播招聘信息。具体工作包括：确定招聘岗位、人数、日期；与传媒联系，广告刊登 2～3 天为佳，广告篇幅大而简洁，文字要吸引并具有说服力；制订招聘日的行动计划；确定招聘考官、后勤人员、招工表格的准备；各部门准备；实施面试；录用等。

实训项目

实训目标

掌握招聘广告的制作、应聘职位登记表、面试评分表的制作，掌握企业面试提问的技巧以及对应聘者的判断技巧等。

内容与要求

选择某酒店或餐饮企业作为研究对象，根据自己所收集的相关资料与数据，分析其是以何种方式进行招聘的，分工合作，模拟整个招聘面试程序。

组织与实施评价

1. 操作程序

(1) 分组

①招聘广告设计组。组员应该有一定的美术基础和书法基础，人数 3～5 人，设计 6 家左右不同行业与规模的公司不同职位的招聘（公司假定条件自己设定）。

②招聘申请表和测试表设计组。组员必须会使用 Word/Offices 等办公软件绘制表格。人数 3～4 人。

③招聘会场布置组。包括卫生打扫、桌子与椅子的摆放、招聘广告的张贴等。

④招聘面试组。采用结构化面试和小组面试，一是面试结构化试题命题小组，负责出结构化面试题，人数大概 4～6 人；二是招聘测试组，负责对应聘者的测试，人数 3～5 人。

⑤摄像组。负责整个招聘会的现场摄像，人数 2～3 人。

⑥协调小组。负责有关假设的紧急问题和纠纷问题的处理。

⑦应聘小组。剩余的同学扮演不同的背景的求职者前来应聘。

（2）任务布置

任务的布置应该提前一周。提前一周布置学生设计招聘广告、招聘申请表和招聘测试表。

（3）确定测试考官

（4）根据招聘企业、招聘职位、招聘时间要求，确定招聘测试形式

（5）进行测试并评分，选定最适合人选

（6）由测试组长宣布最佳人选，并说明理由

2. 情景模拟后讨论

（1）这次招聘会模拟是否成功

（2）如何进行评估

（3）假设成功了，决定这次招聘会成功的因素有哪些

3. 评价与总结

各项目团队提交实训报告，并根据报告进行评估。

评估指标及标准如表 9－3 所示。

表 9－3　　　　招聘程序设计评分

被考评人			考评地点			
考评内容		考评标准	分值/分	自我评价/分	小组评议/分	实际得分/分
专业知识技能掌握	招聘程序知识	掌握	10			
	招聘资料的准备	充分、实用、合理	20			
	模拟现场实施情况、模拟效果	逼真、效果好	20			
	报告完成情况		10			
通用能力培养	学习态度	积极主动，不怕困难，勇于探索，态度认真	15			
	运用知识的能力	能够熟练自如地运用所学的知识进行分析	15			
	团队分工合作	能融入集体，愿意接受任务并积极完成	10			
合　计			100			

注：1. 实际得分＝自我评价×40%＋小组评价×60%。

2. 考评满分 100 分，60 分以下为不及格，60～74 分为及格，75～84 分为良好，85 分及以上为优秀。

任务三　餐饮员工考核与劳动报酬

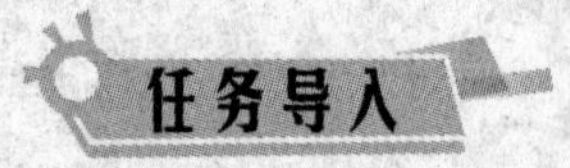

任务导入

麦当劳员工考核激励方法

一般企业的人才结构都像金字塔，越上去越小。而麦当劳的人才体系则像圣诞树一样要你有足够的能力，就让你上升一层，成为一个分枝，再上去又成一个分枝，员工永远有升迁机会，因为麦当劳是连锁经营，培训可以让员工得到更快的发展。

付出总有回报，麦当劳的用人方法就是让打工者也相信他们能够得到相应的地位和报酬。

1. 公开化的职位与酬劳

一走进麦当劳餐厅后面的办公室，首先映入眼帘的是一张大布告板。布告板上方写着"新观念"三个大字。布告板的左侧是"职位和工资"，写着餐厅所有的工作人员的姓名和职位。这种把地位和工资公开化和透明化的做法能够让每个计时工作人员逐步体会到，上司和他们的同伴之间不可能有私下交易。只要努力工作，必然可以获得相应的地位和报酬。

2. 不受限制的晋升

在麦当劳工作的计时员工也有可能会当上经理。一般企业虽然也用职位提升的方法来刺激计时工作人员的积极性，但到了某个职位便"到此为止"了。但是，麦当劳餐厅没有这个限制。麦当劳规定计时工作人员"凡有3个月以上工作经验者皆可为经理级的组长，不受年龄和性别的限制。"

3. "多头评价"制度

根据业绩提升职位和增加工薪是重要的刺激因素。麦当劳餐厅每个月进行一次考核。考核表上分为质量、服务、清洁、劳务管理、训练、书面作业、自我管理、仪容等八项。每项均有一个评分。

麦当劳建立了独特的业绩评估制度，凡是在加薪或升级的时候，必须经过以下的程序：自我推荐、公开评价、预先设定目标、事后晤谈、定期评价。

虽然业绩评价的实质性人物是餐厅的中心经理，但麦当劳实行的是"多头评价"制度，即作为管理组成员的计时经理和组长等都参加评价。中心经理一般是在每月的25日填写考核表以前征求管理的意见。公布考核结果以后要进行个别谈话。这种做法使服务人员感到自己受到了关心，因而增强了工作的热情，愿意为获得下一次更佳的评价而努力，

这本身就是在激励工作人员向下一个位置挑战。

任务分析

麦当劳公司以其独特的考核激励方式，使每一个进入该企业的员工，都有明确的职位与薪酬目标，有公平的职位晋升方式，有公正的评价方法，这样不断地激励着员工，热情地工作，积极地进取，使员工得到了实惠，也为企业创造了更高的效益，使企业得到了迅猛发展。

知识准备

绩效考核的目的不仅是要考核人、监督人，而且要激励人、发展人，要通过绩效考核激励员工，确定员工发展的方向，让员工有成就感、成长感，有发展的希望，使员工自觉自愿地为企业的发展作出自己的贡献。

一、餐饮员工考核

1. 考核的目的

在酒店管理工作中，绩效考核的重要作用可以从酒店战略发展层面、人力资源管理层面、经营管理三个层面进行分析。首先，通过绩效考核及相应管理，可以提高酒店核心竞争力，实现酒店经营战略调整，并能确保酒店短期目标与长期目标相联系；其次，它是支撑人力资源管理的有力工具，提供了解员工的途径，作为薪资或奖金调整、奖惩、晋升或降级的依据；再次，它是经营管理必要的沟通渠道，绩效考核将所有员工都纳入到管理活动中，成为管理者更好地了解酒店运作、组织现状的门道，也是员工参与本酒店管理的方式之一。通过绩效考评这一制度的实施，能够实现作为部门每月奖金领取、优秀部门评选、年终发放的依据。

2. 考核的原则

(1) 以贡献为主、成绩为主的原则

考核的目的在于，全面提高员工学习专业知识和业务技能的积极性，以营造积极、公平、健康向上的工作环境，所以考核应主要着重于贡献为主、成绩为主。

(2) 严格客观的考评原则

绩效评估过程中，考评者应对考评对象做出客观的评价，如实填写有关考评资料，不应带个人主观因素和感情色彩，做到“用事实说话”，使评估建立在客观事实的基础上，还要做到被考评者与既定考评标准作比较，而不是人与人之间作比较。

(3) 公平、公正的原则

公平、公正、公开的评价员工各项工作表现，使员工了解自己的工作表现与取得相应待遇的关系，获得不断完善自己，积极向上改善工作的动力。考评内容、考核标准、评分细则、考评程序和考评结果透明公开，对本部门形成正确指导，在部门内部形成良性竞争的机制。

（4）平时考核为主，平时考核和定期考核相结合的原则

①员工日常考核。为客观地评价员工的日常工作表现，提高公司对员工奖惩的准确性，更好地调动员工的工作积极性，应以平时考核为主，可参考以下方案进行：

公司以部门为单位进行考核，由领班（包括主任、工程师）对员工每天工作表现考核评分一次（综合部分由部门主管直接考核），部门主管每周审核一次，人事部每月汇总一次。公司将根据考核的累积成绩奖惩员工。

②员工年度考核。为全面客观地评估公司在职员工的工作情况及综合素质，酒店可分月、季、年对全体员工进行考评，具体实施办法可参考以下方案：

月度考评：以月份为期限，具体考核工作开展时间为每个月 24 日至次月 23 日。

季度考核机制，每三个月总结一次，表扬先进，树立员工学习的榜样。

年度考评，根据一年四个季度的考评，确定年度先进员工。

未转正的员工和管理人员不参与月度绩效考评。

（5）考评结果及时反馈原则

在评估结果出来后，评估的结果及评语一定要及时反馈给考评者本人，否则就起不到对员工的评估的教育作用，在反馈评估结果的同时，还应向被考评者就评语进行解释说明，肯定员工的成绩和进步，说明不足之处，提供今后努力的方向。

3. 考核的方法

（1）定性考核

这是指用划分等级或使用精练的评语来评价员工的工作表现和能力的方法，又称为评语考核。

一类是简单的分类法，就是列出考核的基本内容，对每一项都用优、良、中、差这类等级进行评定，然后综合每项因素，得到一个总的考核结果；另一类是用短句分等级，即把评定指标化为不同的短句，供评定者选择。

（2）定量考核

这是将文字评语考核转化为数字评判，即分数考核的方法。

如：奖：无迟到、早退、旷工，对岗位要求包括卫生服务要求无违犯者奖 30 元、全勤奖 20 元、完成分配工作任务优秀员工奖 50 元。

罚：1 分=1 元、集够 10 分扣一次钱、旷工 1 天扣 3 天工资、旷工半天扣 1 天半工资。

（3）考勤记录法

这是餐饮企业常用的考核方法。考勤记录法是根据员工的出勤、缺勤、迟到和早退等记录，对员工进行考核的方法，它包括平时记录、月考核、季考核、半年考核以及年终总评在内的考核。

4. 考核的实施

（1）搞好职位分类是考核的基础

职位分类是按照工作岗位把员工分为不同的工种、职位级别或层次，不同的职位有不

同的考核办法，进而有不同的奖励比例。如各经营部门员工年绩效工资计算办法。

酒店及各营业部门实际完成年利润计划的100%以上时，每超过年计划利润的1%，主管以上（含主管）的管理人员年绩效工资按年工资总额的1%发放。领班和员工按年工资总额的0.5%发放（含吧员、收银员）。

（2）考核综合因素是考核的必备条件

①知识。指完成某项工作所必须掌握的知识。

②技能。指员工在完成本职工作时应熟练掌握和运用的操作技能和能力。

③责任。指员工在本职工作中应承担的责任。

④体力脑力消耗。指餐饮员工在工作中为完成任务而付出的体力消耗和脑力消耗的程度。

⑤社交技巧。掌握必要的社交技巧是餐饮员工应具备的基本功，也是在工作中取得绩效的重要保证。

⑥工作条件。指完成工作的环境情况。

（3）加强直接考核是考核的关键环节

直接考核可以在短时间内获得大量的准确材料，如员工参加入职培训后，要参加培训部组织的笔试考核，考核成绩存入员工个人档案，作为今后员工转正、定级的依据。

（4）完善考核方法是考核的重要保证

①确定考核的项目。对于不同的考核人员、不同的时期、不同的工作需要，设立不同的考核项目。

②确定考核项目的各种基本指标。一是出勤情况；二是工作量；三是仪表仪态；四是工作方式；五是人际关系；六是适应性和创造性；七是服务质量等。

③确定考核指标含义。如员工有以下行为之一者给予1～20分/次处罚：上班无故迟到、早退2分/次；事假2分/天；旷工20分/天。

④确定考核指标的比重。例如：中餐厅管理绩效（项目总分30分实际得分），其中中餐厅设备保养与清洁卫生（项目分15分实际得分）；中餐厅服务技能与服务质量（项目分10分实际得分）；劳动纪律与工作规范（项目分5分实际得分）。

⑤设计评估表格，如表9-4所示。

表9-4　　中餐厅服务技能与服务质量评估考核（项目分10分实际得分）

项　目	项目标准	扣分标准	实际扣分
1. 仪容仪表			
服装	整洁、统一、协调	未达标每项扣1分	
仪表	端庄大方、保持个人卫生		
礼貌程度	礼貌周到、规范标准		
劳动纪律性	无聊天、离岗等现象		

续 表

项 目	项目标准	扣分标准	实际扣分
2. 服务技能与质量			
餐厅经理	语言能力好、管理监督效果好	未达标每项扣1分	
餐厅领班	熟悉业务、组织协调效果好		
餐厅服务员	态度好、纪律性强、服务效果好		
背景音乐效果	音质好、音量适度		
饮料食品质量	品种丰富、质量上乘		
食品卫生	无变质、变味食品、食品无异物		
零点服务	态度好、效率高、服务周到、规范化		
团队服务	态度好、效率高、服务周到、规范化		
3. 宾客意见			
宾客满意程度	意见表反映满意率为85%以上	未达标每项扣3分	
宾客投诉	无重大服务质量投诉		

二、餐饮劳动报酬

酒店薪酬管理是指酒店在经营战略和发展规划的指导下，综合考虑酒店的内外各种因素的影响，确定自身的薪酬水平、薪酬结构和薪酬形式，并进行薪酬调整和薪酬控制的整个过程。

1. 劳动报酬管理的目标

(1) 吸引和留住组织需要的优秀员工

(2) 鼓励员工积极提高工作所需要的技能和能力

(3) 鼓励员工高效率地工作

(4) 创造组织所希望的文化氛围

(5) 控制运营成本

2. 劳动报酬的形式

(1) 计时工资制

计时工资是以劳动时间作为计算劳动报酬的单位的工资形式，它主要根据每一个劳动者的劳动能力来确定一定劳动时间的劳动报酬。

①小时计时工资制。即根据员工的小时工资标准按实际工作时间计酬；

②日工资制。即根据员工的日工资标准按实际工作天数计算工资；

③月工资制。即根据规定的员工月工资标准来计算工资。

(2) 在计时工资的基础上，实行固定工资加浮动工资制

浮动工资是根据餐饮经营成果的好坏，以基本工资为水平线，发给员工上下浮动的工

资。如绩效工资，是根据上级管理部门对员工绩效考核的成绩决定上下浮动的工资。

(3) 协商工资

指饭店对聘请的特殊技工或其他人员，在特定环境和条件下，由双方协商确定工资标准。如特聘高管人员、实习学生、外派或驻外人员的薪酬及其他待遇，由酒店公司与当事人另行约定。

3. 奖金

奖金是指支付给员工的超额劳动报酬和增收节支的劳动报酬，是对员工超额劳动的一种补偿。

(1) 使餐饮员工感到心态的满足，即补偿了其额外劳动支出

工资的高低，奖金的有无、多少，往往是对一个人能力和贡献的反映、评价。

(2) 员工得到激励，会更加奋进，为饭店创造更佳效益

奖励本身并不是目的，而是利用这一手段去迎合受奖者心理需求，从而激发员工的主人翁责任感，使其更好地投身于餐饮服务工作。奖金作用的发挥需要三个条件。

①明确奖金发放标准，奖励的条件应该适当；

②掌握职工边际期望值，调整奖金刺激强度。管理人员要真正了解员工的愿望，采取有针对性的奖励方式，使奖励方法与员工的愿望直接挂钩，真正起到激励作用；

③奖金的量或值要足以对员工产生刺激作用。

4. 津贴和补贴

津贴是指对工资难以全面、准确反映的劳动条件、劳动环境、社会评价等，对员工身心造成某种不利影响或者为了补偿员工特殊或额外的劳动消耗和因其他特殊原因而支付给员工的一种补偿。人们常常把与工作相联系的补偿称为津贴，如岗位津贴、年终津贴、技术性津贴、保健性津贴、医疗卫生津贴等；与生活相联系的补偿称为补贴，如高温补贴、交通费补贴、伙食补贴、物价补贴等。津贴与补贴都是员工工资的一种补充形式。

5. 福利待遇

福利待遇是指向员工所提供的各种非工资、非奖金形式的利益和优惠待遇。福利与津贴的最大差别就是，福利是非现金形式的报酬，而津贴是以现金形式固定发放的。福利的形式包括保险、实物、股票期权、培训、带薪假等。

(1) 员工集体福利

①员工集体文化福利。一是举办各种文化补习班、业务训练班等，或享受业余教育学费报销，以帮助员工成长。每个员工都要知道自己岗位在酒店中的位置和作用，可以方便地了解到有哪些升迁途径，并可获取相关的资料，为那些有志于发展的人才提供升职的机会。二是成立各种兴趣小组、沙龙、俱乐部，鼓励和组织员工参加歌咏、摄影、书法、绘画、集邮等各种文化娱乐活动，组织诸如舞会、旅游、联谊会等社交活动，培养积极向上的员工心态和主人翁意识。

②员工集体生活福利。指兴建集体生活服务设施，以优惠的条件供员工享用，解决员工生活上的困难，使员工能够集中精力安心工作。此类设施和服务包括：员工食堂、员工

制服、员工宿舍、医疗保健、员工浴室等。

（2）员工个人福利

员工个人福利主要是指用于个人生活方面的各种经济性福利项目，一般称为福利性补贴制度，多数是以货币形式发放，有时也可以实物形式发放。

①带薪年假。餐饮企业每年给员工一定天数的带薪年假，各企业根据国家有关政策和经营情况自主决定年假时间；

②工龄补贴。凡属餐饮企业正式员工，均应享受工龄补贴或店龄补贴；

③哺育补贴。餐饮企业对育龄员工给予分娩假期或计划生育津贴及假期等。

此外，职工还享受人身保险和养老保险。

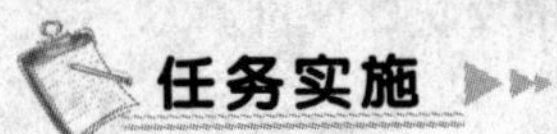

酒店餐饮部考核管理程序如图 9-3 所示。

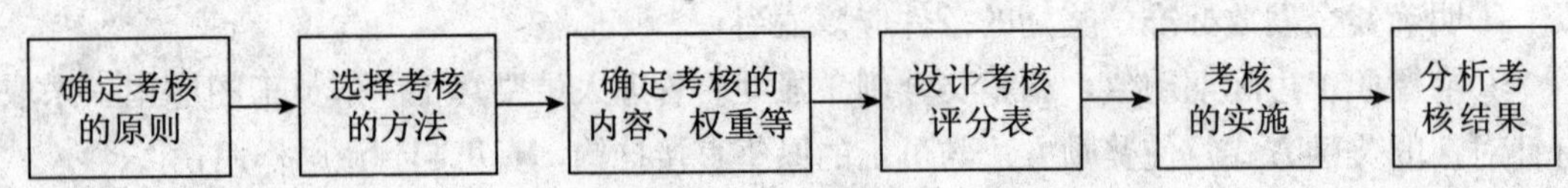

图 9-3　酒店餐饮部考核管理的程序

第一步：确定考核的原则

根据餐饮部经营的特点，确定适宜的考核原则。餐饮部绩效考核的原则一般有：公平、公开；定期化与制度化；定量与定性相结合；沟通与反馈。

第二步：选择考核的方法

选择采用定性考核法还是定量考核法或考勤记录法或几个相组合，并说明理由。

第三步：确定考核内容、权重等

确定考核的项目、考核项目的各种基本指标、考核指标含义、考核指标的比重等。

第四步：设计考核评分表

餐饮服务员绩效工资考核办法

考核办法（绩效工资）：每月技能考试，分口试和笔试（20 分），考核总分数 100 分（每分 2 元制），如表 9-5 所示。

表 9-5　考核评分

考核内容	权重
仪容仪表 1 次	扣 2 分
服务违纪 1 次	扣 2 分
纪律十项 1 次（21～30 条）	扣 5 分
旷工 1 次	扣三天基本工资
服务流程考核十项：1. 斟酒姿势；2. 斟茶姿势；3. 更换洁碟次数每人少于 5 次；4. 更换烟缸；5. 台面清洁程度；6. 上菜顺序；7. 执台脱岗；8. 铺口布；9. 餐中四勤；10. 送客服务	扣 5 分
每月出勤率低于 80％	扣 10 分
迟到早退高于 5 次	扣 10 分
礼貌用语 50 条	（0.5 分/条）
口试，笔试分数低于 70 分	扣 10 分
卫生得差每月超过 5 次	扣 5 分

第五步：考核的实施

以公司对员工的业绩指标及相关的管理指标，和员工实际工作中的客观事实为基本依据，以员工考核制度规定的内容、程序和方法为操作准则实施考核。

第六步：分析考核结果

对考核结果进行计算、总结、分析，及时、公正地对员工当月的工作绩效进行评估，肯定成绩，发现问题。

任务总结

为了构建现代餐饮企业人力资源管理体系，健全和完善绩效管理工作，促使餐饮企业持续、快速、稳定发展，餐饮企业应该在不影响餐饮员工薪酬的前提下，制定相应的绩效考核管理制度，以完善员工的薪资管理体系。绩效考核不仅可以提高餐饮企业员工的工作效率，还可以作为员工职务调整、薪酬福利、培训及奖金核定的依据。做好绩效考核需明确考核的原则，制定切实可行的考核办法，认真严格地实施考核，肯定成绩，发现问题及时解决。

实训项目

实训目标

通过对本任务主要内容的学习，应该对人力资源绩效考核的相关理论和实际操作等有了更明确的认识。在这个练习中，参与者要根据对绩效考核的了解，详细掌握如何定期对员工进行绩效考核，以适应员工业绩和个人素质的不断变化。

内容与要求

选择某酒店餐饮部或某餐饮企业作为研究对象，根据自己所搜集的相关资料与数据，分析其是如何对餐饮员工进行绩效考核的。

组织与实施评价

1. 以项目团队为学习小组，小组规模一般是 5～8 人，小组的各项工作由小组长负责指挥协调；

2. 建立沟通协调机制，团队成员共同参与、协作完成任务；

3. 各项目团队根据实训内容互相进行交流、讨论，并点评；

4. 评价与总结：各项目团队提交实训报告，并根据报告进行评估。

评估指标及标准如表 9－6 所示。

表 9－6　　考核程序设计评分

<table>
<tr><td colspan="2">被考评人</td><td></td><td colspan="2">考评地点</td><td colspan="2"></td></tr>
<tr><td colspan="2">考评内容</td><td>考评标准</td><td>分值/分</td><td>自我评价/分</td><td>小组评议/分</td><td>实际得分/分</td></tr>
<tr><td rowspan="4">专业知识技能掌握</td><td>考核程序知识的掌握</td><td>掌握</td><td>15</td><td></td><td></td><td></td></tr>
<tr><td>考核资料的准备</td><td>充分、实用、合理</td><td>20</td><td></td><td></td><td></td></tr>
<tr><td>模拟现场实施情况、模拟效果</td><td>逼真、效果好</td><td>15</td><td></td><td></td><td></td></tr>
<tr><td>报告完成情况</td><td></td><td>10</td><td></td><td></td><td></td></tr>
<tr><td rowspan="3">通用能力培养</td><td>学习态度</td><td>积极主动，不怕困难，勇于探索，态度认真</td><td>15</td><td></td><td></td><td></td></tr>
<tr><td>运用知识的能力</td><td>能够熟练自如地运用所学的知识进行分析</td><td>15</td><td></td><td></td><td></td></tr>
<tr><td>团队分工合作</td><td>能融入集体，愿意接受任务并积极完成</td><td>10</td><td></td><td></td><td></td></tr>
<tr><td colspan="3">合　计</td><td>100</td><td></td><td></td><td></td></tr>
</table>

注：1. 实际得分＝自我评价×40%＋小组评价×60%。

2. 考评满分 100 分，60 分以下为不及格，60～74 分为及格，75～84 分为良好，85 分及以上为优秀。

复习思考题

一、填空题

1. 餐饮劳动的特点是________、________、________、________。

2. 外部招聘的形式有________、________、________、________、________。

3. 餐饮培训的方式有________、________、________、________、________、________。

4. 考核的方法有________、________、________。

5. 员工个人福利包括________、________、________。

二、选择题

1. 既可以解决缺员问题，又可以调动餐饮员工的积极性是________。

A. 内部招聘　B. 校园招聘　C. 广告招聘　D. 网络招聘

2. 餐饮服务员培训的内容一般不包括________。

A. 职业道德、仪容仪表、礼节礼貌、从业素质、团体精神

B. 服务技能、行业规范的训练

C. 宾客投诉的处理、各种工作情况的应付、人际沟通、案例分析

D. 餐饮经营方略

3. 下列哪项属于定量考核________。

A. 服装：整洁、统一、协调

B. 仪表：端庄大方、保持个人卫生

C. 团队服务：态度好、效率高、服务周到、规范化

D. 上班无故迟到、早退处罚 2 分/次

4. 餐饮员工计时工资制一般不采用________。

A. 小时计时工资制　B. 日工资制

C. 年工资制　D. 月工资制

5. 网络招聘的优势不包括________。

A. 资源丰富　B. 对候选人比较了解

C. 收费低　D. 速度快

三、简答题

1. 简述餐饮人力资源管理的内容。

2. 简述招聘与录用的程序。

3. 简述餐饮人力资源管理的意义。

4. 餐饮部考核的原则是什么？

5. 劳动报酬管理的目标是什么？

参考文献

[1] 乐盈．饭店餐饮管理［M］．重庆：重庆大学出版社，2002.

[2] 杨洋．饭店管理概论［M］．青岛：中国海洋大学出版社，2011.

[3] 聂明林，扬啸涛．饭店餐饮管理［M］．重庆：重庆大学出版社，1997.

[4] 陈云川．餐饮市场营销［M］．北京：高等教育出版社，2003.

[5] 池进．餐饮管理基础［M］．北京：旅游教育出版社，1999.

[6] 王瑛．餐饮管理［M］．重庆：西南财经大学出版社，2009.

[7] 马开良．餐饮管理与实务［M］．北京：高等教育出版社，2005.

[8] 黄文波．餐饮管理［M］．天津：南开大学出版社，2004.

[9] 赵建民．餐饮质量控制［M］．沈阳：辽宁科学技术出版社，2001.

[10] 邹金宏．实用餐饮营业及营销［M］．广州：中山大学出版社，2005.

[11] 李勇平．餐饮服务与管理［M］．大连：东北财经大学出版社，2002.

[12] 余炳炎．饭店餐饮管理［M］．北京：旅游教育出版社，2004.

[13] 蔡万坤．餐饮管理［M］．北京：高等教育出版社，1998.

[14] 姜红．餐饮服务与管理［M］．大连：大连理工大学出版社，2008.

[15] 杨慧．餐饮服务与管理［M］．成都：电子科技大学出版社，2009.

[16] 陆朋．中餐实务［M］．北京：电子工业出版社，2008.

[17] 张元善．餐饮企业经营管理实务［M］．北京：中国轻工业出版社，2006.

[18] 周秒炼．餐饮经营与管理［M］．杭州：浙江大学出版社，2008.

[19] 汪焰，董鸿安．餐饮服务与管理［M］．上海：华东师范大学出版社，2008.

[20] 袁小娟．现代餐厅服务与管理［M］．北京：化学工业出版社，2008.

[21] 安希华，贺学良．餐饮企业运行与管理［M］．北京：中国劳动社会保障出版社，2008.

[22] 施涵蕴．餐饮管理［M］．天津：南开大学出版社，1995.

[23] 杨新乐．餐饮服务与管理［M］．北京：中国商业出版社，2006.

[24] 郭敏文，樊平．餐饮服务与管理［M］．北京：高等教育出版社，2006.

[25] 戴桂宝．现代餐饮管理［M］．北京：北京大学出版社，2006.

[26] 林德荣．餐饮经营管理策略［M］．北京：清华大学出版社，2007.

[27] 谢民，何喜刚．餐厅服务与管理［M］．北京：清华大学出版社，北京交通大学出版社，2006.

[28] 何丽芳．酒店服务与管理案例分析［M］．广州：广东经济出版社，2005.